माँ

कहानियाँ रिश्तों की

अखिलेश

जन्म : 1960, सुल्तानपुर (उ.प्र.)।

शिक्षा : एम.ए. (हिन्दी साहित्य), इलाहाबाद विश्वविद्यालय।

कृतियाँ :

कहानी-संग्रह : आदमी नहीं टूटता, मुक्ति, शापग्रस्त, अँधेरा। *उपन्यास :* अन्वेषण, निर्वासन। *सृजनात्मक गद्य :* वह जो यथार्थ था। *आलोचना :* श्रीलाल शुक्ल की दुनिया (सं.)।

सम्पादन : वर्तमान साहित्य, अतएव पत्रिकाओं में समय-समय पर सम्पादन। आजकल प्रतिष्ठित साहित्यिक पत्रिका तद्भव के सम्पादक। 'एक कहानी एक किताब' शृंखला की दस पुस्तकों के शृंखला सम्पादक। 'दस बेमिसाल प्रेम कहानियाँ' का सम्पादन।

अन्य : देश के महत्त्वपूर्ण निर्देशकों द्वारा कई कहानियों का मंचन एवं नाट्य रूपान्तरण। कुछ कहानियों का दूरदर्शन हेतु फिल्मांकन। टेलिविजन के लिए पटकथा एवं संवाद लेखन। अनेक भारतीय भाषाओं में रचनाओं के अनुवाद प्रकाशित।

पुरस्कार/सम्मान : श्रीकांत वर्मा सम्मान, इन्दु शर्मा कथा सम्मान, परिमल सम्मान, वनमाली सम्मान, अयोध्या प्रसाद खत्री सम्मान, स्पन्दन पुरस्कार, बाल कृष्ण शर्मा नवीन पुरस्कार, कथा अवार्ड।

सम्पर्क : 18/201, इंदिरानगर, लखनऊ-226016 (उ.प्र.)।

मनोज कुमार पांडेय

जन्म : 7 अक्टूबर, 1977, सिसवाँ इलाहाबाद, उत्तर प्रदेश।

कृतियाँ :

सभी प्रमुख साहित्यिक पत्रिकाओं में कहानियाँ प्रमुखता से प्रकाशित। कहानियों की एक किताब शहतूत, दूसरी पानी तथा अन्य कहानियाँ प्रकाशन की प्रक्रिया में।

सम्मान : प्रबोध मजुमदार स्मृति सम्मान, विजय वर्मा स्मृति सम्मान, मीरा स्मृति पुरस्कार।

सम्पर्क : हिंदीसमयडॉटकॉम प्रभाग, महात्मा गांधी, अंतर्राष्ट्रीय हिन्दी विश्वविद्यालय, वर्धा गांधी हिल्स, वर्धा-442005 (महाराष्ट्र)

ई-मेल : chanduksaath@gmail.com

आवरण : पूजा आहूजा

पूजा आहूजा ने ललित कलाओं में अपनी शिक्षा सोफिया कान्वेंट, मुम्बई से प्राप्त की। आप पेंगुइन बुक्स इंडिया में मैनेजिंग ग्राफिक डिज़ाइनर रही हैं। फिलहाल स्वतंत्र रूप से कार्य कर रही हैं।

श्रृंखला की अन्य पुस्तकें

रिश्तों के रंग अनेक

प्रेम

दाम्पत्य

परिवार

पिता

सहोदर

दादा-दादी नाना-नानी

बड़े-बुज़ुर्ग

दोस्त

गाँव-घर

मानवता

शृंखला सम्पादक : अखिलेश

माँ

कहानियाँ रिश्तों की

सम्पादक

मनोज कुमार पांडेय

राजकमल पेपरबैक्स

राजकमल पेपरबैक्स में
पहला संस्करण : 2014

राजकमल पेपरबैक्स : उत्कृष्ट साहित्य के जनसुलभ संस्करण

राजकमल प्रकाशन प्रा. लि.
1-बी, नेताजी सुभाष मार्ग, दरियागंज
नई दिल्ली-110 002
द्वारा प्रकाशित

शाखाएँ : अशोक राजपथ, साइंस कॉलेज के सामने, पटना-800 006
पहली मंज़िल, दरबारी बिल्डिंग, महात्मा गांधी मार्ग, इलाहाबाद-211 001
36 ए, शेक्सपियर सरणी, कोलकाता-700 017

वेबसाइट : www.rajkamalprakashan.com
ई-मेल : info@rajkamalprakashan.com

बी.के. ऑफसेट
नवीन शाहदरा, दिल्ली-110 032
द्वारा मुद्रित

मूल्य : ₹ 150

आवरण : राजकमल स्टूडियो

KAHANIYAN RISHTON KI : MAA
Series Editor Akhilesh
Edited by Manoj Kumar Pandey

ISBN : 978-81-267-2551-9

प्रकाशकीय

'कहानियाँ रिश्तों की' पुस्तक शृंखला की योजना सहसा नहीं बनी। यह अनुभव किया जा रहा है कि विभिन्न आर्थिक, सामाजिक और व्यक्तिगत कारणों से सम्बन्धों की अन्त:सलिला क्षीण हो रही है। सम्बन्ध वे सतरंगी सूत्र हैं जिनसे मनुष्यता का इन्द्रधनुषी पट बुना और बना है। व्यापक स्तर पर कहें, तो समग्र सृष्टि ही सम्बन्धों के सतत चक्र का प्रतिफल है। हमारा ध्यान हिन्दी कहानियों की ओर गया जिनमें सम्बन्धों की एक समृद्ध मंजूषा मौजूद है। साहित्य की यही विशेषता है कि वह विस्मृति का धुँधलका दूर कर पाठक को मनुष्यता की नई सुबह के लिए जाग्रत करता है।

इस सन्दर्भ में अनेक रचनाकारों और मित्रों से चर्चा हुई। उन्हें भी यह योजना अच्छी लगी। तय किया गया कि इस पुस्तक शृंखला में कुछ चुनिन्दा सम्बन्धों पर पुस्तकें प्रकाशित हों। फलत: जिन सम्बन्धों पर पुस्तकें प्रकाशित की जा रही हैं वे है–प्रेम, दाम्पत्य, परिवार, माँ, पिता, सहोदर, दादा-दादी नाना-नानी, बड़े-बुजुर्ग, दोस्त, गाँव-घर, मानवता। ये पुस्तकें पाठकों की संवेदना व भावना को प्रशस्त करेंगी, ऐसी हमारी मंगलाशा है।

हमारी हार्दिक इच्छा है कि सुधी पाठक इन पुस्तकों को पढ़कर अपनी प्रतिक्रियाओं से हमें अवगत कराएँ। पुस्तकों में सम्मिलित कहानियों पर अपनी राय देते हुए यह सुझाव भी दें कि इन सम्बन्धों पर और किन कहानियों को शामिल किया जा सकता है। यह भी बताएँ कि क्या कुछ और ऐसे सम्बन्ध हैं जिनको केन्द्र में रखकर लिखी गई कहानियों को इस शृंखला में रखा जाना अपेक्षित है। पाठकों की सहभागिता से ही शब्दों का लोकतंत्र मजबूत होता है।

‘कहानियाँ रिश्तों की’ शृंखला की पुस्तकें विभिन्न अवसरों पर भेंट की जा सकती हैं।...या कोई भी व्यक्ति इन्हें पढ़ते हुए अपने रिश्तों का कोई गुमनाम या लापता सिरा हासिल कर सकता है। यह भी जाना जा सकता है कि समय और समाज की गति-मति रिश्तों में व्याप्त आत्मीयता को किस तरह तीव्र अथवा क्षीण करती चलती है। बावजूद इसके समाज में सम्बन्धों के बेहतर भविष्य को समर्पित है यह पुस्तक शृंखला– ‘कहानियाँ रिश्तों की’।

रिश्तों की बुनियाद पर

सम्बन्धों पर आधारित कहानियों की यह शृंखला पाठकों, शोधार्थियों, समाजशास्त्रियों और सामाजिक चिन्तकों के लिए सादर प्रस्तुत है।

यूँ तो हर अच्छी कहानी, सभी अच्छे किस्से इनसानी रिश्तों की बुनियाद पर ही रचे जाते हैं किन्तु कहानियों के हमारे इन संकलनों की नाभि में रिश्तों को सबसे प्रमुख कारक मानने के पीछे कुछ अन्य वजहें भी हैं जिनकी चर्चा यहाँ अनुचित नहीं होगी।

भारतीय समाज में रिश्तों को जितनी मजबूती, आत्मीयता और ऊर्जा हासिल रही है, वह विरल है। एक तरह से कहा जा सकता है कि इस देश के यथार्थ को रिश्तों की समझ के बगैर जाना-समझा नहीं जा सकता है। माँ-पिता, भाई-बहन, दोस्त, दादी-नानी, बाबा-नाना, मामा, मौसा-मौसी, बुआ-फूफा, दादा, चाचा, दोस्ती–अनगिनत सम्बन्ध हैं जो लोगों के अनुभव-संसार में जीवन्त हैं और जिनसे लोगों का अनुभव-संसार बना है। इसीलिए हमारे देश की विभिन्न भाषाओं में लिखी गई कहानियों, उपन्यासों आदि में ये रिश्ते बार-बार समूची ऊष्मा, जटिलता और गहनता के साथ प्रकट हुए हैं। न केवल लेखकों, कवियों, कलाकारों बल्कि सामाजिक चिन्तकों के लिए भी ये रिश्ते एक तरह से लिट्मस पेपर हैं जिनसे वे अपने अध्ययन क्षेत्र के निष्कर्षों, स्थापनाओं, सिद्धान्तों की जाँच कर सकते हैं। अतः रिश्तों पर रची गई कहानियों की यह शृंखला हमारी दुनिया का अंकन होने के साथ-साथ हमारी दुनिया को पहचानने और उसकी व्याख्या करने की परियोजना के लिए सन्दर्भ कोश के रूप में भी ग्रहण की जा सकती है।

कहना जरूरी है कि हमारे देश में विभिन्न प्रकार के नजदीकी मानव सम्बन्धों का स्वरूप कोई स्थिर चीज नहीं रहा है। तरह-तरह के सामाजिक, आर्थिक, सांस्कृतिक परिवर्तनों के सापेक्ष उसमें बदलाव होते रहे हैं। इस शृंखला की विभिन्न कड़ियों में कहानियों के चयन के समय इस बात का ध्यान रखा गया है कि वे किसी एक खास अवधि या कालखंड की न होकर समूची हिन्दी कहानी के खजाने से चुनी जाएँ। अतः इन कहानियों के पाठ से गुजरना आधुनिक समाज के परिवर्तन, विकास

और इनके मानव आत्मा पर पड़नेवाले असर को समझने में भी मददगार हो सकता है। यहाँ उल्लेखनीय है कि कहानियाँ सामाजिक अध्ययन की खुराक भर न हों, इनके होने की बुनियादी और अपरिहार्य शर्त इनका कहानी के रूप में भी सार्थक और विशिष्ट होना है। इसलिए आप इस शृंखला के विभिन्न संकलनों में हिन्दी के वरिष्ठ एवं नए कथाकारों की प्रसिद्ध कहानियों को पढ़ सकते हैं।

इस योजना के सम्पादन के सन्दर्भ में यह कहना आवश्यक है कि इसके प्रत्येक संकलन के अलग-अलग सम्पादक हैं जिनकी समकालीन रचनाशीलता में अपनी ठोस उपस्थिति है। सम्पादन और चयन का वास्तविक कार्य उन्होंने ही किया है। अत: इस आयोजन में जो कुछ अच्छा और स्वीकार्य है वह उन्हीं के कारण है। जो कमियाँ हैं, अन्तर्विरोध हैं यदि वो हैं तो बतौर शृंखला सम्पादक मेरी त्रुटियों, सीमाओं के कारण हैं, उनके लिए मैं आपसे यही अनुरोध करूँगा कि मुआफ करते हुए रिश्तों के इस कथा-संसार में सम्मिलित हों।

आखिर में, मैं राजकमल प्रकाशन के प्रबन्ध निदेशक श्री अशोक महेश्वरी जी का आभारी हूँ कि उन्होंने इस परियोजना के लिए अपनी स्वीकृति दी और शृंखला सम्पादक के रूप में मुझे कार्य करने का न केवल अवसर प्रदान किया बल्कि काम करने की प्रक्रिया में हर तरह की स्वतन्त्रता और सहूलियतें दीं।

भूमंडलीकरण और संचार क्रान्ति के बाद दुनिया काफी बदल गई है। भारतीय समाज के विषय में विचार करें तो कह सकते हैं कि उक्त बदलाव का सर्वाधिक असर यहाँ इनसानी रिश्तों पर ही पड़ा है। उस पर इतने आघात, इतने घाव हुए हैं कि उसके विगत चेहरे को पहचानना नामुमकिन हो चुका है। रिश्तों के मध्य की गरमजोशी, संवेदना, विश्वास, एका आदि के तार छिन्न-भिन्न हो रहे हैं। हम कह सकते हैं कि रिश्तों का यह भरा-पूरा संसार छूट रहा है, बिछड़ रहा है। जब कोई चीज हमसे दूर होती है, छूटती है तभी शायद हमें उसकी सर्वाधिक जरूरत होती है। ये कहानियाँ जड़ों से कटते जा रहे अकेले, निहत्थे आज के आदमी की इस दिशा में कुछ मदद कर सकें, उसके सरोकार और जज्बातों को थोड़ी ताकत दे सकें, यही हमारी आकांक्षा है।

—अखिलेश

सम्पादकीय

माँ दुनिया का सबसे बुनियादी रिश्ता है। यह ऐसा रिश्ता है जिसे दुनिया में आनेवाला हर व्यक्ति अपने साथ लेकर आता है। माँ यानी दुनिया से पहली पहचान, पहला रिश्ता। एक ऐसा रिश्ता, जो जन्म के पहले से ही शुरू हो जाता है। बाद के सारे रिश्ते यहीं से विस्तार पाते हैं। 'माँ' का उच्चारण करते ही मन में एक ऐसी छवि बन जाती है जिसके लिए अपनी सन्तान से बढ़कर कुछ भी नहीं होता, जो अपनी सन्तान के सुख के लिए दुनिया का बड़े से बड़ा दुख उठाने को हमेशा तत्पर रहती है। जन्म के बाद सन्तान और माँ पूरी तरह से एक-दूसरे के जीवन के केन्द्र में रहते हैं। बाद में सन्तान जैसे-जैसे बड़ी होने लगती है, उसकी दुनिया का विस्तार होने लगता है। उसके जीवन से माँ की केन्द्रीयता खत्म हो जाती है पर माँ के लिए उसकी सन्तान हमेशा ही उसकी सम्पूर्ण व्यक्तित्व और सद्भावना के केन्द्र में होती है।

ऐसे में यह सम्भव ही नहीं है कि माँ की तरह-तरह की छवियाँ साहित्य में भी दर्ज न हों। दुनिया भर के साहित्य में माँ के असंख्य रूप मिलते हैं। साहित्य के सभी रूपों और विधाओं में माँ को केन्द्र में रख करके रचनाकारों ने 'माँ' के प्रति अपनी रचनात्मक संवेदना अभिव्यक्त की है। साहित्य के मौखिक रूपों, लोककथाओं और लोकगीतों में भी माँ के उल्लास और ममता से लेकर उसके दुख तक सभी बहुत ही सूक्ष्म और सघन रूपों में रचे गए हैं। ऐसे में 'माँ' को लेकर लिखी गई कहानियों को चुनने और उन्हें एक साथ संकलित करने का काम मेरे लिए रचनात्मक रूप से भी सुखद रहा। इस किताब के लिए कहानियाँ तलाशने और छाँटने के दौरान ऐसी बहुत सारी कहानियों से गुजरना हुआ जो माँ की अनेकानेक छवियों के इर्द-गिर्द रची-बुनी गई हैं। यह संकलन तैयार करते समय यही कोशिश रही कि माँ को केन्द्र में रखकर रची गई सभी महत्त्वपूर्ण कहानियाँ तो यहाँ शामिल हों ही, साथ ही माँ की कोई जरूरी छवि, उसका कोई जाना-अनजाना चेहरा भी हमसे छूटने न पाए पर ऐसा कोई दावा नहीं है कि माँ पर लिखी गई सभी महत्त्वपूर्ण कहानियाँ इस संकलन में समेट ली गई हैं। हमारे अध्ययन और जानकारी की एक सीमा है, इसके बावजूद यह कोशिश तो रही है कि माँ के व्यक्तित्व के सभी

महत्त्वपूर्ण पहलू पूरी अन्तरंगता के साथ यहाँ पर उपस्थित हों। इस वजह से अनेक कहानियाँ पसन्द होने के बावजूद हमने छोड़ दी हैं। जैसे, माँ की बीमारी और इस दौरान उसकी असहायता पर हमें अनेक कहानियाँ मिलीं। इसकी वजह शायद यह हो कि माँ, जो अपनी सन्तान के लिए बड़े से बड़ा दुख बहादुरी से आगे बढ़कर उठाने को तत्पर रहती हो, उसे कमजोर और असहाय देखना एक खास तरह का अवसाद पैदा करता है। दूसरी तरफ, यह आत्मालोचन का एक मौका भी पेश करता है कि माँ तो हर क्षण हमारे सुख के लिए जीती-मरती रही पर बदले में हमने माँ के साथ क्या किया? पर माँ की बीमारी को लेकर रची गई इन कहानियों में 'माँ की असहायता' उसकी सकर्मकता को रेखांकित करने का ही अवसर बनती है। इन सारी कहानियों में स्मृतियाँ एक प्रधान तत्त्व होती हैं और स्मृतियों के सहारे माँ की असहाय छवि के बरक्स उसके जीवट और ऊर्जा को दर्ज किया जाता है। यह सब कुछ उसी तरह से है, जैसे युद्ध या हिंसा की पृष्ठभूमि पर लिखी गईं प्रेम कहानियाँ। कई बार यह भी हुआ कि हमें एक ही लेखक की एक से अधिक श्रेष्ठ कहानियाँ मिलीं। पर हमने ज्यादा लेखकों और माँ के विभिन्न रूपों को संकलित करने के लिहाज से उनकी एक-एक कहानी ही लीं और बाकी छोड़ दीं।

माँ को लेकर लिखी गई कहानियों का एक निजी चेहरा भी है। हर किसी के पास माँ का अपना एक चेहरा होता है और उससे जुड़ी असंख्य स्मृतियाँ होती हैं। अनेक कहानियों में माँ का यह निजी चेहरा भी इस कलात्मकता के साथ दर्ज हुआ कि वह हर पाठक को अपनी ही माँ का चेहरा लगेगा। कुछ कहानियों का एक कोण यह भी है कि माँ ने अपनी सन्तान के साथ क्या किया और बदले में सन्तान ने उसके साथ क्या किया। संकलन में शामिल उपेन्द्रनाथ अश्क की 'माँ', भीष्म साहनी की 'चीफ की दावत' और संजीव की 'माँ' इस लिहाज से बेहद मार्मिक कहानियाँ हैं। यह माँ ही है जो 'चीफ की दावत' में बेटे के नितान्त स्वार्थी और अपमानजनक व्यवहार के बावजूद उसकी चिन्ता में डूबी रहती है। एक-दूसरे रूप में ये कहानियाँ भारतीय समाज की स्थिति और उसकी सोच को भी प्रतिबिम्बित करती हैं। जैसे अधिकतर कहानियों में माँ पुत्र की माँ के रूप में ही सामने आती है। बेटियों की माँ या उसकी आकांक्षाओं और सुख-दुख के लिए हमें आज भी लोककथाओं की ही शरण में जाना पड़ता है। बेटियों को लेकर जो कहानियाँ हमें मिलीं, उनमें ज्यादातर कहानियाँ स्त्री लेखकों द्वारा लिखी गई हैं। बेटियों वाली माँ पुरुष लेखकों के यहाँ न के बराबर ही मिलीं। ऐसा क्यों हुआ, इसका जवाब बहुत कठिन नहीं है।

माँ में जो गुण होते हैं उनमें से बहुत सारे गुण पिता में भी होते हैं। पर पितृसत्तात्मक पारिवारिक संरचना माँ और पिता के गुणों के बीच एक भारी अन्तर पैदा कर देती है। यहीं से पिता के ममता वाले गुणों का लोप होने लगता है। मौजूदा

सामाजिक संरचना में पिता प्यार और ममता से ज्यादा ताकत, व्यवस्था या सत्ता का ही प्रतिनिधि चरित्र लगने लगता है। जबकि माँ वह होती है जो उसी अन्यायपूर्ण व्यवस्था में जीवन के सोते पैदा करती है और उसे जीने लायक या प्यार करने लायक बनाती है। यहीं से इन कहानियों में एक नया कोण भी खुलता है कि बहुधा बड़े होते पुत्रों और पति के बीच द्वन्द्व में माँ ही ज्यादा पिसती है तो कई बार वह दोनों पक्षों के बीच पुल बनाने का काम भी करती दिखाई पड़ती है। क्योंकि दोनों में से किसी एक को चुनना उसके लिए किसी भी कीमत पर आसान नहीं है। विडम्बना का एक रूप यह भी है कि अपनी सन्तान के लिए मोह या कमजोर सन्तान के प्रति विशेष मोह से भरी माँ कई बार अपने पुरुष बच्चों में अपने लिए सम्बल भी ढूँढ़ती दिखाई देती है। कहने का मतलब यह कि माँ को लेकर रची गई इन कहानियों में भारतीय सामाजिक यथार्थ भी अपनी पूरी ताकत और द्वन्द्वों सहित उपस्थित है। यहाँ संकलित कहानियों की एक ताकत यह भी है कि ये माँ को लेकर छाए हुए एक रोमानी घटाटोप से दूरी कायम करती हैं और माँ की एक मनुष्य के रूप में भी बखूबी पहचान दर्ज करती हैं।

कुल मिलाकर इन कहानियों में माँ के अलग-अलग रूप और रंग हैं तो एक से भी। इन कहानियों में उपस्थित माँ के चरित्र कुछ मामलों में एक-दूसरे से समानता रखते हैं तो अनेक मामलों में यह एक-दूसरे से पूरी तरह अलग और विशिष्ट भी हैं। उम्मीद करता हूँ कि माँ पर केन्द्रित कहानियों का यह संकलन पाठकों को अपना-सा ही लगेगा और उन्हें अपने जीवन से जुड़ी बहुत सारी छवियाँ और स्मृतियाँ यहाँ जरा चटख होकर ही मिलेंगी।

–मनोज कुमार पांडेय

अनुक्रम

माता का हृदय

प्रेमचन्द

1

माधवी की आँखों में सारा संसार अँधेरा हो रहा था। कोई अपना मददगार न दिखाई देता था। कहीं आशा की झलक न थी। उस निर्धन घर में वह अकेली पड़ी रोती थी और कोई आँसू पोंछनेवाला न था। उसके पति को मरे हुए 22 वर्ष हो गए थे। घर में कोई सम्पत्ति न थी। उसने न जाने किन तकलीफों से अपने बच्चे को पाल-पोसकर बड़ा किया था। वही जवान बेटा आज उसकी गोद से छीन लिया गया था और छीननेवाले कौन थे? अगर मृत्यु ने छीना होता तो वह सब्र कर लेती। मौत से किसी को द्वेष नहीं होता। मगर स्वार्थियों के हाथों यह अत्याचार असह्य हो रहा था। इस घोर सन्ताप की दशा में उसका जी रह-रहकर इतना विकल हो जाता कि इसी समय चलूँ और उस अत्याचारी से इसका बदला लूँ, जिसने उस पर यह निष्ठुर आघात किया है। मारूँ या मर जाऊँ। दोनों ही में सन्तोष हो जाएगा। कितना सुन्दर, कितना होनहार बालक था! यही उसके पति की निशानी, उसके जीवन का आधार, उसकी उम्र-भर की कमाई थी। वही लड़का इस वक्त जेल में पड़ा न जाने क्या-क्या तकलीफें झेल रहा होगा! और उसका अपराध क्या था? कुछ नहीं। सारा मुहल्ला उस पर जान देता था। विद्यालय के अध्यापक उस पर जान देते थे। अपने-बेगाने सभी तो उसे प्यार करते थे। कभी उसकी कोई शिकायत सुनने ही में नहीं आई। ऐसे बालक की माता होने पर अन्य माताएँ उसे बधाई देती थीं। कैसा सज्जन, कैसा उदार, कैसा परमार्थी! खुद भूखों सो रहे मगर क्या मजाल कि द्वार पर आनेवाले अतिथि को रूखा जवाब दे! ऐसा बालक क्या इस योग्य था कि जेल में जाता!

उसका अपराध यही था, वह कभी-कभी सुनने वालों को अपने दुखी भाइयों का दुखड़ा सुनाया करता था, अत्याचार से पीड़ित प्राणियों की मदद के लिए हमेशा तैयार रहता था। क्या यही उसका अपराध था? दूसरों की सेवा करना भी अपराध है? किसी अतिथि को आश्रय देना भी अपराध है?

इस युवक का नाम आत्मानन्द था। दुर्भाग्यवश उसमें वे सभी सद्‌गुण थे जो जेल का द्वार खोल देते हैं। वह निर्भीक था, स्पष्टवादी था, साहसी था, स्वदेशप्रेमी था, निःस्वार्थी था, कर्तव्यपरायण था। जेल जाने के लिए इन्हीं गुणों की जरूरत है। स्वाधीन प्राणियों के लिए वे गुण स्वर्ग का द्वार खोल देते हैं, पराधीनों के लिए नरक के! आत्मानन्द के सेवा-कार्य ने, उसकी वक्तृताओं ने और उसके राजनीतिक लेखों ने उसे सरकारी कर्मचारियों की नजरों में चढ़ा दिया था। सारा पुलिस विभाग नीचे से ऊपर तक उससे सतर्क रहता था, सबकी निगाहें उस पर लगी रहती थीं। आखिर जिले में एक भयंकर डाके ने उन्हें इच्छित अवसर प्रदान कर दिया। आत्मानन्द के घर की तलाशी हुई, कुछ पत्र और लेख मिले, जिन्हें पुलिस ने डाके का बीजक सिद्ध किया। लगभग 20 युवकों की एक टोली फाँस ली गई। आत्मानन्द इसका मुखिया ठहराया गया। शहादतें हुईं। इस बेकारी और गिरानी के जमाने में आत्मा से ज्यादा सस्ती और कौन वस्तु हो सकती है! बेचने को और किसी के पास रह ही क्या गया है! नाममात्र का प्रलोभन देकर अच्छी-से-अच्छी शहादतें मिल सकती हैं, और पुलिस के हाथ पड़कर तो निकृष्ट से निकृष्ट गवाहियाँ भी देववाणी का महत्त्व प्राप्त कर लेती हैं। शहादतें मिल गईं, महीने भर तक मुकदमा चला, मुकदमा क्या चला एक स्वांग चलता रहा और सारे अभियुक्तों को सजाएँ दे दी गईं। आत्मानन्द को सबसे कठोर दंड मिला, 8 वर्ष का कठिन कारावास! माधवी रोज कचहरी जाती; एक कोने में बैठी सारी कार्रवाई देखा करती। मानवीय चरित्र कितना दुर्बल, कितना निर्दय, कितना नीच है, इसका उसे तब तक अनुमान भी न हुआ था। जब आत्मानन्द को सजा सुना दी गई और वह माता को प्रणाम करके सिपाहियों के साथ चला तो माधवी मूर्छित होकर जमीन पर गिर पड़ी। दो-चार दयालु सज्जनों ने उसे एक ताँगे पर बैठाकर घर तक पहुँचाया। जब से वह होश में आई है उसके हृदय में शूल-सा उठ रहा है। किसी तरह धैर्य नहीं होता। उस घोर आत्म-वेदना की दशा में अब अपने जीवन का केवल एक लक्ष्य दिखाई देता है और वह इस अत्याचार का बदला है।

अब तक पुत्र उसके जीवन का आधार था। अब शत्रुओं से बदला लेना ही उसके जीवन का आधार होगा। जीवन में अब उसके लिए कोई आशा न थी। इस अत्याचार का बदला लेकर वह अपना जन्म सफल समझेगी। इस अभागे नर-पिशाच बागची ने जिस तरह उसे रक्त के आँसू रुलाए हैं उसी भाँति यह भी उसे रुलाएगी। नारी-हृदय कोमल है, लेकिन केवल अनुकूल दशा में; जिस दशा में पुरुष

दूसरों को दबाता है, स्त्री शील और विनय की देवी हो जाती है। लेकिन जिसके हाथों अपना सर्वनाश हो गया हो उसके प्रति स्त्री को पुरुष से कम घृणा और क्रोध नहीं होता। अन्तर इतना ही है कि पुरुष शस्त्रों से काम लेता है, स्त्री कौशल से।

रात भीगती जाती थी और माधवी उठने का नाम न लेती थी। उसका दुख प्रतिकार के आवेश में विलीन होता जाता था। यहाँ तक कि इसके सिवा उसे और किसी बात की याद ही न रही। उसने सोचा–कैसे यह काम होगा? कभी घर से नहीं निकली। वैधव्य के 22 साल इसी घर में कट गए; लेकिन अब निकलूँगी। जबर्दस्ती निकलूँगी, भिखारिन बनूँगी, टहलनी बनूँगी, झूठ बोलूँगी, सब कुकर्म करूँगी। सत्कर्म के लिए संसार में स्थान नहीं। ईश्वर ने निराश होकर कदाचित् इसकी ओर से मुँह फेर लिया है। जभी तो यहाँ ऐसे-ऐसे अत्याचार होते हैं और पापियों को दंड नहीं मिलता। अब इन्हीं हाथों से उसे दंड दूँगी।

2

सन्ध्या का समय था। लखनऊ के एक सजे हुए बँगले में मित्रों की महफिल जमी हुई थी। गाना-बजाना हो रहा था। एक तरफ आतिशबाजियाँ रखी हुई थीं। दूसरे कमरे में मेजों पर खाना चुना जा रहा था। चारों तरफ पुलिस के कर्मचारी नजर आते थे। वह पुलिस के सुपरिंटेंडेंट मिस्टर बागची का बँगला है। कई दिन हुए उन्होंने एक मार्के का मुकदमा जीता था। अफसरों ने खुश होकर उनकी तरक्की कर दी थी। और उसी की खुशी में यह उत्सव मनाया जा रहा था। यहाँ आए दिन ऐसे उत्सव होते रहते थे। मुफ्त के गवैए मिल जाते थे, मुफ्त की आतिशबाजी; फल, मेवे और मिठाइयाँ आधे दामों पर बाजार से आ जाती थीं और चट दावत हो जाती थी। दूसरों के जहाँ सौ लगते, वहाँ इनका दस से काम चल जाता था। दौड़-धूप करने को सिपाहियों की फौज थी ही और यह मार्के का मुकदमा क्या था? वह जिसमें निरपराध युवकों को बनावटी शहादत से जेल में ठूँस दिया गया था।

गाना समाप्त होने पर लोग भोजन करने बैठे। बेगार के मजदूर और पल्लेदार जो बाजार से दावत और सजावट के सामान लाए थे, रोते या दिल में गालियाँ देते चले गए थे; पर एक बुढ़िया अभी तक द्वार पर बैठी हुई थी। अन्य मजदूरों की तरह वह भुनभुनाकर काम न करती थी। हुक्म पाते ही खुश-दिल मजदूर की तरह दौड़-दौड़कर हुक्म बजा लाती थी। यह माधवी थी, जो इस समय मजूरनी का वेश धारण करके अपना घातक संकल्प पूरा करने आई थी।

मेहमान चले गए। महफिल उठ गई। दावत का सामान समेट दिया गया। चारों ओर सन्नाटा छा गया; लेकिन माधवी अभी तक यहीं बैठी थी।

सहसा मिस्टर बागची ने पूछा–बुड्ढी, तू यहाँ क्यों बैठी है? तुझे कुछ खाने को मिल गया?

माधवी–हाँ हुजूर, मिल गया।

बागची–तो जाती क्यों नहीं?

माधवी–कहाँ जाऊँ सरकार, मेरा कोई घर-द्वार थोड़े ही है? हुकुम हो तो यहीं पड़ी रहूँ। पाव-भर आटे की परवस्ती हो जाए हुजूर।

बागची–नौकरी करेगी?

माधवी–क्यों न करूँगी सरकार, यही तो चाहती हूँ।

बागची–लड़का खेला सकती है?

माधवी–हाँ हुजूर, वह मेरे मन का काम है।

बागची–अच्छी बात है। तू आज ही से रह। जा, घर में देख। जो काम बताएँ, वह कर।

3

एक महीना गुजर गया। माधवी इतना तन-मन से काम करती है कि सारा घर उससे खुश है। बहूजी का मिजाज बहुत ही चिड़चिड़ा है। वह दिन-भर खाट पर पड़ी रहती हैं और बात-बात पर नौकरों पर झल्लाया करती हैं। लेकिन माधवी उनकी घुड़कियों को भी सहर्ष सह लेती है। अब तक मुश्किल से कोई दाई एक सप्ताह से अधिक ठहरी थी। माधवी ही का कलेजा है कि जली-कटी सुनकर भी मुख पर मैल नहीं आने देती।

मिस्टर बागची के कई लड़के हो चुके थे, पर यही सबसे छोटा बच्चा बच रहा था। बच्चे पैदा तो हृष्ट-पुष्ट होते, किन्तु जन्म लेते ही उन्हें एक-न-एक रोग लग जाता था और कोई दो-चार महीने, कोई साल-भर जीकर चल देते थे। माँ-बाप दोनों इस शिशु पर प्राण देते थे। उसे जरा जुकाम भी हो तो दोनों विकल हो जाते। स्त्री-पुरुष दोनों शिक्षित थे, पर बच्चे की रक्षा के लिए टोना-टोटका, दुआ-ताबीज, जन्तर-मन्तर एक से भी उन्हें इनकार न था।

माधवी से यह बालक इतना हिल गया कि एक क्षण के लिए भी उसकी गोद से न उतरता। वह कहीं एक क्षण के लिए चली जाती तो रो-रोकर दुनिया सिर पर उठा लेता। वह सुलाती तो सोता, वह दूध पिलाती तो पीता, वह खेलाती तो खेलता, उसी को वह अपनी माता समझता। माधवी के सिवा उसके लिए संसार में कोई अपना न था। बाप को तो वह दिन-भर में केवल दो-चार बार देखता और समझता यह कोई परदेशी आदमी है। माँ आलस्य और कमजोरी के मारे गोद में लेकर टहल

न सकती थी। उसे वह अपनी रक्षा का भार सँभालने के योग्य न समझता था, और नौकर-चाकर उसे गोद में लेते तो इतनी बेदर्दी से कि उसके कोमल अंगों में पीड़ा होने लगती थी। कोई उसे ऊपर उछाल देता था, यहाँ तक कि अबोध शिशु का कलेजा मुँह को आ जाता था। उन सबों से वह डरता था। केवल माधवी थी जो उसके स्वभाव को समझती थी। वह जानती थी कि कब क्या करने से बालक प्रसन्न होगा। इसीलिए बालक को भी उससे प्रेम था।

माधवी ने समझा था, यहाँ कंचन बरसता होगा; लेकिन उसे देखकर कितना विस्मय हुआ कि बड़ी मुश्किल से महीने का खर्च पूरा पड़ता है। नौकरों से एक-एक पैसे का हिसाब लिया जाता था और बहुधा आवश्यक वस्तुएँ भी टाल दी जाती थीं।

एक दिन माधवी ने कहा—बच्चे के लिए कोई तेज गाड़ी क्यों नहीं मँगवा देतीं? गोद में उसकी बाढ़ मारी जाती है।

मिसेज बागची ने कुंठित होकर कहा—कहाँ से मँगवा दूँ? कम-से-कम 50-60 रुपए में आएगी। इतने रुपए कहाँ हैं?

माधवी—मालकिन, आप भी ऐसा कहती हैं!

मिसेज बागची—झूठ नहीं कहती। बाबूजी की पहली स्त्री से पाँच लड़कियाँ और हैं। सब इस समय इलाहाबाद के एक स्कूल में पढ़ रही हैं। बड़ी की उम्र 15-16 वर्ष से कम न होगी। आधा वेतन तो उधर ही चला जाता है। फिर उसकी शादी की भी तो फिक्र है। पाँचों के विवाह में कम-से-कम 25 हजार लगेंगे। इतने रुपए कहाँ से आएँगे! मैं चिन्ता के मारे मरी जाती हूँ। मुझे कोई दूसरी बीमारी नहीं है, केवल यही चिन्ता का रोग है।

माधवी—घूस भी तो मिलती है।

मिसेज बागची—बुढ़िया, ऐसी कमाई में बरकत नहीं होती। यही क्यों, सच पूछो तो इसी घूस ने हमारी यह दुर्गति कर रखी है। क्या जानें, औरों को कैसे हजम होती है? यहाँ तो जब ऐसे रुपए आते हैं तो कोई-न-कोई नुकसान भी अवश्य हो जाता है। एक आता है तो दो लेकर जाता है। बार-बार मना करती हूँ, हराम की कौड़ी घर में न लाया करो, लेकिन मेरी कौन सुनता है!

बात यह थी कि माधवी को बालक से स्नेह होता जाता था। उसके अमंगल की कल्पना भी वह न कर सकती थी। वह अब इसी की नींद सोती और उसी की नींद जागती थी। अपने सर्वनाश की बात याद करके एक क्षण के लिए उसे बागची पर क्रोध तो हो आता था और घाव फिर हरा हो जाता था; पर मन पर कुत्सित भावों का आधिपत्य न था। घाव भर रहा था, केवल ठेस लगने से दर्द हो जाता था। उसमें स्वयं टीस या जलन न थी। इस परिवार पर अब उसे दया आती थी।

सोचती—बेचारे यह छीन-झपट न करें तो कैसे गुजर हो! लड़कियों का विवाह कहाँ से करेंगे! स्त्री को जब देखो, बीमार ही रहती है। उन पर बाबूजी को एक बोतल शराब भी रोज चाहिए। ये लोग तो स्वयं अभागे हैं। जिसके घर में 5-5 क्वाँरी कन्याएँ हों, बालक हो-होकर मर जाते हों, घरनी सदा बीमार रहती हो, स्वामी शराब का लती हो, उस पर तो यों ही ईश्वर का कोप है। इनसे तो मैं अभागिनी ही अच्छी!

4

दुर्बल बालकों के लिए बरसात बुरी बला है। कभी खाँसी है, कभी ज्वर, कभी दस्त। जब हवा में ही शीत भरी हो तो कोई कहाँ तक बचाए? माधवी एक दिन अपने घर चली गई थी। बच्चा रोने लगा तो माँ ने एक नौकर को दिया—इसे बाहर से बहला ला। नौकर ने बाहर ले जाकर हरी-हरी घास पर बैठा दिया। पानी बरसकर निकल गया था। भूमि गीली हो रही थी। कहीं-कहीं पानी भी जमा हो गया था। बालक को पानी में छपके लगाने से ज्यादा प्यारा और कौन खेल हो सकता है? खूब प्रेम से उमग-उमगकर पानी में लोटने लगा। नौकर बैठा और आदमियों के साथ गप-शप करता रहा। इस तरह घंटों गुजर गए। बच्चे ने खूब सर्दी खायी। घर आया तो उसकी नाक बह रही थी। रात को माधवी ने आकर देखा तो बच्चा खाँस रहा था। आधी रात के करीब उसके गले से खुरखुर की आवाज निकलने लगी। माधवी का कलेजा सन-से हो गया। स्वामिनी को जगाकर बोली—देखो तो, बच्चे को क्या हो गया है? क्या सर्दी-वर्दी तो नहीं लग गई! हाँ, सर्दी ही तो मालूम होती है!

स्वामिनी हकबकाकर उठ बैठी और बालक की खुरखुराहट सुनी तो पाँव तले से जमीन निकल गई। यह भयंकर आवाज उसने कई बार सुनी थी और उसे खूब पहचानती थी। व्यग्र होकर बोली—जरा आग जलाओ। थोड़ा-सा चोकर लाकर एक पोटली बनाओ, सेंकने से लाभ होता है। इन नौकरों से तंग आ गई। आज कहार जरा देर के लिए बाहर ले गया था, उसी ने सर्दी में छोड़ दिया होगा।

सारी रात दोनों बालक को सेंकती रहीं। किसी तरह सबेरा हुआ। मिस्टर बागची को खबर मिली तो सीधे डॉक्टर के यहाँ दौड़े। खैरियत इतनी थी कि जल्द एहतियात की गई। तीन दिन में बच्चा अच्छा हो गया; लेकिन इतना दुर्बल हो गया था कि उसे देखकर डर लगता था। सच पूछो तो माधवी की तपस्या ने बालक को बचाया। माता सोती, पिता सो जाता, किन्तु माधवी की आँखों में नींद न थी। खाना-पीना तक भूल गई। देवताओं की मनौतियाँ करती थी, बच्चे की बलाएँ लेती थी, बिलकुल पागल हो गई थी। यह वही माधवी है जो अपने सर्वनाश का बदला लेने आई थी। अपकार

की जगह उपकार कर रही थी। विष पिलाने आई थी, सुधा पिला रही थी। मनुष्य में देवता कितना प्रबल है!

प्रात:काल का समय था। मिस्टर बागची शिशु के झूले के पास बैठे हुए थे। स्त्री के सिर में पीड़ा हो रही थी। वहीं चारपाई पर लेटी हुई थी और माधवी समीप बैठी बच्चे के लिए दूध गरम कर रही थी।

सहसा बागची ने कहा–बुढ़िया, हम जब तक जिएँगे तुम्हारा यश गाएँगे। तुमने बच्चे को जिला लिया।

स्त्री–यह देवी बनकर हमारा कष्ट निवारण करने के लिए आ गई। यह न होती तो न जाने क्या होता! बुढ़िया, तुमसे मेरी एक विनती है। यों तो मरना-जीना प्रारब्ध के हाथ है, लेकिन अपना-अपना पौरा भी बड़ी चीज है। मैं अभागिनी हूँ। अबकी तुम्हारे ही पुण्य-प्रताप से बच्चा सँभल गया। मुझे डर लग रहा है कि ईश्वर इसे हमारे हाथ से छीन न लें। सच कहती हूँ बुढ़िया, मुझे इसको गोद में लेते डर लगता है। इसे तुम आज से अपना बच्चा समझो। तुम्हारा होकर शायद बच जाय, हम अभागे हैं, हमारा होकर इस पर कोई-न-कोई संकट आता रहेगा। आज से तुम इसकी माता हो जाओ। तुम इसे अपने घर ले जाओ, जहाँ चाहे ले जाओ, तुम्हारी गोद में देकर मुझे फिर कोई चिन्ता न रहेगी। वास्तव में तुम्हीं इसकी माता हो, मैं तो राक्षसी हूँ।

माधवी–बहूजी, भगवान सब कुशल करेंगे, क्यों जी इतना छोटा करती हो?

मिस्टर बागची–नहीं-नहीं बूढ़ी माता, इसमें कोई हरज नहीं है। मैं मस्तिष्क से तो इन बातों को ढकोसला ही समझता हूँ; लेकिन हृदय से इन्हें दूर नहीं कर सकता। मुझे स्वयं मेरी माताजी ने एक धोबिन के हाथ बेचा दिया था। मेरे तीन भाई मर चुके थे। मैं जो बच गया तो माँ-बाप ने समझा, बेचने से ही इसकी जान बच गई। तुम इस शिशु को पालो-पोसो। इसे अपना पुत्र समझो। खर्च हम बराबर देते रहेंगे। इसकी कोई चिन्ता मत करना। कभी-कभी जब हमारा जी चाहेगा, आकर देख लिया करेंगे। हमें विश्वास है कि तुम इसकी रक्षा हम लोगों से कहीं अच्छी तरह कर सकती हो। मैं कुकर्मी हूँ। जिस पेशे में हूँ, उसमें कुकर्म किए बगैर काम नहीं चल सकता। झूठी शहादतें बनानी ही पड़ती हैं, निरपराधों को फँसाना ही पड़ता है। आत्मा इतनी दुर्बल हो गई है कि प्रलोभन में पड़ ही जाता हूँ। जानता हूँ कि बुराई का फल बुरा ही होता है; पर परिस्थिति से मजबूर हूँ। अगर न करूँ तो आज नालायक बनाकर निकाल दिया जाऊँ। अंग्रेज हजारों भूलें करें, कोई नहीं पूछता। हिन्दुस्तानी एक भूल भी कर बैठे तो सारे अफसर उसके सिर हो जाते हैं। हिन्दुस्तानियों को तो कोई बड़ा पद न मिले, वही अच्छा। पद पाकर तो उनकी आत्मा का पतन हो जाता है। उनको हिन्दुस्तानियत का दोष मिटाने के लिए कितनी ही ऐसी बातें करनी पड़ती

हैं जिनका अंग्रेज के दिल में कभी खयाल ही पैदा नहीं हो सकता। तो बोलो, स्वीकार करती हो?

माधवी गद्‌गद होकर बोली–बाबूजी, आपकी इच्छा है तो मुझसे भी जो कुछ बन पड़ेगा, आपकी सेवा कर दूँगी। भगवान बालक को अमर करें, मेरी तो उनसे यही विनती है।

माधवी को ऐसा मालूम हो रहा था कि स्वर्ग के द्वार सामने खुले हैं और स्वर्ग की देवियाँ अंचल फैला-फैलाकर आशीर्वाद दे रही हैं, मानो उसके अन्तस्तल में प्रकाश की लहरें-सी उठ रही हैं। इस स्नेहमय सेवा में कितनी शान्ति थी।

बालक अभी तक चादर ओढ़े सो रहा था। माधवी ने दूध गरम हो जाने पर उसे झूले पर से उठाया, तो चिल्ला पड़ी। बालक की देह ठंडी हो गई थी और मुँह पर पीलापन आ गया था जिसे देखकर कलेजा हिल जाता है, कंठ से आह निकल जाती है और आँखों से आँसू बहने लगते हैं। जिसने उसे एक बार देखा है फिर कभी नहीं भूल सकता। माधवी ने शिशु को गोद से चिपटा लिया, हालाँकि नीचे उतार देना चाहिए था।

कुहराम मच गया। माँ बच्चे को गले से लगाए रोती थी; पर उसे जमीन पर न सुलाती थी। क्या बातें हो रही थीं और क्या हो गया! मौत को धोखा देने में आनन्द आता है। वह उस वक्त कभी नहीं आती जब लोग उसकी राह देखते हैं। रोगी जब सँभल जाता है, जब वह पथ्य लेने लगता है, उठते-बैठने लगता है, घर-भर खुशियाँ मनाने लगता है, सबको विश्वास हो जाता है कि संकट टल गया, उस वक्त घात में बैठी हुई मौत सिर पर आ जाती है। यही उसकी निष्ठुर लीला है।

आशाओं के बाग लगाने में हम कितने कुशल हैं। यहाँ हम रक्त के बीज बोकर सुधा के फल खाते हैं। अग्नि से पौधों को सींचकर शीतल छाँह में बैठते हैं। हा, मन्दबुद्धि!

दिन-भर मातम होता रहा; बाप रोता था, माँ तड़पती थी और माधवी बारी-बारी से दोनों को समझाती थी। यदि अपने प्राण देकर वह बालक को जिला सकती तो इस समय अपना धन्यभाग समझती। वह अहित का संकल्प करके यहाँ आई थी और आज जब उसकी मनोकामना पूरी हो गई और उसे खुशी से फूला न समाना चाहिए था, उसे उससे कहीं घोर पीड़ा हो रही थी जो अपने पुत्र की जेल-यात्रा से हुई थी। रुलाने आई थी और खुद रोती जा रही थी। माता का हृदय दया का आगार है। उसे जलाओ तो उसमें दया की ही सुगन्ध निकलती है, पीसो तो दया का ही रस निकलता है। वह देवी है। विपत्ति की क्रूर लीलाएँ भी उस स्वच्छ निर्मल स्रोत को मलिन नहीं कर सकतीं।

ऐसे कठिन समय में माँ पर जो बीत रही थी, उसे दूसरा कौन जान सकता है? कितनी बार जगत की बात लगी, पर पंडित जी की 'ख्याति' के कारण टूट गई। एक तो सिरे ही से दूसरी शादी, फिर लड़के का पिता शराबी और जुआरी। कौन ऐसा कसाई बाप होगा जो अपनी लड़की को ऐसे 'शरीफ आदमी' के घर ब्याहना पसन्द करेगा? आम के पेड़ में आम लगते हैं और कडुवे नीम में निबौलियाँ। कौन कह सकता है, 'योग्य' पिता का पुत्र भी 'योग्य' न होगा? दुर्व्यसनों में फँसने के अवसर तो बहुत मिल जाते हैं। हाँ, बच निकलने के बहुत कम होते हैं। यही कारण था कि जब-जब नाई और पुरोहित के प्रयत्नों से जगत की सगाई हुई तो पंडित जी की ख्याति के कारण टूट गई और अब के जो सगाई हुई तो शादी का ही कोई डौल न था।

माँ

उपेन्द्रनाथ अश्क

पंडित जी को इस बात की चिन्ता हो, यह बात न थी। इस सम्बन्ध में उन्होंने कभी न सोचा था। उन्हें तो आठों पहर बोतल और लाल परी से काम था। कोई मरे चाहे जिए; लड़के की शादी हो या न हो; घर में सम्पन्नता हो अथवा विपन्नता–उनके लिए सब एक बराबर था। जब कभी तबीयत होती, नशे में झूमकर अलाप उठते।

शामा, मेरे अवगुण चित न धरो।

और निश्चिन्त हो जाते, जैसे उन्हें विश्वास हो जाता कि सर्वशक्तिमान ने उनके वह गुनाह माफ कर दिए हैं।

यह सब तो था, पर यदि गाड़ी के दोनों पहिए बिगड़ जाएँ तो वह चले ही कैसे? पिता अपने कर्तव्य को भूला हुआ था, माँ उसे यथाशक्ति पूरा किए जा रही थी। यही कारण था कि किसी तरह सब काम चल रहा था। अन्दर से हालत चाहे कितनी ही बुरी हो गई हो, पर बाहर से साख बनी हुई थी।

जगत अपने माँ–बाप का इकलौता लड़का था–नूरमहल के एक हाईस्कूल में साधारण टीचर! पंडित जी ने नौकरी के दिनों में कुछ जमा न किया था, प्रॉविडेंट फंड बाद को शराब की नजर हो गया और जो एक–दो गहने थे, वे धीरे–धीरे जगत की पत्नी की बीमारी में चौधराइन के यहाँ गिरवी रखे जाने लगे। उधर गहने खत्म हुए, इधर उसकी जीवन–लीला समाप्त हो गई। अब इस विवाह के लिए क्या किया जाए, कहाँ से गहने लाए जाएँ, इसी बात की चिन्ता माँ को खाए जा रही थी।

इस अन्धकार में जगत की माँ को केवल एक ओर से प्रकाश की किरण दिखाई देती थी। उसके मैके में ऐसी दरिद्रता न थी। उसके पिता धनी–मानी और सम्पन्न व्यक्ति थे। जगत के पहले विवाह पर उन्होंने हाथ का एक आभूषण और मूल्यवान वस्त्र दिए थे। कोई पाँच–छह सौ की चीज रही होगी। उसे आशा थी कि इस बार भी उसके पिता कुछ–न–कुछ अवश्य देंगे। पाँच–छह सौ न सही, तीन–चार सौ ही सही। मगर इन तीन–चार सौ से क्या बनेगा? गहने–कपड़े, लाग–बिहार, मिठाई–शीरीनी–शादी में क्या–क्या न चाहिए? गुड्डे–गुड़िया के विवाह में भी सौ व्यवस्थाएँ करनी पड़ती हैं, फिर यह तो स्त्री–पुरुष का विवाह था। सोचती–यदि इस बार भी विवाह न हो सका तो क्या होगा? सब आशाओं पर पानी फिर जाएगा। उस समय उसे पंडित जी के व्यवहार पर दुख होता था, किन्तु पुराने विचारों की हिन्दू नारी थी, शिकायत का एक शब्द भी ओठों पर लाना पाप समझती थी। कष्ट सहती थी, दुख झेलती थी, पर जबान न हिलाती थी।

रात का तीसरा पहर था, सारी दुनिया मीठी नींद सो रही थी, किन्तु जगत की माँ को नींद कहाँ? उसकी नींद तो विपदा में सौभाग्य–सी विलुप्त थी। पिंजरे के पट बन्द थे, पर नींद के पक्षी उड़ गए थे।

विवाह होने में केवल बीस दिन रह गए थे और गहनों का अभी तक कोई भी प्रबन्ध न हुआ था। रुपए होते तो चौधराइन ही से गहने छुड़ा लेती, किन्तु और रुपए कहाँ से आते! कोई युक्ति सूझ न रही थी। इसी सोच में रात बीत गई। अँधेरा कुछ–कुछ छँट गया। मुहल्ले के कुएँ में किसी ने गागर डुबोई। प्रातःकाल पानी भरनेवालों का आगमन आरम्भ हो गया था। सामने के घर से चक्की चलने के साथ किसी के गाने का आर्द्र स्वर वायुमंडल में गूँज उठा। शायद विधवा कंसो प्रातः उठकर अपने काम में लग गई थी। दूर कहीं मुसलमानों के मुहल्ले में मुर्गे ने अजान दी। माँ उठी, और फिर जैसा उसका नित्य का क्रम हो गया था, अन्दर कमरे में गई, ट्रंक खोलकर उसने उसमें से छोटा–सा डिब्बा निकाला और एक–एक चीज बाहर निकालकर देखने लगी। था ही क्या? चाँदी के लच्छे और ढोल था; सोने की दो अँगूठियाँ थीं;

पुराने फैशन की एक माला और छह माशे का एक सौकनमोहरा था। शादी दूसरी थी इसलिए एक अँगूठी तुड़वाकर सौकनमोहरा बनवा लिया था। भारी गहने तो सब चौधराइन के यहाँ गिरवी रखे थे। एक दीर्घ-निःश्वास छोड़ते हुए उसने इन सबको डिब्बे में बन्द किया, डिब्बे को ट्रंक में रखा और ताला लगा दिया। फिर वहीं सिर को घुटनों पर रखकर सोचने लगी। कई दिनों से वह प्रतिदिन ऐसा ही करती आ रही थी–सुबह उठकर गहनों को निकालकर गिनती, फिर वहीं बैठकर सोचती, किन्तु कोई उपाय समझ में न आता। आज उसे अचानक एक बात सूझ गई। साथ ही, उसके शरीर में स्फूर्ति की एक लहर दौड़ गई। वह तत्काल उठी। घर में झाड़ू-बुहारी देकर पूजा करने बैठी। सच्चे दिल से उसने भगवान से प्रार्थना की कि इस बार उसे असफलता का मुँह न देखना पड़े। फिर वह चौधराइन के घर की ओर चल दी।

चौधराइन का घर समीप ही था। जगत की माँ तेजी से जा रही थी। उसने जल्दी-जल्दी दहलीज पार की, किन्तु निचले आँगन में जाकर रुक गई। ऊपर जाए कि न जाए? उसकी दाहिनी आँख फड़कने लगी। मन में सन्देह-सा उत्पन्न हो उठा। उसके कान में जैसे किसी ने कहा–आज काम न बनेगा। उसने चाहा, मुड़ जाए। पर मुड़कर जाए कहाँ? विवश हो आगे बढ़ी। धीरे-धीरे सीढ़ियाँ चढ़कर ऊपर पहुँची। मालूम हुआ, चौधराइन अभी सो रही है। वह दहलीज पर ही एक ओर होकर बैठ गई।

कोई एक घंटे के बाद जब चौधराइन की नींद टूटी तो एक हल्की-सी मुस्कुराहट के बाद उसने जगत की माँ से उसके आने का कारण पूछा।

जगत की माँ चुप-सी हो गई। यहाँ कहने के लिए घर से जो कुछ सोचकर आई थी, वह सब भूल गया। कह सकी तो मुश्किल से इतना ही–''जगत के विवाह में केवल बीस दिन रह गए हैं।''

चौधराइन फिर मुस्कुराई–''बधाई हो! मैं तो उधर आ ही नहीं सकी।'' फिर लम्बी साँस खींचकर बोली, ''यह कमर का निगोड़ा दर्द कुछ ऐसा चिपटा है कि कहीं जाने ही नहीं देता। मैं तो स्वयं बधाई देने के लिए जाना चाहती थी।''

''आपको ही बधाई है!'' जगत की माँ ने धीमे स्वर से कहा।

चौधराइन सहानुभूति दिखाती हुई बोली, ''भगवान करे, फिर घर बस जाए! बेचारा उदास रहता है। मैं तो जब देखती हूँ, जी मसोसकर रह जाती हूँ। इस बार कहाँ बात लगी है?''

जगत की माँ ने उत्साहित होकर कहा, ''नकोदर में रिश्ता हुआ है, पर विवाह हो सकेगा, इसका कोई ठिकाना नहीं। उनकी आदत तो आप जानती ही हैं–और पैसे के बिना कुछ होता नहीं।''

अब चौधराइन ने कुछ शंकित नेत्रों से उसकी ओर देखा।

जगत की माँ कहती गई, "मैं आपको तीन सौ रुपया दे दूँगी। आप मुझे कृपा कर मेरे सब गहने दे दें। इस बात का मैं वचन देती हूँ कि गौने के बाद सब गहने आपके पास फिर रख जाऊँगीं।"

चौधराइन ने बेरुखी से कहा, "मैं सोचकर उत्तर दे सकूँगी। शाम को रिखीराम आ जाएगा, तब उससे सलाह करके तुम्हें बताऊँगी। आपकी ओर पिछले तीन महीने का सूद भी तो है।"

"वह भी मैं तीन सौ के साथ ही दे दूँगी।" जगत की माँ ने कहा। लेकिन चौधराइन ने वह नहीं सुना। उस समय तक वह उठकर अन्दर जा चुकी थी। जगत की माँ चुपचाप सीढ़ियाँ उतर आई और फिर आकर धम्म-से फर्श पर बैठ गई। उसे ऐसा मालूम हुआ, जैसे मुसीबतों का अँधेरा पहले से कई गुना गहरा हो गया है। उसने दुपट्टे से मुँह छिपा लिया और रोने लगी। उस समय पंडित जी ने बैठक से तान लगाई :

शामा, मेरे अवगुण चित न धरो।

शाम को चौधराइन का जवाब आ गया। वही जिसकी सम्भावना थी। माँ ने शान्ति से उसे सुना और फिर अपने काम में लग गई। उसकी आँखें एक बार भर आईं, किन्तु उसने उन्हें पोंछ डाला। यदि आँसू बहाने से ही विवाह हो जाता तो आज तक जितने आँसू उसने बहाये थे, उनसे मुहल्ले भर के लड़कों की शादियाँ हो जातीं।

जगत की माँ एक असाधारण प्रकृति की स्त्री थी। वह न होती तो घर कब का चौपट हो गया होता और पंडित जी या तो यमुना के किनारे धूनी रमा लेते या जेल की रोटियाँ तोड़ते। कई बार अवसर पड़ने पर जगत की माँ उनके आड़े आई थी। कई बार उसने उनके लिए रुपए का प्रबन्ध किया था। साहस और हिम्मत की वह मूर्ति थी। उसने जगत को एक पत्र लिखवाया कि छुट्टी लेकर आ जाए और स्वयं अपने मैके को रवाना हो गई।

होशयारपुर में उसका मैका था। उसके पिता के पास धन का अभाव न था। वे चाहते तो एक छोड़ बीस शादियों का आयोजन कर देते। किन्तु उन्होंने पुरोहिताई से रुपया कमाया था, पैसा-पैसा करके, पेट काट-काटकर धन एकत्र किया था। वे कंजूस थे और उन्हें पैसे की जुदाई बहुत अखरती थी। फिर सब से बढ़कर यह बात थी कि उनकी पत्नी दूसरी थी। सौतेली माँ की उपस्थिति में जगत की माँ को कुछ अधिक मिलने की उम्मीद न थी, फिर भी वह सब ओर से निराश होकर वहीं जा रही थी। किनारा कितना भी चिकना क्यों न हो, उस पर सहारा देने की कोई वस्तु हो या न हो, किन्तु और कोई आश्रय न पाकर डूबता हुआ व्यक्ति उसे ही पकड़ने के लिए हाथ-पाँव मारता है। वहाँ पहुँची तब उसकी सौतेली माँ ने अड़चन डाल दी। बहुत कुछ रगड़-झगड़ के बाद जगत की माँ चार सौ रुपया पा सकी। वहाँ से चली

तब भविष्य की चिन्ताओं ने उसे घेर लिया। जैसे क्षुधातुर व्यक्ति रोटी का एक टुकड़ा पाने पर भूख से और भी व्याकुल हो उठता है, उसी तरह जगत की माँ इन चार सौ रुपयों को पाकर और भी चिन्तित हो उठी थी। अब उसका मस्तिष्क किसी-न-किसी तरह इन्हीं से काम निबटाने की तरकीब सोच रहा था। चौधराइन के व्यवहार ने उसके हृदय में अलग आग सुलगा दी थी। उसके यहाँ वह अपना एक भी आभूषण न रखना चाहती थी।

घर पहुँचते ही उसने एक सौ रुपया तो मिठाई इत्यादि के लिए रख लिया और शेष तीन सौ लेकर बीबी अमरकौर के पास पहुँची ताकि उससे कुछ और रुपया लेकर चौधराइन से गहने ले ले और उन्हें अमरकौर के पास रख दे। इस बात में तो अमरकौर को कोई आपत्ति न हो सकती थी। लेकिन जगत की माँ कहती थी कि रुपए तो उससे ले ले, पर गहने गौने के बाद दे, और इस बात पर अमरकौर का राजी होना जरा मुश्किल था। कारोबार के मामले में वह भी कम सख्त न थी। पर जगत की माँ घर से निश्चय करके निकली थी कि जैसे भी होगा, उसे मना ही लेगी। अमरकौर के दिल में भी अभी दया का सर्वथा लोप न हुआ था, इसलिए जगत की माँ के बहुत अनुनय-विनय करने पर वह मान गई। उसने इस शर्त पर रुपया दे दिया कि गौने के बाद उसे गहने मिल जाएँ। अमरकौर से रुपया लेकर जगत की माँ ने चौधराइन से सब गहने ले लिए और खुशी-खुशी शादी की दूसरी तैयारियाँ करने लगी। सन्ध्या को जब जगत नूरमहल से आया तो उसने देखा, माँ का चेहरा खिला हुआ है।

निश्चित तारीख को मुहल्ले की स्त्रियों के सुहावने गीतों में, बाजे-गाजे के साथ बरात रवाना हुई। जगत की माँ ने शेष सब प्रबन्ध कैसे किया, यह न पूछिए। अपने पुत्र का घर बसाने के लिए वह घर-घर फिरी। अपने स्वाभिमान को भी उसने कुछ दिनों के लिए भुला दिया और किसी से बीस, किसी से तीस लेकर काम चलता किया। उसे आशा थी कि दहेज में कुछ-न-कुछ जेवर अवश्य मिलेगा और सौ-डेढ़ सौ न सही, इक्यावन रुपए तो बिदा में अवश्य दिए जाएँगे। इनसे छोटी-मोटी रकमें उतर जाएँगी। अमरकौर से जिन गहनों के बदले रुपया लाई है, वे उसे पहुँचा देगी। इस तरह सुगमता से सब काम हो जाएगा।

तीसरे दिन बरात आ गई। खुशी-खुशी जगत की माँ बहू को लेने गई। पंडित जी के सम्बन्ध में पूछा तो मालूम हुआ कि शराबखाने में औंधे मुँह पड़े हुए हैं।

विवाह के गीत गाते-गाते मुहल्ले की स्त्रियाँ बहू को घर लाईं। सब रस्में भली-भाँति अदा की गईं। दहेज का सामान नीचे बैठक में रख दिया गया। बहू का सुन्दर मुखड़ा देखकर सब के दिल खिल गए। कोई कहती–जगत पहले जन्म में मोतियों का दान करके आया है; कोई कहती–चाँद का टुकड़ा ब्याहा लाया है। छोटी-छोटी लड़कियाँ बहू का मुँह देखने के लिए टूटी पड़ती थीं। घर में खूब चहल-पहल थी, किन्तु जगत की माँ इन सबसे अलग एक कोने में एक व्यक्ति से धीरे-धीरे कुछ पूछ रही थी।

''तो क्या आपको कुछ भी मालूम नहीं?''

''कुछ भी नहीं, जरा भी नहीं, मुझे किसी ने पता भी नहीं चलने दिया।''

''आप अगुआ थे।''

''वहाँ मुझे कौन पूछता था? अगुआ तो वहाँ मास्टर जी थे। मैं तो जैसे उनके हाथ की पुतली था।''

''तो क्या आपको बिदा की भेंट का भी पता नहीं? मिली भी या नहीं मिली?''

''मैं कहता हूँ, मुझे बिलकुल पता नहीं। चाननराम वहाँ था ही कौन! सब कुछ तो मास्टर जी करते थे। मुझ तक तो किसी बात की गन्ध तक भी नहीं आई।''

माँ निराशा से सिर हिलाकर फिर काम में लग गई। जिस आशा के आधार पर आज तक सब कुछ करती आई थी, वह आधार ही छिन गया। उल्लास की जगह फिर विषाद ने ले ली। अन्तर में दुख का पारावार छिपाए वह सब काम करने लगी। पंडित जी की मद्यपता के कारण उसने चचा चाननराम के हाथ में ही विवाह का सब काम सौंप दिया था। वे जगत के सगे चचा तो न थे, पर जगत की माँ को उन पर पूरा भरोसा था। पर वहाँ उनको किसी ने पूछा भी नहीं। वहाँ जगत के एक मित्र, जो मास्टर जी कहलाते थे, सब बातों के कर्ता-धर्ता थे। आपस में गुप-चुप सब बातें होतीं और चचा चाननराम के बिना पूछे ही सब कुछ तय हो जाता। मास्टर जी लड़कीवालों से इस तरह घुल-मिल गए थे, जैसे उन्हीं में से एक हों। इधर लड़केवालों की ओर से भी सब कुछ वही करते। दहेज का दिखावा ही उन्होंने बन्द करा दिया। हाँ, इधर से सब गहने भिजवा दिए। पंडित जी शादी के प्रबन्ध में चाहे कुछ भाग न ले सकते हों, पर उसकी खुशी में वे किसी से पीछे न रहना चाहते थे, इसलिए उन दिनों उन्हें अपने तन-बदन का भी होश न था। सुबह पीते, दोपहर पीते, शाम पीते। उधर से क्या मिला, बिदा में कितने रुपए रखे गये? इन बातों का किसी को भी पता न लग सका और चचा चाननराम अगुआ होने का चाव दिल में लिये हुए ही वापस आ गए।

जगत की माँ प्रकट रूप में सब काम पूर्ववत् कर रही थी। परन्तु उसका मस्तिष्क और मन तो कहीं और ही थे, हाँ, हाथ-पाँव अवश्य चलते हुए नजर आते

थे। बड़े यत्न से उसने आशा का जो दुर्ग बनाया था, वह उसे ढहता हुआ प्रतीत हो रहा था। नींव हिल गई थी; दीवारों में दरारें आ गई थीं; अब गिरा कि तब गिरा। चेतनाहीन-सी, संज्ञाहीन-सी वह सब काम कर रही थी। दो बार उसके हाथ से मिठाई की तश्तरी गिर पड़ी, छाछ पीने लगी तो दुपट्टे में ही गिरती गई। वह जाग रही थी या सो रही थी, उसे कुछ भी मालूम न था।

सन्ध्या को जब जगत ऊपर आया तब एकान्त में माँ ने सब कुछ पूछने का प्रयत्न किया। किन्तु जगत ने साफ तौर पर कुछ भी उत्तर नहीं दिया। पूछा, ''गहने कौन-कौन मिले?'' कहा, ''उसके पास हैं, जाकर देख लो।'' पूछा, ''बिदा में क्या रखा गया?'' कहा, ''मास्टर जी जानें या चचा चाननराम।'' और यह कहकर वह अन्दर कमरे में चला गया।

माँ वहीं खड़ी-की-खड़ी रह गई, और फिर सिर को दोनों हाथों से थामकर वहीं बैठ गई।

दूसरी सुबह बहू को अपने मैके जाना था। गौना यद्यपि साथ ही दे दिया गया था, पर प्रथा के अनुसार दुल्हन का एक बार अपने माता-पिता के घर जाना आवश्यक था। रात को माँ ने एक-दो बार नीचे बैठक में आकर दहेज का सामान देखने की कोशिश की, पर हर बार मास्टर जी यम के दूत की भाँति दरवाजे में बैठे दिखाई दिए। अपमान और तिरस्कार से वह जल उठी। सारी रात उसने छत पर घूम-घूमकर बिता दी और जब दिन चढ़ा तो उसमें हिलने तक की शक्ति न थी। सारी रात वह पंडित जी की राह देखती रही थी, पर वे न आए थे। चचा चाननराम को भी उसने दो बार बुलवा भेजा था, पर वे तो विवाह से आने के बाद ऐसे भागे कि फिर सूरत ही न दिखाई। उस समय जगत की माँ अपने आपको सर्वथा असहाय और बेबस महसूस कर रही थी।

विद्युत-वेग से सब तैयारियाँ हो गईं। सब कुछ तो पहले से ही तय था। जगत की माँ को कुछ सुझाई न दे रहा था। उसका अंग-अंग शिथिल हो रहा था। फिर भी मशीन की भाँति वह सब काम किए जा रही थी। दूसरी स्त्रियों के साथ वह भी दुल्हन को ताँगे पर चढ़ाने गई। उसने देखा, वह बड़ा-सा ट्रंक जिसमें दहेज का सब सामान, गहने-कपड़े रखे थे, ताँगे पर रखा हुआ है। उसे एक वस्त्र तक देखना नसीब न हुआ।

जब ताँगा चलने लगा तो जगत की माँ ने अपना सारा साहस बटोरकर कहा, ''कल ही गौना ले आना, इस अवसर पर ससुराल में अधिक नहीं अटका करते।''

बेपरवाही से जगत ने उत्तर दिया, ''मैं इधर न आ सकूँगा। मेरी छुट्टी खत्म हो गई है। मुझे वहाँ से सीधे नौकरी पर जाना है। वहीं से सीधा नूरमहल चला जाऊँगा।''

ताँगा चल पड़ा। मास्टर जी ने धीरे-से कहा, "शुक्र है, यह झंझट खत्म हुआ। भाई! रोगी का खाया, शराबी का कमाया एक बराबर होता है। हम तो तुम्हारे लाभ की ही बात कहेंगे। एक-दो बच्चे हो गए तो फिर क्या करोगे? शराबी के घर में इन गहनों की क्या बिसात है?"

माँ खड़ी-की-खड़ी रह गई, जैसे उसकी समस्त शक्तियाँ शिथिल हो गई हों। उसकी आँखों के आगे जैसे अँधेरा छा गया। वह देर तक वहीं खड़ी रही। जब ताँगा दृष्टि से ओझल हो गया तब चुपचाप चली आई। एक आह भी उसने नहीं भरी, एक निःश्वास भी उसने नहीं छोड़ा, जैसे प्राणों से भी प्रिय पुत्र की कृतघ्नता ने उसकी वेदना का गला घोंट दिया हो। बैठक में एक हलक-सा कौच का सेट रखा हुआ था। कोई बीस रुपए का होगा। बस, इतने परिश्रम के बाद उसे यही देखने को मिला। उस समय उसे महसूस हुआ, जैसे विपत्तियों के अथाह सागर में वह एकाकी गोते खाने के लिए छोड़ दी गई हो। जगत वापस न आएगा। वह अमरकौर को कौन से गहने देगी; नेगियों का नेग कैसे देगी; मुहल्लेवालों को छोटी-छोटी रकमें कैसे भुगताएगी; जब वे सब उससे तकजा करेंगे तो वह क्या उत्तर देगी? जो कुछ आज तक नहीं हुआ वह अब होकर रहेगा। उसे कितना अपमानित होना पड़ेगा। उसने अमरकौर से कहा था—'हाथ की पाँचों अँगुलियाँ बराबर नहीं होतीं; संसार में दयानतदारी का खात्मा नहीं हो गया।' अब वह उसे कैसे मुँह दिखाएगी? इस बेशरमी से तो मौत अच्छी। माँ की आँखों के सामने अँधेरा छा गया। सहसा उसे एक खयाल आया। पंडित जी की अलमारी में अफीम की एक डिबिया रखी रहती थी। जब शराब के लिए पैसे न होते, वे अफीम से ही काम चला लेते थे। उसने बढ़कर डिबिया उठा ली। उसे खोला, खिल उठी, जैसे उसे विष नहीं, जीवनामृत मिल गया हो। एक बार ही सारी-की-सारी अफीम डिबिया से निकालकर उसने मुँह में रख ली और कौच में धँस गई। जीवन के सब दुख, सारी विपत्तियाँ, समस्त हारें एक-एक करके उसकी आँखों के सामने घूमने लगीं। एक विचित्र प्रकार की तन्द्रा उसकी आँखों पर छाने लगी। उस समय बाहर से गाने की आवाज आई—वही चिर-परिचित, जानी-पहचानी, सुरीली तान—

शामा, मेरे अवगुण चित न धरो।

और दूसरे क्षण बगल में पगड़ी दबाए झूमते-झामते पंडित जी बैठक में दाखिल हुए।

चीफ की दावत

भीष्म साहनी

आज मिस्टर शामनाथ के घर चीफ की दावत थी।

शामनाथ और उनकी धर्मपत्नी को पसीना पोंछने की फुर्सत न थी। पत्नी ड्रेसिंग गाउन पहने, उनझे हुए बालों का जूड़ा बनाए, मुँह पर फैली हुई सुर्खी और पाउडर को मले, और मिस्टर शामनाथ सिगरेट-पर-सिगरेट फूँकते हुए, चीजों की फेहरिस्त हाथ में थामे, एक कमरे से दूसरे कमरे में आ-जा रहे थे।

आखिर पाँच बजते-बजते तैयारी मुकम्मल होने लगी। कुर्सियाँ, मेज, तिपाइयाँ, नैपकिन, फूल-सब बरामदे में पहुँच गए। ड्रिंक का इन्तजाम बैठक में कर दिया गया। अब घर का फालतू सामान अलमारियों के पीछे और पलंगों के नीचे छिपाया जाने लगा। तभी शामनाथ के सामने सहसा एक अड़चन खड़ी हो गई, माँ का क्या होगा?

इस बात की ओर न उनका और न उनकी कुशल गृहिणी का ध्यान गया था। मिस्टर शामनाथ, श्रीमती की ओर घूमकर अंग्रेजी में बोले, ''माँ का क्या होगा?''

श्रीमती काम करते-करते ठहर गई, और थोड़ी देर तक सोचने के बाद बोली, ''इन्हें पिछवाड़े इनकी सहेली के घर भेज दो। रात भर बेशक वहीं रहें। कल आ जाएँ।''

शामनाथ सिगरेट मुँह में रखे, सिकुड़ी आँखों से श्रीमती के चेहरे की ओर देखते हुए पल-भर सोचते रहे, फिर सिर हिलाकर बोले, ''नहीं, मैं नहीं चाहता कि उस बुढ़िया का आना-जाना यहाँ फिर से शुरू हो। पहले ही बड़ी मुश्किल से बन्द किया था। माँ से कहें कि जल्दी ही खाना खा के शाम को ही अपनी कोठरी में चली जाएँ। मेहमान कहीं आठ बजे आएँगे इससे पहले ही अपने काम से निबट लें।''

सुझाव ठीक था। दोनों को पसन्द आया। मगर फिर सहसा श्रीमती बोल उठी, ''जो वह सो

गईं और नींद से खर्राटे लेने लगीं, तो? साथ ही तो बरामदा है, जहाँ लोग खाना खाएँगे।''

''तो इन्हें कह देंगे कि अन्दर से दरवाजा बन्द कर लें। मैं बाहर से ताला लगा दूँगा। या माँ को कह देता हूँ कि अन्दर जाकर सोएँ नहीं, बैठी रहें और क्या?''

''और जो सो गईं, तो? डिनर का क्या मालूम कब तक चले? ग्यारह-ग्यारह बजे तक तो तुम ड्रिंक ही करते रहते हो।''

शामनाथ कुछ खीज उठे, हाथ झटकते हुए बोले, ''अच्छी-भली यह भाई के पास जा रही थीं। तुमने यूँ यही खुद अच्छा बनने के लिए बीच में टाँग अड़ा दी!''

''वाह! तुम माँ और बेटे की बातों में मैं क्यों बुरी बनूँ? तुम जानो और वह जानें।''

मिस्टर शामनाथ चुप रहे। यह मौका बहस का न था, समस्या का हल ढूँढ़ने का था। उन्होंने घूमकर माँ की कोठरी की ओर देखा। कोठरी का दरवाजा बरामदे में खुलता था। बरामदे की ओर देखते हुए झट-से बोले, ''मैंने सोच लिया है,'' और उन्हीं कदमों माँ की कोठरी के बाहर जा खड़े हुए। माँ दीवार के साथ एक चौकी पर बैठी, दुपट्टे में मुँह-सिर लपेटे, माला जप रही थीं। सुबह से तैयारी होती देखते हुए माँ का भी दिल धड़क रहा था। बेटे के दफ्तर का बड़ा साहब घर पर आ रहा है, सारा काम सुभीते से चल जाए।

''माँ, आज तुम खाना जल्दी खा लेना। मेहमान लोग साढ़े सात बजे आ जाएँगे।''

माँ ने धीरे-से मुँह पर से दुपट्टा हटाया और बेटे को देखते हुए कहा, ''आज मुझे खाना नहीं खाना है, बेटा। तुम तो जानते हो, मांस-मछली बने, तो मैं कुछ नहीं खाती।''

''जैसे भी हो, अपने काम से जल्दी निबट लेना।''

''अच्छा बेटा।'

''और माँ, हम लोग पहले बैठक में बैठेंगे। उतनी देर तुम यहाँ बरामदे में बैठना। फिर जब हम यहाँ आ जाएँ, तो तुम गुसलखाने के रास्ते बैठक में चली जाना।''

माँ अवाक! बेटे का चेहरा देखने लगीं। फिर धीरे-से बोलीं, ''अच्छा बेटा।''

''और माँ, आज जल्दी सो नहीं जाना। तुम्हारे खर्राटों की आवाज दूर तक जाती है।''

माँ लज्जित-सी आवाज में बोली, ''क्या करूँ बेटा, मेरे बस की बात नहीं है। जब से बीमारी से उठी हूँ, नाक से साँस नहीं ले सकती।''

मिस्टर शामनाथ ने इन्तजाम तो कर दिया, फिर भी उनकी उधेड़-बुन खत्म नहीं हुई। जो चीफ अचानक उधर जा निकला, तो? आठ-दस मेहमान होंगे, देसी अफसर, उनकी स्त्रियाँ होंगी, कोई भी गुसलखाने की तरफ जा सकता है। क्षोभ और क्रोध में वह झुंझलाने लगे। एक कुर्सी को उठाकर बरामदे में कोठरी के बाहर रखते हुए बोले, ''आओ माँ, इस पर जरा बैठो तो।''

माँ माला सँभालती, पल्ला ठीक करती उठीं, और धीरे-से कुर्सी पर आकर बैठ गईं।

"यूँ नहीं माँ, टाँगें ऊपर चढ़ाकर नहीं बैठते। यह खाट नहीं है।"

माँ ने टाँगें नीचे उतार लीं।

"और खुदा के वास्ते नंगे पाँव नहीं घूमना। न ही वह खड़ाऊँ पहनकर सामने आना। किसी दिन तुम्हारी वह खड़ाऊँ उठाकर मैं बाहर फेंक दूँगा।"

माँ चुप रहीं।

"कपड़े कौन-से पहनोगी, माँ?"

"जो हैं, वही पहनूँगी, बेटा! जो कहो, पहन लूँ।"

मिस्टर शामनाथ सिगरेट मुँह में रखे, फिर अधखुली आँखों से माँ की ओर देखने लगे, और माँ के कपड़ों की सोचने लगे। शामनाथ हर बात में तरतीब चाहते थे। घर का सब संचालन उनके अपने हाथ में था। खूँटियाँ कमरों में कहाँ लगाई जाएँ, बिस्तर कहाँ पर बिछें, किस रंग के पर्दे लगाए जाएँ, श्रीमती कौन-सी साड़ी पहनें, मेज किस साइज की हो...शामनाथ को चिन्ता थी कि अगर चीफ का साक्षात् माँ से हो गया, तो कहीं लज्जित न होना पड़े। माँ को सिर से पाँव तक देखते हुए बोले, "तुम सुफेद कमीज और सफेद सलवार पहन लो, माँ। पहन के आओ तो, जरा देखूँ।"

माँ धीरे-से उठीं और अपनी कोठरी में कपड़े पहनने चली गईं।

"यह माँ का झमेला ही रहेगा," उन्होंने फिर अंग्रेजी में अपनी स्त्री से कहा, "कोई ढंग की बात हो, तो भी कोई कहे। अगर कहीं कोई उल्टी-सीधी बात हो गई, चीफ को बुरा लगा, तो सारा मजा जाता रहेगा।"

माँ सफेद कमीज और सफेद सलवार पहनकर बाहर निकलीं। छोटा-सा कद, सफेद कपड़ों में लिपटा, छोटा-सा सूखा हुआ शरीर, धुँधली आँखें, केवल सिर के आधे झड़े हुए बाल पल्ले की ओट में छिप पाए थे। पहले से कुछ ही कम कुरूप नजर आ रही थीं।

"चलो, ठीक है। कोई चूड़ियाँ-वूड़ियाँ हों, तो वह भी पहन लो। कोई हर्ज नहीं।"

"चूड़ियाँ कहाँ से लाऊँ, बेटा? तुम तो जानते हो, सब जेवर तुम्हारी पढ़ाई में बिक गए।"

यह वाक्य शामनाथ को तीर की तरह लगा। तिनकर बोले, "यह कौन-सा राग छेड़ दिया माँ! सीधा कह दो, नहीं है जेवर, बस। इससे पढ़ाई-वढ़ाई का क्या तअल्लुक है! जो जेवर बिका, तो कुछ बनकर ही आया हूँ, निरा लंडूरा तो नहीं लौट आया? जितना दिया था, उससे दुगना ले लेना।"

"मेरी जीभ जल जाए बेटा, तुमसे जेवर लूँगी? मेरे मुँह से यूँ ही निकल गया। जो होते, तो लाख बार पहनती!"

साढ़े पाँच बज चुके थे। अभी मिस्टर शामनाथ को खुद भी नहा-धोकर तैयार होना था। श्रीमती कब की अपने कमरे में जा चुकी थी। शामनाथ जाते हुए एक बार फिर माँ को हिदायत करते गए, ''माँ, रोज की तरह गुमसुम बन के नहीं बैठी रहना। अगर साहब इधर आ निकलें और कोई बात पूछें तो ठीक तरह से बात का जवाब देना।''

''मैं न पढ़ी, न लिखी, बेटा, मैं क्या बात करूँगी! तुम कह देना, माँ अनपढ़ है, कुछ जानती-समझती नहीं। वह नहीं पूछेगा।''

सात बजते-बजते माँ का दिल धक्-धक् करने लगा। अगर चीफ सामने आ गया और उसने कुछ पूछा, तो वह क्या जवाब देंगी? अंग्रेज को तो दूर से ही देखकर घबरा उठती थी, यह तो अमरीकी है। न मालूम क्या पूछे? मैं क्या कहूँगी? माँ का जी चाहा कि चुपचाप पिछवाड़े विधवा सहेली के घर चली जाएँ। मगर बेटे के हुकम को कैसे टाल सकती थीं? चुपचाप कुर्सी पर से टाँगें लटकाए वहीं बैठी रहीं।

एक कामयाब पार्टी वह है, जिसमें ड्रिंक कामयाबी से चल जाएँ। शामनाथ की पार्टी सफलता के शिखर चूमने लगी। वार्तालाप उसी रौ में बह रहा था, जिस रौ में गिलास भरे जा रहे थे। कहीं कोई रुकावट न थी, कोई अड़चन न थी। साहब को व्हिस्की पसन्द आई थी। मेमसाहब को पर्दे पसन्द आए थे, सोफा-कवर का डिजाइन पसन्द आया था, कमरे की सजावट पसन्द आई थी। इससे बढ़कर क्या चाहिए। साहब तो ड्रिंक के दूसरे दौर में ही चुटकुले और कहानियाँ कहने लग गए थे। दफ्तर में जितना रौब रखते थे, यहाँ पर उतने ही दोस्त-परवर हो रहे थे और उनकी स्त्री काला गाउन पहने, गले में सफेद मोतियों का हार, सेंट और पाउडर की महक से ओतप्रोत, कमरे में बैठी सभी देशी स्त्रियों की आराधना का केन्द्र बनी हुई थीं। बात-बात पर हँसतीं, बात-बात पर सिर हिलातीं और शामनाथ की स्त्री से तो ऐसे बातें कर रही थीं, जैसे उनकी पुरानी सहेली हों।

और इसी रौ में पीते-पिलाते साढ़े दस बज गए। वक्त गुजरते पता ही न चला।

आखिर सब लोग अपने-अपने गिलासों में से आखिरी घूँट पीकर खाना खाने के लिए उठे और बैठक से बाहर निकले। आगे-आगे शामनाथ रास्ता दिखाते हुए, पीछे चीफ और दूसरे मेहमान।

बरामदे में पहुँचते ही शामनाथ सहसा ठिठक गए। जो दृश्य उन्होंने देखा, उससे उनकी टाँगें लड़खड़ा गईं, और क्षण-भर में सारा नशा हिरन होने लगा। बरामदे में ऐन कोठरी के बाहर माँ अपनी कुर्सी पर ज्यों-की-त्यों बैठी थीं। मगर दोनों पाँव कुर्सी की सीट पर रखे हुए, और सिर दाएँ से बाएँ और बाएँ से दाएँ झूल रहा था और मुँह में से लगातार गहरे खर्राटों की आवाजें आ रही थीं। जब सिर कुछ देर के लिए टेढ़ा होकर एक तरफ को थम जाता, तो खर्राटे और भी गहरे हो उठते। और

फिर जब झटके से नींद टूटती, तो सिर फिर दाएँ से बाएँ झूलने लगता। पल्ला सिर पर से खिसक आया था, और माँ के झरे हुए बाल, आधे गंजे सिर पर अस्त-व्यस्त बिखर रहे थे।

देखते ही शामनाथ क्रुद्ध हो उठे। जी चाहा कि माँ को धक्का देकर उठा दें, और उन्हें कोठरी में धकेल दें, मगर ऐसा करना सम्भव न था, चीफ और बाकी मेहमान पास खड़े थे।

माँ को देखते ही देसी अफसरों की कुछ स्त्रियाँ हँस दीं कि इतने में चीफ ने धीरे-से कहा, ''पूअर डियर।''

माँ हड़बड़ा के उठ बैठीं। सामने खड़े इतने लोगों को देखकर ऐसी घबराईं कि कुछ कहते न बना। झट से पल्ला सिर पर रखती हुई खड़ी हो गईं और जमीन को देखने लगीं। उनके पाँव लड़खड़ाने लगे और हाथों की उँगलियाँ थर-थर काँपने लगीं।

''माँ, तुम जाके सो जाओ, तुम क्यों इतनी देर तक जाग रही थीं?'' और खिसियायी हुई नजरों से शामनाथ चीफ के मुँह की ओर देखने लगे।

चीफ के चेहरे पर मुस्कुराहट थी। वह वहीं खड़े-खड़े बोले, ''नमस्ते!''

माँ ने झिझकते हुए, अपने में सिमटते हुए दोनों हाथ जोड़े मगर एक हाथ दुपट्टे के अन्दर माला को पकड़े हुए था, दूसरा बाहर, ठीक तरह से नमस्ते भी न कर पाईं। शामनाथ इस पर भी खिन्न हो उठे।

इतने में चीफ ने अपना दायाँ हाथ, हाथ मिलाने के लिए माँ के आगे किया। माँ और भी घबरा उठीं।

''माँ, हाथ मिलाओ।''

पर हाथ कैसे मिलातीं? दाएँ हाथ में तो माला थी। घबराहट में माँ ने बायाँ हाथ ही साहब के दाएँ हाथ में रख दिया। शामनाथ दिल ही दिल में जल उठे। देसी अफसरों की स्त्रियाँ खिलखिला पड़ीं।

''यूँ नहीं, माँ! तुम तो जानती हो, दायाँ हाथ मिलाया जाता है। दायाँ हाथ मिलाओ।''

मगर तब तक चीफ माँ का बायाँ हाथ ही बार-बार हिलाकर कह रहे थे-''हौ डू यू डू?''

''कहो माँ, मैं ठीक हूँ, खैरियत से हूँ।''

माँ कुछ बड़बड़ाईं।

''माँ कहती हैं, मैं ठीक हूँ कहो माँ, हो डू यू डू?''

माँ धीरे-से सकुचाते हुए बोलीं, ''हौ डू डू...''

एक बार फिर कहकहा उठा।

वातावरण हल्का होने लगा। साहब ने स्थिति सँभाल ली थी। लोग हँसने-चहकने लगे थे। शामनाथ के मन का क्षोभ भी कुछ-कुछ कम होने लगा था।

साहब अपने हाथ में माँ का हाथ अब भी पकड़े हुए थे, और माँ सिकुड़ी जा रही थीं। साहब के मुँह से शराब की बू आ रही थी। शामनाथ अंग्रेजी में बोले, ''मेरी माँ गाँव की रहने वाली हैं। उमर-भर गाँव में रही हैं। इसलिए आपसे लजाती हैं।''

साहब इस पर खुश नजर आए। बोले, ''सच? मुझे गाँव के लोग बहुत पसन्द हैं, तब तो तुम्हारी माँ गाँव के गीत और नाच भी जानती होंगी?'' चीफ खुशी से सिर हिलाते हुए माँ को टिकटिकी बाँधे देखने लगे।

''माँ, साहब कहते हैं, कोई गाना सुनाओ। कोई पुराना गीत, तुम्हें तो कितने ही याद होंगे।''

माँ धीरे-से बोलीं, ''मैं क्या गाऊँगी, बेटा! मैंने कब गाया है?''

''वाह, माँ! मेहमान का कहा भी कोई टालता है?''

''साहब ने इतनी रीझ से कहा है, नहीं गाओगी, तो साहब बुरा मानेंगे।''

''मैं क्या गाऊँ, बेटा! मुझे क्या आता है?''

''वाह! कोई बढ़िया टप्पे सुना दो। दो पत्तर अनाराँ दे...''

देसी अफसर और उनकी स्त्रियों ने इस सुझाव पर तालियाँ पीटीं। माँ कभी दीन दृष्टि से बेटे के चेहरे को देखतीं, कभी पास खड़ी बहू के चेहरे को।

इतने में बेटे ने गम्भीर आदेश-भरे लहजे में कहा, ''माँ!''

इसके बाद हाँ या ना का सवाल ही न उठता था। माँ बैठ गईं और क्षीण, दुर्बल, लरजती आवाज में एक पुराना विवाह का गीत गाने लगीं-

हरिया नी माये, हरिया नी भैणे
हरिया ते भागी भरिया है!

देसी स्त्रियाँ खिलखिला के हँस उठीं। तीन पंक्तियाँ गा के माँ चुप हो गईं।

बरामदा तालियों से गूँज उठा। साहब तालियाँ पीटना बन्द ही न करते थे। शामनाथ की खीज प्रसन्नता और गर्व में बदल उठी थी। माँ ने पार्टी में नया रंग भर दिया था।

तालियाँ थमने पर साहब बोले, ''पंजाब के गाँवों की दस्तकारी क्या है?''

शामनाथ खुशी में झूम रहे थे। बोले, ''ओ, बहुत कुछ, साहब! मैं आपको एक सेट उन चीजों का भेंट करूँगा। आप उन्हें देखकर खुश होंगे।''

मगर साहब ने सिर हिलाकर अंग्रेजी में फिर पूछा, ''नहीं, मैं दुकानों की चीज नहीं माँगता। पंजाबियों के घरों में क्या बनता है, औरतें खुद क्या बनाती हैं?''

शामनाथ कुछ सोचते हुए बोले, ''लड़कियाँ गुड़ियाँ बनाती हैं, औरतें फुलकारियाँ बनाती हैं।''

"फुलकारी क्या?"

शामनाथ फुलकारी का मतलब समझाने की असफल चेष्टा करने के बाद माँ को बोले, "क्यों माँ, कोई पुरानी फुलकारी घर में है?"

माँ चुपचाप अन्दर गईं और अपनी पुरानी फुलकारी उठा लाईं।

साहब बड़ी रुचि से फुलकारी देखने लगे। पुरानी फुलकारी थी, जगह-जगह से उसके तागे टूट रहे थे और कपड़ा फटने लगा था। साहब की रुचि को देखकर शामनाथ बोले, "यह फटी हुई है, साहब, मैं आपको नई बनवा दूँगा। माँ बना देंगी। क्यों माँ, साहब को फुलकारी बहुत पसन्द है, इन्हें ऐसी ही एक फुलकारी बना दोगी न?"

माँ चुप रहीं फिर डरते-डरते धीरे-से बोलीं, "अब मेरी नजर कहाँ है, बेटा! बूढ़ी आँखें क्या देखेंगी?"

मगर माँ का वाक्य बीच ही में तोड़ते हुए शामनाथ साहब को बोले, "वह जरूर बना देंगी। आप उसे देखकर खुश होंगे।"

साहब ने सिर हिलाया, धन्यवाद किया और हल्के-हल्के झूमते हुए खाने की मेज की ओर बढ़ गए। बाकी मेहमान भी उनके पीछे-पीछे हो लिए।

जब मेहमान बैठ गए और माँ पर से सबकी आँखें हट गईं, तो माँ धीरे-से कुर्सी पर से उठीं, और सबसे नजरें बचाती हुई अपनी कोठरी में चली गईं।

मगर कोठरी में बैठने की देर थी कि आँखों से छल-छल आँसू बहने लगे। वह दुपट्टे से बार-बार उन्हें पोंछतीं, पर वह बार-बार उमड़ आते, जैसे बरसों का बाँध तोड़कर उमड़ आए हों। माँ ने बहुतेरा दिल को समझाया, हाथ जोड़े, भगवान का नाम लिया, बेटे के चिरायु होने की प्रार्थना की, बार-बार आँखें बन्द कीं, मगर आँसू बरसात के पानी की तरह जैसे थमने में ही न आते थे।

आधी रात का वक्त होगा। मेहमान खाना खाकर एक-एक करके जा चुके थे। माँ दीवार से सटकर बैठी, आँखें फाड़े दीवार को देखे जा रही थीं। घर के वातावरण में तनाव ढीला पड़ चुका था। मुहल्ले की निस्तब्धता शामनाथ के घर पर भी छा चुकी थी, केवल रसोई में प्लेटों के खनकने की आवाज आ रही थी। तभी सहसा माँ की कोठरी का दरवाजा जोर-से खटकने लगा।

"माँ, दरवाजा खोलो!"

माँ का दिल बैठ गया। हड़बड़ाकर उठ बैठीं। क्या मुझसे फिर कोई भूल हो गई? माँ कितनी देर से अपने आपको कोस रही थीं कि क्यों उन्हें नींद आ गई, क्यों वह ऊँघने लगीं? क्या बेटे ने अभी तक क्षमा नहीं किया? माँ उठीं और काँपते हाथों से दरवाजा खोल दिया।

दरवाजा खुलते ही शामनाथ झूमते हुए आगे बढ़ आए और माँ को आलिंगन में भर लिया।

“ओ अम्मी! तुमने तो आज रंग ला दिया!...साहब तुमसे इतना खुश हुआ कि क्या कहूँ। ओ अम्मी! अम्मी!”

माँ की छोटी-सी काया सिमटकर बेटे के आलिंगन में छिप गई। माँ की आँखों में फिर आँसू आ गए। उन्हें पोंछती हुई धीरे-से बोलीं, “बेटा, तुम मुझे हरिद्वार भेज दो। मैं कब से कह रही हूँ।”

शामनाथ का झूमना सहसा बन्द हो गया और उनकी पेशानी पर फिर तनाव के बल पड़ने लगे। उनकी बाँहें माँ के शरीर पर से हट आईं।

“क्या कहा, माँ? यह कौन-सा राग तुमने फिर छेड़ दिया?”

शामनाथ का क्रोध बढ़ने लगा था, बोलते गए, “तुम मुझे बदनाम करना चाहती हो, ताकि दुनिया कहे कि बेटा माँ को अपने पास नहीं रख सकता।”

“नहीं, बेटा, अब तुम अपनी बहू के साथ जैसा मन चाहे रहो। मैंने अपना खा-पहन लिया। अब यहाँ क्या करूँगी! जो थोड़े दिन जिन्दगानी के बाकी हैं, भगवान् का नाम लूँगी। तुम मुझे हरिद्वार भेज दो!”

“तुम चली जाओगी, तो फुलकारी कौन बनाएगा? साहब से तुम्हारे सामने ही फुलकारी देने का इकरार किया है।”

“मेरी आँखें अब नहीं हैं, बेटा, जो फुलकारी बना सकूँ। तुम कहीं और से बनवा लो। बनी-बनाई ले लो।”

“माँ, तुम मुझे धोखा दे के यूँ चली जाओगी? मेरा बनता काम बिगाड़ोगी? जानती नहीं, साहब खुश होगा, तो मुझे तरक्की मिलेगी!”

माँ चुप हो गईं। फिर बेटे के मुँह की ओर देखती हुई बोलीं, “क्या तेरी तरक्की होगी? क्या साहब तेरी तरक्की कर देगा? क्या उसने कुछ कहा है?”

“कहा नहीं, मगर देखती नहीं, कितना खुश गया है? कहता था, जब तेरी माँ फुलकारी बनाना शुरू करेंगी, तो मैं देखने आऊँगा कि कैसे बनाती हैं। जो साहब खुश हो गया, तो मुझे इससे बड़ी नौकरी भी मिल सकती है, मैं बड़ा अफसर बन सकता हूँ।”

माँ के चेहरे का रंग बदलने लगा, धीरे-धीरे उनका झुर्रियों-भरा मुँह खिलने लगा, आँखों में हल्की-हल्की चमक आने लगी।

“तो तेरी तरक्की होगी, बेटा?”

“तरक्की यूँ ही हो जाएगी? साहब को खुश रखूँगा, तो कुछ करेगा, वरना उसकी खिदमत करने वाले और थोड़े हैं?”

“तो मैं बना दूँगी, बेटा, जैसे बन पड़ेगा, बना दूँगी।”

और माँ दिल ही दिल में फिर बेटे के उज्ज्वल भविष्य की कामनाएँ करने लगीं और मिस्टर शामनाथ, ‘अब सो जाओ, माँ’ कहते हुए, तनिक लड़खड़ाते हुए अपने कमरे की ओर घूम गए।

माँ

भैरव प्रसाद गुप्त

1

आखिर बड़े भैया चल बसे। माँ की कोई कोशिश उन्हें बचा न सकी। मृत्यु के सामने किसकी कोशिश कारगर हुई है, जो माँ की होती! किन्तु माँ को जानने वालों का कहना है कि यदि प्रत्यक्ष रूप से मृत्यु माँ से लड़कर उनके आँचल के साये में पड़े बेटे के प्राण अपनी पूरी शक्ति लगाकर भी लेने का प्रयत्न करती, तो माँ के सामने उसे मुँह की खानी पड़ती। लोगों की यह धारणा ऐसे ही नहीं बनी थी। इसका एक जबरदस्त कारण था! यों तो कोई भी माँ अपने बेटे के लिए अपना सर्वस्व न्योछावर कर सकती है, किन्तु बड़े भैया की माँ ने अपने बेटे के लिए जो किया, वह कितनी माँएँ कर सकती हैं, कहना मुश्किल है।

बड़े भैया तीन भाई थे। पिता साधारण रोजगारी थे और माँ साधारण स्त्री थीं। किसी में किसी तरह की कोई असाधारणता या विशेषता न थी। माता-पिता अपने बेटों को क्रमश: बड़े भैया, मँझले भैया और छोटे भैया कहकर पुकारते थे। यों उनके एक-एक नाम और थे, किन्तु माता-पिता के दिए प्यार के नामों से ही इन्हें सारा गाँव पुकारता था।

कुछ साधारण पढ़ने-लिखने के बाद ही बड़े भैया पिता के रोजगार में सहायता देने लगे। बड़ा बेटा होने के कारण पैतृक व्यवसाय का भार उन्हीं के कन्धों पर पड़नेवाला था, इसलिए पिता ने जल्द-से-जल्द उन्हें काम पर लगा देना ही उचित समझा। बड़े भैया भी जी-जान से काम करने लगे। चारों ओर से अपने खयालों को समेटकर, वह अपने व्यवसाय में ऐसे जुट गए, कि बस उसी के होकर रह गए। उन्हीं के अध्यवसाय के कारण घर की आमदनी भी बढ़ गई, जिससे शेष दोनों भाइयों को खूब पढ़ाने का हौसला पिता को हुआ।

बड़े भैया ने भी भाइयों को पढ़ाने में खूब जोश दिखाया। अब वह अपनी जिम्मेदारी भी खूब समझने लगे थे। अधिक-से-अधिक कमाने की चेष्टा में ही वह रात-दिन लगे रहते थे, ताकि भाइयों की पढ़ाई में किसी प्रकार की अड़चन न पड़े। एक तरह से यही उनके जीवन का ध्येय बन गया।

सच कहा जाए, तो पढ़ने-लिखने का दिमाग छोटे भैया को ही मिला था। इसका सबसे बड़ा सबूत यह था कि उम्र में मँझले भैया से तीन साल छोटे होने पर भी वह मँझले भैया के दर्जे में ही पढ़ता था। हर विषय में वह इतना तेज था कि अध्यापक उसकी तारीफ करते न थकते थे। मँझले भैया के लिए यह लज्जा का विषय ही हो सकता था। और कभी-कभी तो अध्यापक और दूसरे लोग भी उन्हें छोटे भैया के सामने ही लज्जित करने का प्रयत्न करते थे। पर मँझले भैया इसे कभी बुरा न मानते थे। कोशिश कर अपने को आगे बढ़ाने का प्रयत्न वह अवश्य करते थे, किन्तु वह अपने जेहन के बोदेपन से मजबूर थे। अकसर उन्हें अपने छोटे भैया से भी पढ़ने में सहायता लेनी पड़ती थी। ऐसा करते वक्त उनके मन में क्या उठता था, यह तो नहीं मालूम, किन्तु इतना तो अवश्य है कि धीरे-धीरे उनका मन पढ़ने-लिखने से उचटने लगा। सचमुच उनके लिए यह एक बड़ी विकट परिस्थिति थी। यों, वे छोटे भैया को घर के सब लोगों की ही तरह खूब मानते थे, प्यार करते थे, किन्तु रोज-रोज अपने छोटे भाई के सामने नीचा देखना उन्हें बुरी तरह खलता न हो, यह कैसे कहा जा सकता है? कई बार दबे-दबे उन्होंने पिताजी और बड़े भैया से कहा भी, कि उन्हें भी घर के कारोबार में ही लगा लिया जाए, पर उन्होंने यही कहकर हर बार टाल दिया, कि कम-से-कम तुम हाई स्कूल तो पास कर लो। विवश होकर उन्हें अपनी पढ़ाई जारी रखनी पड़ी। यों साथ-साथ दो भाइयों के पढ़ने से एक फयदा यह भी था कि एक की फीस माफ थी। पिताजी सोचते थे कि एक ही फीस से दोनों पढ़ते थे, फिर क्यों एक की पढ़ाई छुड़ा दी जाए। यों, मँझले भैया की पढ़ाई का क्रम तो जारी रहा, पर वह हरदम इसी कोशिश में रहते, कि उनकी पढ़ाई किसी-न-किसी तरह छूट जाए और वह रोज-रोज की एक जिल्लत से छुटकारा पा जाएँ।

आखिर बिल्ली के भाग से छींका टूटा। देश में असहयोग का आन्दोलन छिड़ा। उस समय दोनों भाई हाई स्कूल के आठवें दर्जे में पढ़ रहे थे। उस समय मँझले भैया की उम्र सोलह साल और छोटे की उम्र तेरह साल थी। असहयोग का आन्दोलन जब चला, तो स्कूल के विद्यार्थियों ने भी एक सभा की। बड़े-बड़े लड़कों की एक समिति पिकेटिंग की योजना को कार्यान्वित करने के लिए बनाई गई। उस समिति में मँझले भैया भी चुन लिये गए। समिति के सदस्य पिकेटिंग करने के लिए स्कूलों के विद्यार्थियों की सूची बनाने लगे। छोटा भैया भी इस दल में शामिल होना चाहता था, किन्तु मँझले भैया ने उसे रोक दिया। पढ़ने-लिखने में वह जरूर मँझले भैया

से तेज था, किन्तु जहाँ तक समझ और दुनियादारी का सम्बन्ध है, मँझले भैया उससे कहीं आगे थे। उत्साही विद्यार्थियों ने नाम लिखाने में खूब जोश दिखाया। सूची तैयार हो जाने पर दस-दस विद्यार्थियों का जत्था समिति के एक-एक सदस्य के साथ पिकेटिंग करने के लिए बना दिया गया। चूँकि इस काम में मँझले भैया ने सबसे अधिक उत्साह और तत्परता दिखाई थी, इसलिए यह तय हुआ कि पिकेटिंग करने के लिए उन्हीं का जत्था सबसे पहले जाएगा।

दूसरे दिन नारे लगाते हुए सैकड़ों विद्यार्थियों से घिरे हुए, फूलों की मालाओं से लदे, अपने जत्थे के आगे-आगे शहर की विदेशी कपड़े बेचनेवाली एक बड़ी दुकान की ओर पिकेटिंग करने मँझले भैया चले, तो उनकी खुशी का ठिकाना न रहा। नायक बनने से भी अधिक खुशी उन्हें इस बात की थी कि आज से उन्हें उस पढ़ाई-लिखाई से सदा के लिए मुक्ति मिल जाएगी, जो उनके लिए बवाले-जान बन गई थी। स्कूल के हेडमास्टर का हुक्मनामा उन्हें उस वक्त बार-बार याद आ रहा था, कि जो भी विद्यार्थी पिकेटिंग में शामिल होगा, वह स्कूल से निकाल दिया जाएगा और उसका दाखिला फिर प्रान्त के बावनों जिलों में कहीं भी न होगा। किसी ओर से उन्हें शंका थी, तो वह पिताजी और बड़े भैया की ओर से थी। वे जरूर गुस्सा होंगे। उनके गुस्से को झेल लेना उन्हें उस वक्त कहीं आसान मालूम हुआ। सदा की एक हीन भावना के अपमान के आगे थोड़े दिन के गुस्से की परवाह करने की मन:स्थिति में उस समय वे थे ही कहाँ!

दुकान पर जत्था पहुँचने के पहले ही वहाँ पुलिस की लॉरी पहुँच गई थी। सामने पुलिसमैनों को देखकर एक बार उनका कलेजा धड़क गया। लेकिन अब मौका बगलें झाँकने का न था। सैकड़ों साथियों के बीच किसी तरह की कमजोरी या बुजदिली दिखाना उनकी नजर से सदा के लिए अपने को गिरा देना था। मँझले भैया ने दूने जोश से नारा दिया। मजमा भड़क उठा। पुलिसमैनों की आँखों की पुतलियाँ काँपीं। जत्था दुकान के सामने जा डटा। नारे लगने लगे। मँझले भैया की दशा उस समय कुछ अजीब हो गई थी। बस, यंत्र की तरह वह डटे हुए नारे लगा रहे थे। उन्हें आँखें खोले हुए रहने पर भी जैसे कुछ दिखाई न दे रहा था। स्वस्थ रहते हुए भी जैसे उनका मस्तिस्क, उनका हृदय अपना कार्य न कर रहा था। कैसे क्या हो रहा था, इसका उन्हें कुछ भी पता न था।

उन्हें नहीं मालूम कि किस तरह पुलिसमैनों ने उन्हें जत्थे के साथियों के साथ लॉरी में बैठाया और किस तरह वे हवालात की काली कोठरी में ले जाकर बन्द कर दिए गए। उनके हृदय और मस्तिष्क पर वह अनजानी, महत्त्वपूर्ण, बड़ी घटना कुछ इस तरह छा गई थी कि उसके भार के नीचे दबकर उनकी सारी चेतना ही लुप्त हो गई थी।

उन्हें होश उस समय हुआ, जब पुलिस सुपरिंटेंडेंट ने आकर उन्हें और उनके साथियों को समझाना शुरू किया—पढ़ाई रुक जाने से सारा जीवन नष्ट हो जाएगा। तुम लोगों को अभी माँ-बाप की आज्ञानुसार पढ़ना-लिखना है। राजनीतिक कार्यों में भाग लेना बड़े लोगों का काम है। लड़कों को इस पचड़े में पड़कर अपना भविष्य बरबाद नहीं करना चाहिए। सजाएँ, जेल-जीवन की यातनाएँ उनके मान की नहीं हैं। गुमराह होकर किसी के बहकावे में न पड़ना चाहिए। उन्हें माफी माँगकर अपनी भूल को सुधार लेना चाहिए। अभी कुछ नहीं बिगड़ा है। वरना फिर तो हमारे हाथ से यह मामला निकल जाएगा और फिर कुछ भी न हो सकेगा। फिर कौन जाने, तुम लोगों की इस भूल के कारण तुम लोगों के घरवालों को भी किन-किन मुसीबतों का सामना करना पड़े।

कुछ डर, कुछ बुजदिली, कुछ जेल-यातना की आशंका, कुछ माँ-बाप के बिगड़ने की बात, कुछ अज्ञानता का भ्रम आदि भावनाओं ने मिलकर कुछ भोले-भाले लड़कों को माफी माँगने के लिए विवश कर दिया। मान-अपमान की भावना का विचार उन्हें अभी क्या था? जिम्मेदारी, इज्जत, स्वाभिमान क्या होते हैं, उन्हें क्या मालूम? उनके इस कार्य से आन्दोलन पर क्या असर पड़ेगा, इसका उन्हें क्या ज्ञान था? जोश में आकर वे अनजाने ही जिस महत्त्वपूर्ण कार्य के लिए चल पड़े थे, जोश ठंडा हो जाने पर उस कार्य का अर्थ उनके लेखे रह ही क्या गया था?

उनमें कुछ स्वभावत: ऐसे भी थे, जो जिद्दी थे, स्वाभिमानी थे। उन्होंने एक बार जो न की, तो फिर सुपरिंटेंडेंट की चिकनी-चुपड़ी बातें, धमकियों, कोड़ों की फटकारों और दूसरी यातनाओं से भी अपना निश्चय न बदला। उन्होंने ऐसा अपना कर्तव्य सोचकर न किया। कर्तव्य-ज्ञान अभी उन्हें था कहाँ? देश, देश-प्रेम, स्वतंत्रता की गूढ़ बातें उनकी समझ के बाहर की बातें थीं। ऐसा वे अपने स्वभाव के कारण ही कर गए। उन्हीं में मँझले भैया भी एक थे। स्वभाव के साथ ही उनके अन्दर पढ़ाई छोड़ने की बात भी काम कर रही थी। इस हाथ आए हुए सुअवसर को अब वे किसी भी हालत में छोड़ना न चाहते थे।

माफी माँगनेवाले छोड़ दिए गए। बाकी जेल की हवालात में भेज दिए गए। छोटे भैया ने जब यह सुना तो वह रो पड़ा। उसे क्या मालूम था कि मँझले भैया सचमुच जेल भेज दिए जाएँगे? बोर्डिंग के कमरे में अब अकेला रह गया। सूनापन उसे खाए जा रहा था।

2

नियमानुसार हेडमास्टर ने मँझले भैया के घरवालों को उनके पिकेटिंग कर, कैद हो जाने की सूचना दी। घर में सबने सिर पीट लिया। उन्हें क्या मालूम था, मँझले भैया

बिना कुछ पूछे-ताँछे ऐसा कर बैठेंगे? माँ को किसी तरह शान्त कर, बड़े भैया और पिता तुरन्त जिले को चल पड़े, जहाँ कि हाई स्कूल में उनके लड़के पढ़ते थे। छोटे भैया उन्हें देखकर और भी बिलख-बिलखकर रो पड़ा। उसे किसी तरह समझा-बुझाकर, उसे साथ ले, वे हेडमास्टर से मिले, तो उन्होंने बताया कि माफी माँग लेने के सिवा कोई चारा नहीं है। लड़का अभी नाबालिग हैं। उसकी ओर से पिता भी माफी माँग लें, तो काम चल जाएगा। वह तो माफी माँगता नहीं। सुपरिंटेंडेंट सब-कुछ करके हार मान गए।

हेडमास्टर की राय और सहायता से माफी माँगने का यह कार्य कुछ इस तरह रहस्यमय ढंग से किया गया, कि दूसरों की तो बात ही क्या, स्वयं मँझले भैया को मालूम न हुआ, कि आखिर वे क्यों एक-ब-एक बिना किसी कारण के छोड़ दिए गए? जेल के फाटक पर विद्यार्थियों की भीड़ माफी माँगने की बात का ज्ञान न होने के कारण उनका स्वागत करने के लिए खड़ी थी। बाहर निकलते ही, उनका गला फूलों के हारों से भर गया। नारों के बीच गर्व और हर्ष की जो एक लहर उनकी नस-नस में दौड़ गई, वह उनके जीवन में एक ऐसा अभूतपूर्व घटना थी, कि उनकी आत्मा उल्लास के नशे में झूम-सी उठी।

सहसा छोटे भैया एक ओर से आ उनके गले से लिपट गया। भरी-भरी आँखें उनकी ओर उठाए, वह बार-बार कहे जा रहा था—मँझले भैया, अब तो जेल न जाओगे न?...देखो, तुम्हारे बिना मुझे कुछ भी अच्छा न लगता था। मैं रात-दिन तुमसे जुदा होकर रोता रहा हूँ। भैया, बोलो, बोलो—अब तो जेल न जाओगे न?

जोशीले विद्यार्थियों की आँखें उसकी बातें सुनकर नफरत से भर गईं। मँझले भैया को जो अभी-अभी एक अभूतपूर्व उल्लास एवं गर्व के नशे की अनुभूति हुई थी, वह टूटती-सी लगी। मन-ही-मन छोटे भैया की नादानी पर वह झुँझला उठे, पर ऊपर से कहा—छोटे भैया, इतने नादान न बनो। अपने इन साथियों के सामने मेरे उठे हुए सिर को यों न झुकाओ। इनसे जो आज मुझे प्रतिष्ठा मिली है, उस पर तुम्हें भी गर्व होना चाहिए। मैं आज ही फिर एक जत्थे का नेतृत्व करूँगा और पिकेटिंग करके फिर...—सहसा उनकी नजर जो एक ओर मुड़ी, तो उन्होंने देखा, कि पिता और बड़े भैया खड़े-खड़े उनकी ओर क्षोभ-भरी आँखों से देख रहे हैं। अब तक मसलहतन वे एक ओर छिपे हुए खड़े थे। अब जो उन्होंने फिर उन्हें बहकते देखा था तो वहीं उन्हें टोक देना उचित समझकर वे उनके पास आ खड़े हुए थे। पिता ने शासन-भरे स्वर में कहा—मँझले भैया, चलो, मेरे साथ चलो!

उस समय पता नहीं मँझले भैया की क्या हालत हुई कि सन्नाटे में आए-से वे यंत्र की तरह पिता के पीछे-पीछे कदम उठाकर चल पड़े।

विद्यार्थियों की भीड़ में बहादुर बेटे के कायर पिता की यह हरकत देख, क्षोभ और घृणा की एक लहर दौड़ गई। दबी-दबी जबान से वे पिता को बुरा-भला कहते वहाँ से हट गए।

हेडमास्टर, पिता, बड़े भैया उन्हें सभी समझाते-समझाते हार गए, पर मँझले भैया पर अब जो एक नशा चढ़ गया था, वह उतरता नजर न आया। वे हर बार पिता और बड़े भैया से यही कहते–मैं आप लोगों की सब बात मानने के लिए तैयार हूँ, किन्तु यह बात मुझसे न कहिए।

मँझले भैया सचमुच अब देश-प्रेम के रंग में रँग गए थे। जिस भावना से प्रेरित होकर उन्होंने यह कदम उठाया था, अब उसका उन्हें खयाल भी न था। अब तो सचमुच उन्हें लग रहा था कि जो काम मैंने किया है, वह इतना महान, इतना पवित्र, इतना प्रशंसनीय और इतना महत्त्वपूर्ण है, कि उसके लिए पढ़ाई-लिखाई क्या, जीवन का भविष्य क्या, ऐसे-ऐसे अनेक जीवन भी न्योछावर कर दिए जाएँ, तो थोड़ा है। जेल की हवालात में जिले के बड़े-बड़े नेताओं ने जो उनके साहस, समझ और दृढ़ता की प्रशंसा कर, उनकी पीठ ठोंककर शाबाशी दी थी, उसकी अनुभूति अभी क्या, जीवन-भर उन्हें प्रेरणा देती रहेगी। वहीं, उन्हीं की जबानी देश, गुलामी, स्वतंत्रता और आन्दोलन के विषय में बातें भी मालूम हुई थीं। उस समय उनके मस्तिष्क की दशा कुछ ऐसी थी कि वे अधूरी बातें भी जैसे पूर्ण बनकर उनकी आत्मा में प्रकाश की अनन्त किरणें बनकर भर गई थीं। एक बार उस आलोक में खुली हुई आँखों को फिर बन्द करके अँधेरे पथ के यात्री बनना अब वे कैसे पसन्द कर सकते थे? जेल की यातनाओं का भय भी अब उनके हृदय से उसी तरह हट गया था, जैसे चाबुक देखकर घोड़े के अन्दर समाया भय एक बार चाबुक पड़ जाने पर हट जाता है। विवश होकर, पिता ने यही उचित समझा कि उन्हें वे साथ ही घर लिवाते जाएँ। अभी नया-नया जोश है। थोड़े दिन में आप ही ठंडा हो जाएगा। माँ समझाएगी तो शायद मान जाएँगे। मँझले भैया इस मौके को छोड़कर घर नहीं जाना चाहते थे। पर पिता ने जब माँ का हवाला देकर कहा, कि जब से उन्होंने तुम्हारे जेल जाने की बात सुनी है, उनका दाना-पानी तक छूट गया है, और जब तक वह तुम्हें देख न लेंगी, उन्हें सब्र न होगा, तो विवश हो वह घर जाने को तैयार हो गए। सचमुच माँ का हाल बेहाल था। जब से उन्होंने मँझले भैया के जेल जाने की बात सुनी थी, उनका कलेजा फट रहा था। जो ममता, स्नेह और वात्सल्य तीनों पुत्रों में बँटा हुआ था, वह अब जैसे एक स्रोत में सिमटकर मँझले भैया पर ही उमड़ रहा था। बड़े भैया और छोटे भैया का जैसे उन्हें उस वक्त कोई खयाल ही न था। यह बात कुछ उसी तरह की थी जैसे आदमी का कोई अंग चोट खा जाता है, तो उसका सारा ध्यान और अंगों से हटकर एकाग्र हो उसी अंग पर सिमट जाता है।

मँझले भैया को सही-सलामत आँखों के सामने देख उनकी सारी चिन्ता, सारा दुख एक क्षण में दूर हो गया। उस दिन उन्होंने उन्हें ऐसे खिलाया-पिलाया, उन पर ऐसे स्नेह की वर्षा की जैसे कोई माँ खोए पुत्र को पाकर उसके साथ करती है।

जैसा पिता का खयाल था कि थोड़े दिनों में मँझले भैया का पागलपन दूर हो जाएगा, वैसा नहीं हुआ। सब समझाकर हार गए, पर वे टस-से-मस न हुए। अब उनका दिमाग जैसे खुल गया था, जिह्वा पर जैसे सरस्वती आ बसी थीं। लोगों की बातों को वे ऐसे काट देते थे कि सुनकर आश्चर्य होता था, कि क्या वही बोदे मँझले भैया बोल रहे हैं? माँ ने भी समझाया–बेटा, ये पढ़ने-लिखने के दिन हैं, पढ़-लिख लो। फिर जो जी में आए, करना। काम करने के लिए तो सारी जिन्दगी पड़ी है। वक्त पर ही सब-कुछ अच्छा लगता है। लड़कों को कभी भी ऐसे कामों में नहीं पड़ना चाहिए।

उन्होंने उत्तर दिया–माँ, मैं तुम्हें किस तरह समझाऊँ कि यह काम सिर्फ़ बड़े लोगों के ही करने से नहीं होने का। इस काम के लिए देश के बूढ़े, जवान, बच्चे–सबकी जरूरत है। जब तक सब मिलकर कोशिश नहीं करते, तब तक कोई गुलाम देश आजाद नहीं होता। आजादी की लड़ाई में हिस्सा लेना देश के हर व्यक्ति का कर्तव्य है। कोई पढ़ाई का खयाल कर इससे अलग रहे, कोई अपने काम का खयाल कर इसमें हिस्सा न ले, कोई और किसी कारण से इसमें हाथ न बँटा सके, तो आखिर देश का यह बड़ा काम कौन करेगा? देश की आजादी के लिए देश के हर व्यक्ति को अपने व्यक्तिगत स्वार्थ छोड़कर, संगठित होकर दुश्मनों से मोर्चा लेना पड़ेगा। यह महत्त्वपूर्ण कार्य किसी भी कारण से एक क्षण को भी स्थगित नहीं किया जा सकता।

अपढ़ माँ ने बेटे को इस बार अपरिचित भाषा में बात करते हुए पाया। उनकी समझ में ही जब कुछ न आया, तो वे क्या जवाब देतीं? मँझले भैया ने ही फिर कहा–माँ, तुम किसी बात की चिन्ता मत करो। हम तीन भाई हैं। समझ लो कि तुमने एक बेटे को देश पर कुरबान कर दिया। देश पर कुरबान होनेवाले किसी-न-किसी माँ के बेटे ही तो होंगे। तुम भी उन्हीं माँओं में से अपने को भी एक समझो, माँ!–कहकर, आँखों में एक ऐसी पवित्र साध का भाव ला उन्होंने माँ की आँखों गें देखा, कि भोली माँ की ममतामयी आत्मा बेटे की उस जीवन की एक साध पर स्वयं को भी कुरबान कर देने को मचल पड़ी। उन्होंने उन्हें अपनी गोद में खींच लिया। फिर स्नेहभरी उँगलियाँ उनके माथे पर फेरती हुई भरी आँखों में हृदय का सारा रस ला बोलीं–बेटा, मैं माँ हूँ। माँ बेटे की हर साध पूरी कर उसे खुश देखने के सिवा दुनिया में और कुछ नहीं चाहती। अगर तुम्हारी यही साध है–

कहते-कहते उनका हृदय उमड़ आया। आँखें बरस पड़ीं। भीगे हुए काँपते होंठों पर किसी तरह वश पा, उन्होंने कहा—मैं अपना कलेजा पत्थर का बना लूँगी, बेटा। भगवान तेरी साध पूरी करे! —कहकर, फफक-फफककर वह एक बच्चे की तरह रो पड़ीं।

मँझले भैया ही जैसे उस समय उनकी माँ बनकर उनके आँसुओं को पोंछने लगे। उस वक्त उन्हें लग रहा था, जैसे दुनिया में किसी की माँ भी हमारी माँ की तरह अच्छी न होगी! उनका शीश उस समय माँ के पुनीत चरणों में जिस तरह की एक श्रद्धा की भावना को लिये झुक रहा था, वैसा पहले कभी न हुआ था।

3

मँझले भैया ने हर राष्ट्रीय आन्दोलन में खुलकर हिस्सा लिया। कभी छह महीने, कभी दो साल, कभी पाँच साल तक की उन्होंने सजाएँ भोगीं। जेल की जो-जो यातनाएँ उन्होंने उठाईं, पुलिस की जिन-जिन सख्तियों से वे गुजरे, सरकार के जिन-जिन काले जुल्मों के वे शिकार हुए, उनका कोई हिसाब नहीं। जुर्माने देते-देते पिता तबाह हो गए, पर मुँह से उफ तक न की। बड़े भैया ने जैसे इसे भी और कामों की तरह अपना एक काम ही समझ लिया। पहले की ही तरह वे अब भी अपना व्यापार पूरे जोश से चलाते रहे। कभी भी मँझले भैया के प्रति एक शब्द शिकायत का उनके मुँह से न निकला।

छोटे भैया बी.ए. करके साहित्यिक बन बैठा। लिखते-लिखाते किसी पत्र का वह सम्पादक बन गया। उसकी अलग एक दुनिया बस गई, जिसमें माता-पिता, भाइयों और भाभियों के लिए स्नेह, सहानुभूति के सिवा किसी प्रकार के आर्थिक सम्बन्ध का प्रश्न ही न उठ सका, क्योंकि उसका पेट जब देखो, खाली ही रहता था। बल्कि कभी-कभी माँ-बाप को ही उसकी सहायता करनी पड़ती। किन्तु उसके हृदय में मँझले भैया के लिए बड़ा ही ऊँचा स्थान था। उन्हीं के खयाल से वह किसी सरकारी नौकरी में न गया, वरना उसके जैसे तेज, योग्य युवक को कोई नौकरी मिल जाना कोई असम्भव बात न थी। और माँ! माँ ने तो सचमुच अपना कलेजा पत्थर का बना लिया! अपने तीनों पुत्रों को लेकर, उन्होंने अपने भावी जीवन की जो सुखद कल्पनाएँ की थीं, वे बेटों के होश सँभालते ही टूट गई थीं। छोटे भैया, जो 'पेट-पोंछुआ' होने के नाते उनकी आँखों का तारा था, अब उनसे दूर ही दूर रहने लगा। कभी-कभी छुट्टियों में दो-चार रोज के लिए एक मेहमान की तरह घर पर ठहरकर वह चला जाता। शादी की बात उठती तो उन अपढ़ों की समझ में न आनेवाली बातें करता। आप ही उसने समझ लिया था, कि मेरा जीवन साधारण सांसारिक पचड़ों

में खपा देने के लिए नहीं है। वह सदा साहित्य और कला के उच्च आकाश में विचरता। सर्वथा बौद्धिक जीवन व्यतीत करने के स्वप्न देखता। भला वैसे व्यक्ति को गृहस्थी में क्या दिलचस्पी होती? मँझले भैया को अपनी राजनीति से ही फुरसत न थी। आन्दोलन हो या न हो, उनका एक पैर हमेशा जेल में ही रहता। अब वह स्थानीय नेता बन चुके थे। उनकी गिरफ्तारी के वारंट की खबर पाकर जवार के अनगिनत लोग घर के सामने जमा हो जाते थे। गिरफ्तार होने के पहले वे भीड़ के सामने खड़े हो, मस्तक ऊँचा कर, गर्व से छाती फुला, आँखों में बलिदानी उमंग ला, जोश-भरी आवाज में भाषण देते थे। उनका गला फूलों के हारों से भर जाता था। उनकी जय-जयकार से गाँव गूँज उठता था। तब माँ आँखों में आँसू और काँपते होंठों पर बरबस मुस्कान ला, आरती के दीप सजा, उनकी आरती उतार उनके उन्नत, प्रकाशमान ललाट पर काँपते अँगूठे से तिलक लगाती थीं। भीड़ माँ के पैर छूती थी, उनके साहस और त्याग की प्रशंसा करती थीं। और मँझले भैया पिता, बड़े भैया और भाभी के पैर छू, उन्हें रुलाकर विदा हो जाते थे। उस समय किवाड़ की आड़ से बरसती आँखों और फूटती रुलाई से फड़कते होंठों पर आँचल का कोना दबाए कोई उनकी ओर देख रहा है, शायद इसका खयाल उनको न होता, या होता तो शायद उसे मर्द की सबसे बड़ी दुर्बलता समझकर उसकी ओर देखने का वे साहस ही न करते।

उनके चले जाने के बाद माँ बैठी उनकी याद ले बिसूरती रहतीं, उनके लिए अपने भगवान से प्रार्थना करती रहतीं और पति-वियोग में तड़पती बहू को दिलासा दिया करतीं। उनके लिए सान्त्वना और सुख का कोई स्थल था, तो वह बड़े भैया और बड़ी बहू को लेकर था। मँझले भैया के कारण जो क्षति पहुँचती, उसे पूरा करना ही जैसे बड़े भैया का काम रह गया था। उन्हें अपने काम के सिवा दीन-दुनिया की कोई खबर न रहती थी। यदि वह ऐसा न करते, तो कभी का उनका कुल भिखारियों की पंगत में आ बैठने को विवश हो जाता। जालिम सरकार की शनि-दृष्टि जिस देश-प्रेमी कुल पर पड़ जाती, उसका पनपना कितना कठिन था, इसे कोई भी आसानी से समझ सकता है। जुर्मानों के अलावा उन्हें मँझले भैया के मुकदमे में भी काफी खर्च करना पड़ता था। उन्हें छुड़ा लेने की आशा में वे हर बार हाई कोर्ट तक की खाक छानते थे। पर कोर्ट कोई हो, सब एक ही थैली के चट्टे-बट्टे तो ठहरे! जहाँ देश-प्रेम ही जुर्म हो वहाँ आदमी का कोई भी कार्य कितनी आसानी से जुर्म साबित किया जा सकता है, यह उस वक्त के मुकदमे के कागजात देखने से कोई भी सहज ही समझ सकता है।

इतना सब तो था, पर साथ ही यह नहीं था कि कुल का कोई भी सदस्य मँझले भैया के इस कार्य से किसी प्रकार भी असन्तुष्ट या क्षुब्ध हो। बल्कि इसके उलट उन्हें एक तरह से एक दबे-दबे गर्व का ही अनुभव होता था। उनके कुल की प्रतिष्ठा

एक उन्हीं के कारण जितनी बढ़ गई थी, उससे वे अनजान न थे। और सच तो यह है, कि एक तरह से सब-के-सब जैसे अपना-अपना कार्य किए जाना ही अपना कर्तव्य समझते थे। किसी का किसी से कोई विरोध न था। सब जैसे एक ही चक्र के हिस्से हों, जिनके मिलने से चक्र में घूमने की योग्यता आती है और वह कभी आगे, कभी पीछे घूमता जाता है। उसका कौन हिस्सा अधिक उपयोगी है कौन कम, यह कौन कह सकता है?

व्यक्तिगत सत्याग्रह आन्दोलन में भी मँझले भैया अग्रणी रहे। अपने जवार से कैद होनेवालों में वह पहले व्यक्ति थे। इस सत्याग्रह में चुने हुए लोगों को ही भाग लेने की आज्ञा मिली थी। इन्हें सजा तो दो ही चार साल के लिए होती थी, किन्तु जुर्माने की रकमें बहुत ज्यादा होती थीं। शायद सरकार ने यह समझा हो कि चुने हुए लोग वही हैं, जो बड़े और धनी-मानी हैं। उनसे जितना वसूल किया जा सके, कर लेना चाहिए। लड़ाई के लिए सरकार को रुपयों की बहुत जरूरत भी थी। इस मौके से वह फायदा न उठाए, यह कैसे हो सकता था? मँझले भैया को दो साल की सजा हुई और पाँच हजार रुपया उन पर जुर्माना लाद दिया गया। सजा की तो कोई बात न थी। वह उससे भी बड़ी-बड़ी सजाएँ काट चुके थे, पर जुर्माने की रकम इतनी अधिक थी कि उनकी आँखों के सामने घर का उजड़ा रूप घूम गया। पिता और बड़े भैया को तो जैसे अपनी कमर ही टूटती हुई लगी। जुर्माने के बदले दो साल की और सजा भुगतनी थी। सब सोच-विचार कर उन्होंने यही निश्चय किया, कि मैं चार साल की सजा ही भुगतकर घर को बरबाद होने से बचा लूँगा। उन्होंने ऐसी सूचना कचहरी को दे भी दी। पर अभी उस पर कोई कार्रवाई भी न हुई थी, कि जुर्माने की रकम वसूल करने के लिए कुर्कअमीन घर पर आ धमका। यह बिलकुल गैरकानूनी बात थी, क्योंकि अभी जुर्माना जमा करने का वक्त भी पूरा न हुआ था। पर सरकार ने जुर्माना जल्द और जैसे भी हो, वसूल करने के लिए ही लगाया था। क्या कानूनी है, क्या गैर-कानूनी, इसकी परवाह करने की फुरसत अफसरों को नहीं थी। ऊपर से ताकीद थी, जुर्माने की रकम जल्द-से-जल्द सख्ती के साथ वसूल कर ली जाए। नतीजा यह हुआ कि घर पर बोली बोल दी गई। इतनी बड़ी रकम पिता जैसे छोटे रोजगारी व्यक्ति के लिए देना सम्भव न था। जब पूरी रकम घर के नीलाम से वसूल न हो सकी, तो बाजार के गोदाम में रखे चावल, दाल और चीनी के बोरे पुलिस बिना किसी हिसाब-किताब के उठा ले गई। लोगों की अजीब विवशता थी कि पुलिस के इस अवैधानिक कार्य और जुल्म की सुनवाई किसी कानून की कचहरी में न हो सकती थी। राह के भिखारी होने में अब कसर ही क्या रह गई थी? पर बड़े भैया की अक्ल इस वक्त भी काम कर गई। उन्होंने अपने एक सम्बन्धी से ही घर पर बोली बुलवाई। मँझले भैया जैसे राष्ट्रीय कार्यकर्ता से घर का वास्ता था, इसलिए

किसी ने चढ़ा-ऊपरी करने का घृणित कार्य न किया। नतीजा यह हुआ कि बहुत कम दाम में ही डाक खतम करने पर कुर्कअमीन को मजबूर होना पड़ा। यों घर तो बच गया, पर सारा रोजगार चौपट हो गया। फिर भी पिता या बड़े भैया के माथे पर शिकन तक न पड़ी, मुँह से मँझले भैया के प्रति शिकायत का एक शब्द भी न निकला। भगवान पर भरोसा और अपने बाजुओं की शक्ति में उन्हें विश्वास था। बची-खुची पूँजी से उन्होंने फिर अपना रोजगार शुरू कर दिया। मँझले भैया ने जेल में ये बातें सुनीं, तो सरकार के प्रति उनका क्षोभ और भी बढ़ गया। उनके इरादे और भी पक्के हो गए। जालिम सरकार को मिटाए बिना चैन न लेने की अपनी प्रतिज्ञा को उन्होंने फिर दुहराया। ओह, गुलामी कितना बड़ा अभिशाप है!

4

घर की लड़खड़ाई हालत अभी सँभल भी न पाई थी, कि अचानक एक ऐसा धक्का लगा, कि सब कुछ स्वाहा होकर रह गया। अगस्त, 1942 का जमाना आया। बड़े नेताओं की गिरफ्तारी के बाद जनता ने स्थिति की बागडोर अपने हाथों में ले ली। जमाने की अपमानित, मजलूम, सताई हुई, कुचली हुई, नंगी, भूखी जनता आज पहली बार किसी का भी अनुशासन न होने के कारण आप ही दासता की जंजीरें तोड़, मस्त हो, हुंकारती हुई, दुश्मनों के सिर तोड़ने को वैसे ही निकल पड़ी, जैसे मौका पा पिंजड़े से शेर हुंकारता हुआ निकल पड़ता है। चौकन्नी सरकार भी अबकी धोखा खा गई। उसने सोचा था कि नेताओं की अनुपस्थिति में जनता अपंग चुपचाप पड़ी रहेगी। पर जनता अब पहले की जनता न रह गई थी। लगातार कितने ही आन्दोलनों में हिस्सा लेते-लेते, वह समझ गई थी कि उसे क्या करना है। नेताओं की उपस्थिति में जो होने की सम्भावना न थी, वही उनकी अनुपस्थिति में होकर रही। अबकी पहली बार जनता को खुलकर खेलने का मौका मिला। और वह खूब खुलकर खेली।

जनता की जितनी बुद्धि थी, उनके पास जो भी साधन थे, उनका खुलकर उसने उपयोग किया। यह बुद्धि, ये साधन सरकार की बुद्धि और साधन के मुकाबिले में कुछ भी नहीं थे, किन्तु चोट ऐसे कुमौके और ऐसे कुघाते लगी, कि दिल्ली की सरकार क्या, उसके लन्दन में बैठे आका भी तिलमिला उठे।

एक ही वक्त, बिना किसी पूर्व सूचना या संगठन के देश के कोने-कोने में विद्रोह का जो विस्फोट हुआ, एक ही तरह की सरकार को नष्ट कर देनेवाली जो विध्वंसकारी घटनाएँ घटीं, एक ही उद्देश्य के लिए, एक ही सन्देश से अनुप्राणित हो, एक ही तरह के कार्यक्रम जनता के सामने रख, जो प्रलयकारी कदम एक ही

साथ उठाया, वह बरसों के संगठन, प्रयत्न और ट्रेनिंग के बाद भी सम्भव होता, ऐसा कहना कठिन है। सच तो यह है कि देश के गर्भ में जो क्रान्ति बरसों से ज्वालामुखी की तरह पल रही थी, वह अवसर पाकर सहसा ही फूट पड़ी। जनता ने उसका स्वागत किया। सरकार की नींवें हिल उठीं।

मँझले भैया ने अपने जवार की जनता का नेतृत्व किया। अपने तपे हुए वीर, त्यागी, प्रिय नेता की एक पुकार पर लोग प्राण देने और लेने को उनके सामने इकट्ठे हो गए। नेताओं की गिरफ्तारी का समाचार सुन मँझले भैया इतने क्षुब्ध थे कि उनका होश ठिकाने न था। उनके हाथ और पैर क्रोध के मारे बेकाबू हो काँप रहे थे। छाती अन्तर में जैसे एक विस्फोट का अनुभव कर, धौंकनी की तरह उठ-बैठ रही थी। चेहरा तमतमाकर सुर्ख हो गया था। आँखें जैसे लपटें उगल रही थीं। उन्होंने उसी हालत में कुचले हुए सर्प की तरह फुँफकारकर जनता से अनियंत्रित आवाज और भाषा में थोड़े में ही सरकार की इस चुनौती के बारे में कहा। फिर इस चुनौती को स्वीकार करने को ललकारा। अपनी प्यारी संस्था कांग्रेस के नाम पर, अपने प्यारे नेता गाँधी और जवाहर के नाम पर, अपनी प्यारी जन्मभूमि भारतमाता के नाम पर, अपने प्यारे उद्देश्य स्वराज्य के नाम पर, अपनी प्यारी माँओं और बहनों की इज्जत के नाम पर, अपनी प्यारी जनता की भूख के नाम पर उन्होंने जनता को ललकारा। जनता जोश में पागल हो भड़क उठी। हजारों मुट्ठियाँ हवा में लहरा उठीं। इंकलाब के नारों से वातावरण काँप उठा। जनता के जोश के माने मँझले भैया समझते थे। उन्होंने एक क्षण भी बरबाद न कर, चीखकर कहा–हमारा पहला निशाना सरकारी जुल्मों का अड्डा थाना होगा! –कहकर, उन्होंने नारा लगाया, और क्रुद्ध शेरों की तरह गुर्राती हुई, बौखलाई जनता को पीछे-पीछे लिये थाने की ओर चल पड़े।

जनता और पुलिस का जितना सीधा और सार्वकालिक सम्बन्ध है, उतना किसी और सरकारी मुहकमे के कर्मचारियों का नहीं होता। पुलिस जनता के साथ आए दिन जो अत्याचार किया करती है, वह किसी सरकारी विभाग के आदमी के लिए सम्भव नहीं। यही कारण है, कि जनता पुलिस के लिए दिल में खार खाए बैठी रहती है। मँझले भैया ने थाने को जो पहला निशाना बनाया, उसके पीछे यही बात काम कर रही थी। एक जमाने के बाद पासा पलटा था। जनता भी आज खुलकर पुलिस से उनके अब तक किए गए कुल अत्याचारों का बदला रत्ती-रत्ती चुका लेने के लिए उतावली हो रही थी।

दूर से ही क्षुब्ध सागर की तरह उमड़ती हुई क्रुद्ध जनता की अपार भीड़ को देख दारोगा, मुंशी, नायब और कांस्टेबिलों के होश फाख्ता हो गए। नारों की वह गरज सुनकर उन्हें समझते देर न लगी कि मजमा इस तरह थाने की ओर क्यों बढ़ता चला

आ रहा है। थाने में एक दर्जन बन्दूकें और गिनती की कारतूसें और बिगड़ी हुई अपार जनता की पिलती हुई यह भीड़! मृत्यु उनकी आँखों के सामने, उनके सारे जुल्मों का भार सिर पर लिये नाच उठी। नौकरी, राजभक्ति, तरक्की, ईनाम–सब एक ही साथ उनके दिमाग में चक्कर लगा गए। पर एक दर्जन बन्दूकें और गिनती की कारतूसें और बिगड़ी हुई अपार जनता की यह समुद्र की तरह उमड़ती हुई भीड़! क्या किया जाए, क्या न किया जाए? पर सोचने का वक्त ही कहाँ था? भीड़ पास, और पास आ गई। नारों की आवाजें तेज और तेज होती जा रही थीं। जमीन जैसे धँसी जा रही थी। आसमान जैसे और ऊपर उड़ा जा रहा था। गले में जैसे फन्दे पड़ रहे हों। एक झटका लगेगा, फिर...फिर...

भागो! भागो! –दारोगा चीख पड़ा।

किसी को किसी चीज का होश न रहा। जो जैसे था, वैसे ही भागा। बाल-बच्चों तक कि चिन्ता जिन्हें न रही, वे भगोड़े सर-सामान की फिक्र क्या करते? दारोगा ने पिस्तौल और पुलिसों ने बन्दूकें ऐसे फेंक दीं, जैसे उनके हाथों में वे सर्प बन गई हों। उन्हें साथ लेकर भागना गोया जनता को मुकाबिले की चुनौती दे और भड़का देना था।

जनता कोई अन्धी तो थी नहीं। उन्हें भागते जो देखा, तो थाने की चिन्ता छोड़ वह उन्हीं की ओर लपक पड़ी। उसे थाने की दीवारों से नहीं थानेवालों से बदला लेना था। अवसर खो देना वह किसी भी हालत में बर्दाश्त न कर सकती थी। दिल का बुखार निकाले बिना आज वह चैन लेनेवाली न थी। मुट्ठी-भर पुलिसमैनों को पकड़ लेना उनके लिए कोई मुश्किल बात न थी। उस वक्त तो वे अनगिनत चींटियों को भी टप-टप बीन लेते।

सब-के-सब पकड़ लिये गए। उस वक्त जनता के फौलादी पंजों में जकड़े हुए उन गद्दारों की वही दशा थी, जो उस सर्प की होती है, जिसकी गर्दन बन्दर की मुट्ठी में जकड़ जाती है। सर्प तो फुँफकारता है, क्रोध दिखाता है, पूँछ से बन्दर के हाथ बाँध लेने की चेष्टा करता है, पर इनकी हालत तो मुर्दों जैसी हो गई थी। उनके शरीर का खून ही जैसे सर्द पड़ गया हो, रोम-रोम जैसे निष्प्राण हो गया हो। बस कहीं, जीवन का चिह्न था, तो केवल उनकी सफेद पड़ी आँखों की मृत्यु-भय से काँपती पुतलियों में।

मँझले भैया के आदेश की प्रतिष्ठा रखने के लिए जनता ने उनके प्राण तो नहीं लिये, उन नमकहराम बुजदिलों के प्राण लेना खुद अपने को शर्मिन्दा करना था, पर उनकी जो-जो दुर्गति की गई, उससे उनकी जो दशा देखने में आई, वह कुछ वैसी ही थी, जैसे किसी चोर की रँगे-हाथों पकड़े जाने पर होती है। शर्म से गर्दन झुकाए, चारों ओर से जकड़े चोर को कौन क्या-क्या सुना जाता है, कौन लात जमा जाता

है, कौन थप्पड़ लगा जाता है, कौन उसके मुँह पर थूक जाता है–इसका हिसाब कौन रखता है? जनता के बहुत से सदस्यों ने अपने पर किए गए जुल्मों का उनसे हिसाब माँगा, फिर पूछा कि हमारी परिस्थिति में तुम लोग होते तो क्या करते? पर पुलिसमैनों के तो जैसे जुबान ही नहीं थी। उनके मुँह से एक शब्द भी न निकला। मृत्यु की आशंका उन्हें अब न थी, पर बिगड़ी हुई जनता कब क्या कर बैठेगी, इसका भय तो उन्हें था ही।

आखिर पकड़कर वे थाने के सामने लाए गए। मँझले भैया के आदेश पर सब बन्दूकें, कारतूसें, वर्दियाँ, कागजात, बेड़ियाँ और सब सामान उन्होंने उनके सामने लाकर रख दिया। फिर उन्हीं के हाथों उन्होंने वर्दियों और कागजात में आग लगवाई। फिर एक-एक गाँधी टोपी उनके सिर पर रख, उन्हें भीड़ के सामने लाइन में खड़े हो जनता को सलामी देने की आज्ञा दी। पुसिलमैनों ने इसे भी किया। फिर उनके हाथों में तिरंगे थमा, उन्हें भीड़ के आगे-आगे चलने का आदेश दिया गया। इतने में ही किसी ने याद दिलाया–मँझले भैया, जनता के खून से रँगी हुई ये थाने की लाल-लाल दीवारें क्या इसी तरह खड़ी रहेंगी?

मँझले भैया ने अपनी भूल सुधार ली। पुसिलमैनों से ही थाने में आग लगवा दी। धू-धू कर जब लपटें उठीं, तो उसकी ओर देखकर पुलिसमैनों की वही हालत हुई, जो उस बाज की होती है, जिसके सामने ही उसका खोता जलता नजर आता है।

फिर आगे-आगे नारे लगाते पुलिसमैन चले और उनके पीछे-पीछे जनता की भीड़ चली। एक घंटे के अन्दर ही डाक-बँगला, पोस्ट-ऑफिस तथा चौकी फूँक दी गई और बीज-गोदाम का अनाज बाँट दिया गया। सरकार के जितने जुल्म के अड्डे थे, उन्हें आग की लपटों ने अपने में आत्मसात् कर लिया। सरकार के नाम पर एक कौवा भी बोलनेवाला बाकी न रहा।

दूसरे दिन जिला-कांग्रेस के सभापति का आज्ञा-पत्र आया कि जिले में अंग्रेजी हुकूमत खत्म हो गई है। गाँव में पंचायत बनाकर सब इन्तजाम अपने हाथ में ले सारी व्यवस्था को ठीक-ठीक चलाने का प्रयत्न शुरू किया जाए।

इस अप्रत्याशित विजय के उल्लास से जनता पागल हो उठी। उसे सचमुच लगा कि सदियों से पैरों में जकड़ी हुई बेड़ियाँ टूट गईं, गुलामी सदा के लिए खत्म हो गई। अब वह आजाद है, आजाद!

सचमुच पुलिस की ताकत और हुकूमत यहाँ खत्म हो गई थी। पुलिस के ऊपर उससे बढ़कर सरकार की एक और ताकत है, इसका खयाल उस वक्त शायद विजय की खुशी में किसी को न था, या था भी, तो उनका खयाल था, कि रेल, तार कट जाने और पुल तोड़ दिए जाने से उसका खतरा नहीं है। पर उन्हें क्या मालूम कि

आसमान और हवा भी उनके दुश्मन हो सकते हैं, जो उस ताकत को सहसा एक दिन उनके सिर पर ला पटकेंगे।

हुआ भी ऐसा ही। अभी एक हफ्ता भी न बीता था, कि एक दिन आकाश हवाई जहाजों की विकराल चीखों से गूँज उठा। जमीन बमों के धड़ाकों से फट पड़ी। यह सेना का पेशखेमा था। जनता को अब होश आया। पर पहले भी होश आता, तो वह क्या कर लेती? थानों और लाइन से छीनी हुई कुछ बन्दूकों और कारतूसों के सिवा उनका मुकाबला करने का साधन ही उनके पास क्या था? चारों ओर आतंक छा गया। अब क्या हो, क्या हो?

दूसरे दिन ही नदी-नाले पार करती सेना की जीपें गोलियाँ दागतीं, दनदनाती हुई पहुँच गईं। सड़कों पर जो दिखाई दिए, गोली से उड़ा दिए गए। यों भी हवा में हजारों निशाने लगा, सेना ने शहर को दहला दिया। फिर सेना के जत्थे गाँवों की ओर जीपों में उसी तरह गोलियाँ दागते हुए चल पड़े। पीछे आदमियों और जानवरों की छटपटाती हुई लाशें और सड़क के दोनों ओर के गाँवों में जलते हुए अनगिनत घर और मुर्दे छोड़ती मृत्यु, आग और चीख-पुकार का हाहाकार उत्पन्न करती जीपें बढ़ती गईं, बढ़ती गईं।

सेना की दृष्टि में वहाँ का हर आदमी बागी था। किसी के साथ कोई दूसरा व्यवहार करना उन्होंने सीखा न था। इसलिए क्या नेता, क्या जनता-जिसने भी जहाँ सेना की इस हरकत की खबर सुनी, वहीं से चम्पत हो गया। गाँव उजड़ गए। उजड़े हुए गाँवों के घरों को लूटकर, उन्हें जलाकर, आदमियों के बदले वहाँ छूटे हुए हाथी, घोड़ों, गधों, बैलों, गायें, कुत्तों और बकरियों को ही गोली का निशाना बनाकर सेना को अपना क्रोध शान्त करना पड़ा।

थोड़े ही दिनों बाद फिर आन्दोलन के पहले का पुलिसराज स्थापित हो गया। थानों पर विशेष रूप से सेना की टुकड़ियाँ बैठा दी गईं।

5

मँझले भैया भी फरार थे। उनके घर के लोग भी जो बना, लेकर कहीं छिप गए थे। उनके घर की जली-अधजली दीवारें बता रही थीं कि मालिकों की अनुपस्थिति में उस अनाथ पर क्या-क्या गुजरी थी। जेवरों और नकद के सिवा वे कुछ भी बचा न पाए थे। बिस्तर-तकिए तक का पता न था। फिर उनके मालगोदाम के चावल, दाल और चीनी के बोरों का क्या पूछना?

धीरे-धीरे हालत बदलती गई। सरकारी अफसरों ने ऐलान किया, कि पुलिस शान्त रहनेवाली जनता के साथ अत्याचार न करेगी। जनता को पहले ही की तरह

गाँवों को आबाद कर, पुलिस को उन सरगनाओं को पकड़ाने में मदद देनी चाहिए, जिनके कारण जनता को इतने दुख उठाने पड़े हैं। लोग अपने-अपने घरों को लौटने लगे। गाँवों में फिर जिन्दगी के चिह्न नजर आने लगे।

पिता, माँ और बड़े भैया ने वापस आकर घर की जो हालत देखी, तो उनकी दशा उस पंछी की तरह हो गई, जिसका बरसों से जमाया आशियाना जल गया हो। माँ बिलख-बिलखकर रो पड़ीं। पिता और बड़े भैया के दुख की सीमा न रही।

जब तक रहने-सहने का कोई उचित प्रबन्ध न हो जाए, बहुओं को बुलाना ठीक नहीं समझा गया। बड़े भैया किसी तरह एक-दो कमरों को ठीक करने में जुट गए। पर सिर पर अभी खपरैल का साया भी न हुआ था, कि एक और आफत सामने आ खड़ी हुई। उस गाँव पर दस हजार का ताजीराती कर सरकार ने लगा दिया, जिसका बड़ा हिस्सा मँझले भैया के पिता को ही चुकाना था। चोट-पर-चोट इसी को कहते हैं। कर की नोटिस को देख, जिस बेबसी और पीड़ा से माँ-बाप और बड़े भैया छटपटा उठे, उसका वर्णन नहीं किया जा सकता।

इतनी बड़ी रकम उनके पास थी ही कहाँ जो वे देते? बची-खुची रकम दे भी देते, तो उससे छुटकारा कहाँ मिलता? और फिर तब तो रोटियों के भी लाले पड़ जाते। यह रकम कड़ी-से-कड़ी सख्ती करके जल्द-से-जल्द वसूल करने को पुलिस को हिदायत थी। मियाद पूरी होने के पहले ही गाँव के लीगी मुखिया के यहाँ पुलिस आ बैठी और लोगों को वहीं बुला-बुलाकर हर तरह से उन्हें अपमानित कर, कर वसूल करने लगी। माँ-बाप और बड़े भैया फिर कहीं भाग जाने की सोच ही रहे थे, कि पुलिस का आदमी दरवाजे पर आ धमका। उस समय उनकी हालत कुछ वैसी ही हुई, जैसे किसी बँधे आदमी पर खूँखार बाघ छोड़ देने पर उसकी होती है।

छुटकारे की कोई राह न थी। बूढ़े पिता को पुलिस के साथ जाना ही पड़ा। रुपया होता तो वे दारोगा के सामने उँड़ेल देते, पर यहाँ तो कुछ था ही नहीं। उस हालत में किन यातनाओं की आशा लिये हुए वे दारोगा के सामने जा खड़े हुए, यह सहज ही समझा जा सकता है। गाली-गलौज, मार-पीट, जेल की धमकियों से भी जब दारोगा उनसे कुछ न निकाल सका, तो घर की तलाशी का उसने हुक्म दे दिया।

तलाशी हुई। खँडहर की जमीन का चप्पा-चप्पा खोद डाला गया, पर वहाँ था ही क्या, जो मिलता? बड़े भैया इतने बेवकूफ न थे, जो इस दशा में अपना बचा-खुचा माल-मता लेकर खँडहर में वापस आए होते। विवश हो, पुलिस दो-चार चाँटे माँ और बड़े भैया को भी लगा, बूढ़े पिता के हाथों में हथकड़ियाँ डाल, उन्हें लेकर चली गई।

मँझले भैया फरार थे। छोटे भैया की कोई खबर महीनों से न मिली थी। घर जल गया था। रोजगार खत्म हो चुका था। फिर भी उन्हें इतना दुख न हुआ था जितना आज हुआ। पिता के हाथों में हथकड़ियाँ देख, माँ और बड़े भैया ने बिलखकर, अपनी भरी आँखें फेर लीं। ओह, भाग्य में अभी और क्या-क्या देखना बदा है!

पिता अभी हवालात में ही पड़े तड़प रहे थे, कि एक दिन उनके दरवाजे पर एक पुलिस ने एक नोटिस टाँग दी, जिसमें लिखा था–राधामोहन उर्फ मँझले भैया अगर इस नोटिस के पन्द्रह दिन के अन्दर हाजिर न हुआ तो उसका सब-कुछ सरकार जब्त कर लेगी।

अन्दर जाते, बाहर आते बड़े भैया की दृष्टि उस नोटिस पर पड़ती और एक भावी आशंका से उनका रोम-रोम कंटकित हो जाता।

लीगी मुखिया और गाँव के कुछ लोगों ने माँ और बड़े भैया को समझाया कि वे मँझले भैया को हाजिर करा दें, तो अब भी कुछ बिगड़ा नहीं है। पर उनके मुँह से जो एक बार निकल गया कि हमें क्या मालूम कि कहाँ है, तो फिर कोई दूसरी बात न निकली। बिगड़ने से अब रह ही क्या गया था, जिसे बचाने के प्रयत्न में वे अपने कलेजे के टुकड़े को आग में झोंक देते?

पन्द्रह दिन और पन्द्रह रातें माँ और बड़े भैया ने आँखों में ही काट दीं।

आज सोलहवाँ दिन था। मँझले भैया हाजिर न हुए। अब क्या होगा? एक तरह की आशंका उनके दिलों को जलाए डाल रही थी, पर क्या होगा की कोई कल्पना करने में भी असमर्थ थे। नुचे-खुचे का अब कोई नोचेगा ही क्या? धन-जन, इज्जत-आबरू, घर-बार, रोजी-रोजगार–कुछ भी तो शेष न रह गया था, जिससे वंचित हो जाने का भय उन्हें होता। उन्हें क्या मालूम, कि उनके लिए अदृश्य ने अपनी झोली में क्या-क्या जुल्म रख छोड़े थे?

माघ का महीना था। वर्षा हो रही थी। बर्फीली हवा ने जैसे सर्दी की रग-रग में बर्फ की सुइयाँ लगा दी थीं। जमीन ठिठुर रही थी। वातावरण जम-सा रहा था–हाथ-पाँव गले जा रहे थे। दुबके-दुबकाए लोग आग के पास बैठे सर्दी से बचने का असफल प्रयत्न कर रहे थे।

अचानक शाम को पुलिस की एक टुकड़ी घर के खँडहर के सामने आ खड़ी हुई। बड़े भैया और माँ ने आहट पा, झाँककर जो ओवर-कोटों के ऊपर लाल-लाल पगड़ियाँ देखीं, तो उनकी और माँ की हालत कुछ वैसी ही हो गई, जैसे एक आदमी की उस दिन हो जाती है, जिस दिन उसकी मृत्यु हो जाने की भविष्यवाणी ज्योतिषी ने की होती है और सचमुच उसके सामने यमदूत दिखाई देने लगते हैं। भागने का कोई रास्ता न था, वरना वे भाग भी जाते।

पुलिसमैन धड़धड़ाते अन्दर घुस गए। कुछ बड़े भैया और माँ के सामने खड़े हो गए और कुछ खँडहर की ऐसी तलाशी लेने लगे, जैसे मँझले भैया कोई आदमी न हों, सुई हों और किसी ताक के कोने में छिपे बैठे हों। मँझले भैया वहाँ थे ही कहाँ, उनके हाथ आते? झुँझलाकर, सब-के-सब विवशता की बेजान मूर्ति बनी खड़ी माँ और बड़े भैया के सामने आ, चिल्ला-चिल्लाकर गाली देते हुए पूछ बैठे–बता, मँझले भैया कहाँ हैं, नहीं तो आज तुम लोगों की खैरियत नहीं!

बूटों की ठोकरें उठने को तड़पने लगीं। हाथ के कोड़े पड़ने को हिलने लगे। मुँह तो जो जी में आ रहा था, बके ही जा रहे थे। पर माँ और बड़े भैया के मुँह से जो एक बार निकला कि हमें क्या मालूम कि वह कहाँ हैं, तो वही शब्द बार-बार निकलते रहे। पुलिस की कोई ज्यादती उनके मुँह से और कोई बात न निकाल सकी।

आखिर तंग आकर, नायक ने कहा–ऐसे यह हरामजादी राह पर न आएगी। घसीटकर इसे ले चलो तालाब पर!

तालाब! तालाब का ठंड से जमता हुआ-सा पानी! उफ, ये क्या करना चाहते हैं बूढ़ी माँ को वहाँ ले जाकर? बड़े भैया का कलेजा मुँह को आ गया। उन्होंने चीखकर कहा–नहीं-नहीं, ऐसा न करो! इस सर्दी, इस बारिश में इन्हें बाहर न ले जाओ।

पर उनकी सुनता कौन? एक पुलिसमैन के एक जोरदार थप्पड़ ने उनके सफेद गाल पर पड़कर उनका मुँह ही नहीं फेर दिया, बोलती तक बन्द कर दी। वह धड़ाम से मुँह से खून उगलते हुए फर्श पर गिर पड़े। ऊपर से दो-एक बूटों की ठोकरें उनके कूल्हों पर उभरी हुई हड्डियों पर चटाख-चटाख बोल उठीं।

माँ कुछ भी कहना, किसी तरह भी गिड़गिड़ाना उन हैवानों के सामने व्यर्थ समझ, चुपचाप असह्य सर्दी से काँपतीं, उनकी असह्य बातें सुनतीं, उनके हाथों, कोड़ों और बूटों की असह्य चोटें खातीं, मूर्ति की तरह खिसकती चली जा रही थीं।

वर्षा हो रही थी। सामने तालाब के जमे-से पानी में टप-टप बूँदें पड़ती थीं, तो ऐसा लगता था, जैसे आग के तालाब में जगह-जगह चिनगारियाँ चिटख रही हों। गरम पानी से जैसे शरीर जल उठता है, ठीक वैसे ही ठंडे पानी से भी। और तालाब का पानी कोई मामूली ठंडा भी तो न था।

नायक ने माँ की कमर में बूट की एक ठोकर दी। माँ आह कर पानी में लुढ़क गईं। पुलिसमैनों ने ठहाका लगाया। नायक बोला–देखो, अब भूत सिर पर चढ़कर बोलेगा!

पर माँ के अन्दर कोई भूत न था, जो बोलता! उनके अन्दर तो एक माँ का हृदय था, जिसकी ममता, स्नेह, वात्सल्य की गहराई को दुनिया में न कोई अब तक नाप

सका और न आगे ही नाप सकेगा। सारी यातनाओं का अन्त मृत्यु है। माँ के लिए बेटे की रक्षा के लिए मृत्यु का वरण करना कोई असम्भावित घटना नहीं। माँ ने एक बार इसे सोचा। फिर आँखें मूँदकर, जो वह खड़ी हो गईं, तो फिर कहाँ क्या हो रहा है, इसका भी ज्ञान जैसे उन्हें न रह गया।

कुछ-कुछ देर के बाद एक या दूसरा पुलिसमैन माँ को टकोहकर, कहता–बोल, अब भी बता दे, नहीं तो गल जाएगी इस बर्फ के पानी में।

पर माँ सुन ही कहाँ रही थीं, जो कुछ बोलतीं?

रात गल रही थी। शीत की तीव्रता सहने की सीमा को लाँघने लगी थी। पुलिसमैन ओवरकोट में भी ठिठुरे जा रहे थे। पर माँ? उनका शरीर तो जैसे हाड़-मांस का ही न हो। वह तो बिलकुल पत्थर की मूर्ति की तरह अडिग, शान्त अप्रभावित खड़ी थीं, यंत्रवत!

आखिर थककर नायक ने कहा–यह बुढ़िया तो बला की हिम्मत और इस्पात की शरीरवाली मालूम होती है!–उसकी झुँझलाहट की कोई सीमा न थी। वह उन्हें उसी वक्त मार डालता, अगर उनसे मँझले भैया का पता उगलवा लेने की जरूरत न रहती।

सहसा छपाक की आवाज हुई। मुड़कर देखा, तो माँ लकड़ी के एक कुन्दे की तरह पानी में डूब-उतरा रही थीं। वह सहसा चीख पड़ा–नहीं, नहीं, इसे मरना नहीं चाहिए! इससे अभी हमें काम लेना है।

उसके ऐसा कहते ही दो पुलिसमैनों ने लपककर माँ के ठंड से अकड़े शरीर को पानी से बाहर निकाला।

नायक ने झुककर देखा, साँस चल रही थी। उसने कहा–इसे अभी इसके घर पहुँचा दो। बच गई तो एक बार और कोशिश करके देखेंगे। आज की इतनी परेशानी बेकार ही साबित हुई।

6

बुढ़िया के बच जाने की खबर सुन, पुलिसवालों को वैसे ही खुशी हुई, जैसे शिकारगाह में आग लग जाने पर जानवरों के बच जाने की खबर पा शिकारियों को होती है। दारोगा ने एक क्रूर मुस्कान होंठों पर लाकर कहा–अभी उसे चंगी होने का मौका दो। इस बार मैं खुद चलूँगा। जरा देखूँगा उसका दम-खम!

बेचारे बड़े भैया को क्या खबर थी कि वे माँ की सेवा-शुश्रूषा कर जो उन्हें स्वस्थ कर रहे हैं, वह कुछ वैसे ही है, जैसे कोई रैयत अपने बकरे को मोटा करता है, जिस पर जमींदार की नजर लग चुकी हो।

जरायम पेशावालों से आए दिन साबिका पड़ने के कारण मामूली पढ़े-लिखे दारोगा भी मानव-मनोविज्ञान के अच्छे ज्ञाता हो जाते हैं। दारोगा, बुढ़िया के साथ जो कुछ किया गया था, उसकी पूरी कहानी अपने आदमियों से सुन चुका था। इससे भी अधिक सख्तियाँ किसी के साथ की जा सकती हैं, इसकी कल्पना भी वह करने में असमर्थ था। फिर भी बुढ़िया के मुँह से कुछ भी न निकाला जा सका, यह बात उसके चिन्तन का विषय बन गई। बहुत सोच-विचार करने के बाद आखिर वह इस नतीजे पर पहुँचा, कि बुढ़िया के साथ कोई भी सख्ती कारगर नहीं होने की। मुझे किसी दूसरे उपाय से काम लेना होगा। माँ अपने पर सब-कुछ बेटे के लिए सह सकती है, पर अगर उसी के सामने उसके बेटे पर सख्तियाँ की जाएँ, तो शायद...शायद और सहसा उसकी आँखें चमक उठीं। एक ही क्षण में प्रशंसा, ईनाम, तरक्की और न जाने कैसी-कैसी बातें उसके दिमाग में चक्कर लगा गईं। वह उठा और हुक्म दिया, कि पाँच तगड़े सिपाही तैयार हो जाएँ, और दो मजबूत कोड़े भी स्टोर रूम से निकाल लिये जाएँ। साहब आज 'शिकार' पर जाएगा। थानों में कोड़े नहीं रहते। पर वह जमाना और था। जहाँ मशीनगनों का इन्तजाम किया गया था, वहाँ कोड़ों की क्या गिनती? उन दिनों पुलिस को बड़े लाट से भी कहीं अधिक अधिकार सरकार ने दे रखे थे। वे जो चाहते, कर जाते। कहीं कोई टोकनेवाला न था।

दिन के दो बज रहे थे। बीमार माँ फर्श पर पड़ी हुई थीं। बड़े भैया सिरहाने बैठे उनके सिर में तेल लगा रहे थे, कि बाहर से किसी की कड़कीली आवाज आई–श्रीकृष्ण! श्रीकृष्ण, बाहर आओ!

आवाज में जो अधिकार और अत्याचार का पुट लगा हुआ था, उसी का खयाल कर, बड़े भैया का माथा ठनका। तो कहीं वे दोजखी कुत्ते फिर तो नहीं आ धमके? पर उन्हें अन्दर आने से रोकता ही कौन? वह तो सीधे धड़धड़ाते हुए पहुँच जाते हैं। शायद कोई और हो।

बाहर आ, उन्होंने अभी कुछ देखा भी न था, कि पूर्व योजनानुसार दो सिपाहियों ने उन्हें पकड़कर पटक दिया, और देखते-ही-देखते रस्सियों से उनके अंग-अंग चौंड़-चौंड़ कर बाँधकर जमीन पर छोड़ दिया। फिर दो ओर से दो पुलिस हुमक-हुमक लगे बिना कुछ देखे उन पर कोड़ों की बौछार करने। बड़े भैया चीख पड़े।

बिस्तर पर पड़ी माँ ने बड़े भैया की चीख सुनी, तो हड़बड़ाकर उठ, बेतहाशा बाहर दौड़ पड़ी। अभी वह दरवाजे पर भी न आई थीं कि दो पुलिसमैनों ने लपककर, उनके दोनों बाजुओं को पकड़कर, करीब-करीब उन्हें उठाकर, बड़े भैया के सामने ला खड़ा कर दिया। माँ ने अपनी ही आँखों के सामने बेटे की जो दुर्गति देखी, तो उनके मुँह से भी एक चीख निकल गई–नहीं-नहीं, इसे मत मारो! इसने सरकार का कभी कुछ नहीं बिगाड़ा!

दारोगा के होंठों पर सफलता की एक मुस्कान दौड़ गई। जादू ने अपना काम शुरू कर दिया है। उसने हुक्म दिया—और जोर से! और जोर से!

सट-सट-सटाक! सट-सट-सटाक! कोड़ों में और भी जोर आ गया। बड़े भैया के शरीर के जिस हिस्से पर भी कोड़े पड़ते, चमड़ी उधेड़कर रख देते, खून की धारें छर्र-छर्र फव्वारों की तरह फट पड़तीं। वह चीखते, प्राणों का जोर लगा चीखते जैसे उनकी चीख सुनकर, उनकी रक्षा के लिए कोई आ जाएगा। बड़े भैया का इस तरह के जुल्म से यह पहली बार साबिका पड़ा था। यों भी वह बड़े सीधे, कोमल और निरीह स्वभाव के थे। उन पर ऐसे जुल्म करना गोया गाय पर अत्याचार करना था। मूक, भोली गाय के पास अत्याचार के विरुद्ध चीखने के सिवा चारा ही क्या होता है? उसमें इतनी सहनशक्ति कहाँ होती है, कि वह चुपचाप अपने पर किए गए अत्याचार को सह ले?—मेरे बेटे को छोड़ दो! इसके बदले मुझे मार डालो!—बार-बार माँ प्राणों का जोर लगा, बेहाल हो, चीखतीं, और अपने को पुलिसमैनों की जकड़ से छुड़ा, अपने बेटे पर सुरक्षा की देवी की तरह पंख फैला उसे अपनी गोद में छिपा लेना चाहतीं। पर हाय री विवशता!

दारोगा की एक आँख माँ पर और दूसरी बड़े भैया पर टिकी थी, ठीक उसी तरह जैसे चिड़ीमार की एक आँख कम्पे पर और दूसरी चिड़िया पर होती है।

सट-सट-सटाक! सट-सट-सटाक-कोड़े अन्धाधुन्ध पड़ते जा रहे थे। चमड़ी के बदले अब मांस के जिन्दा टुकड़े कोड़ों से लिपट जाते।

फिर तो वे कोड़ों को फटकारते, तो वे जिन्दा टुकड़े हवा में तड़पते नजर आते। जगह-जगह उनके शरीर की हड्डियाँ नंगी हो गईं। उनकी चीखें भी जैसे अब थककर मन्द पड़ने लगीं।

माँ ने एक बार फिर अपने को छुड़ाने को जोर लगाया, पर दो मुस्टंडों के आगे एक बूढ़ी, बीमार की क्या चलती?

दारोगा ने फिर रद्दा जमाया—और जोर से! और जोर से!—फिर माँ की ओर मुड़कर पहली बार कहा—अब बता दो मँझले भैया का पता, वरना....वरना...

एक बेटे को बचाने के लिए दूसरे बेटे का बलिदान! मूर्ख दारोगा के दिमाग में इस क्रूर व्यापार का यह पहलू शायद नहीं आया था।

तो यह बात है! बड़े भैया के साथ यह अमानुषिक अत्याचार कर, दारोगा मँझले भैया का पता जानना चाहता है! एक बेटे के बच जाने का लोभ दिखा, वह दूसरे बेटे को फाँसी पर चढ़ा देने के लिए माँ से उसका पता पूछना चाहता है! एक आँख के बच जाने का भरोसा दिला, वह दूसरी आँख फोड़ देना चाहता है! माँ के कलेजे के दो टुकड़ों में से एक को छेदकर, दारोगा चाहता है कि माँ दूसरे टुकड़े को निकाल, उसे कबाब बनाने के लिए दे दे। माँ अट्टहास कर उठीं। उनकी दीवानों

जैसी हालत देख, दारोगा हकबकाया-सा उनका मुँह देखने लगा। पर दूसरे ही क्षण जैसे फिर होश में आ बेहद बौखलाकर चीखा—और जोर से! और जोर से!

सट-सट-सटाक! सट-सट-सटाक!

माँ ने दाँतों को जोर से भींचा। उनका चेहरा तमतमाकर सुर्ख हो गया। कनपटियों की बूढ़ी रगें मोटी हो-हो उभर आईं। आँखों में एक अदम्य निश्चय की चमक कौंध उठी। शरीर फूल-सा गया। एक दैवी शक्ति से उनकी रग-रग जैसे फड़कने लगी। और दूसरे क्षण सहसा जो उन्होंने जोर लगा झटका दिया, तो दोनों पुलिसमैन दो ओर भहराकर गिर पड़े और वह बड़े भैया पर जा ऐसे हाथ-पाँव फैलाकर पड़ गईं, जैसे पंछी अपने अंडे पर पंख फैलाकर बैठ जाता है। फिर मुँह ऊपर कर, उन्होंने चीखकर कहा—मारो! अब जितना चाहो, मारो! पर याद रखना, कि तुम भी किसी के बेटे हो, तुम्हारी भी कोई माँ है। भगवान न करे, कि तुम पर भी कोई ऐसी मुसीबत तुम्हारी माँओं की आँखों के सामने ही आ टूटे! —कहकर उन्होंने बेटे के मुँह पर अपना मुँह रख दिया। अब तक उन पर कितने कोड़े बरस चुके थे, यह कोड़े चलानेवालों को भी नहीं मालूम।

दारोगा की रूह काँप उठी। माँ की आवाज जैसे उसी की माँ की नहीं, बल्कि दुनिया की सारी माँओं की चीख बन, उसकी आत्मा में गूँज उठी। बेसाख्ता वह चीख पड़ा—छोड़ दो! माँ जीत गई! जुल्म हार गया!

ऐसी बात दारोगा के मुँह से कैसे निकल गई, इसका जवाब उसने उसी समय थाने में जा, अपना इस्तीफा दाखिल करके दिया।

बड़े भैया, निरीह बड़े भैया के लिए तो एक चाबुक ही उनके प्राण ले लेने के लिए काफी था। कोड़ों की बौछार की ताब वह कहाँ से ला सकते थे? उस दिन माँ उन्हें कोड़ों की बौछार के नीचे से बचा तो लाईं, पर अदृश्य मृत्यु से लड़ने की शक्ति वह मानवी कहाँ से लाती?

कोई कोशिश कारगर न हुई। आखिर बड़े भैया चल ही बसे।

ऐ लड़की

कृष्णा सोबती

– ऐ लड़की, अँधेरा क्यों कर रखा है! बिजली पर कटौती! क्या सचमुच ऐसी नौबत आ गई!

– अम्मी, घर की सारी बत्तियाँ जगी हैं। टेबल लैंप अलग से।

– तो क्या मैं ही रोशनी को अँधेरा कहने लगी हूँ! नहीं-नहीं, अभी मेरे होश-हवास दुरुस्त हैं। हाँ, तुम्हें अँधेरे में चाँदी के साँप दिखते हों तो बात दूसरी है!

चुप क्यों हो गई! जबान हिलाने से कतराने लगी! और तो और, इस सूसन की भी आँखें गूँगी हो गईं!

खटका किस बात का है तुम लोगों को!

– अम्मी, अपने को ढीला छोड़िए। बीमारी की तकलीफ क्या कम है!

– यह तो ठीक कह रही हो। पर इतना जान रख, मैंने बीमारी को अपने अंदर धँसने नहीं दिया। अभी तक तो सबकुछ चाट जाती।

यह बताओ, तुम क्यों नीली चिड़िया बनी बैठी हो!

– अम्मी!

– मेरी देहरी की साँकल तो खुल चुकी! दरवाजे पर खटखट हुई नहीं कि मैं बाहर! मगर, सुन लड़की, मैं मजबूती से अड़ी हुई हूँ। रोग-बीमारी मनुष्य के बड़े दुश्मन हैं...अपने तन-मन तक की नजदीकी चाक कर डालते हैं। देह की अपनी गंध तक बाकी नहीं। दवाइयाँ खून में घुल जाती हैं तो बदन डंठल हो जाता है। सिर पर जाने क्या चढ़ा पड़ा है।

लड़की, इस कमरे में बीमारी का ही छिड़काव हो गया! पुराना रख-रखाव ही ओझल–

– धूप जला दूँ!

– ना, तुम्हारी सूझत कहाँ चली गई! यह मरीज का कमरा है। पूजाघर थोड़े है? हाँ, गुलदान में गुलाब लगा सकती हो, सुगंध आती रहेगी।

भला कहाँ देखे थे बड़े-बड़े सुर्ख गुलाब! याद ही नहीं आ रही। कहीं दिमाग पर भी तो पपड़ियाँ नहीं जम गईं!

– अम्मू, यह फिक्र करनेवाली बात नहीं। फूल तो आँखों के सामने आते ही रहते हैं। हर जगह याद ही रहे, यह जरूरी नहीं।

– दवाओं ने अंदर खलबली मचा रखी है। मैं भ्रांत हो गई हूँ। पर यह बता लड़की, तुममें यह बदलाव कैसा! तुम्हारा हुंकारा पहले जैसा नहीं रहा। आवाज की चिकनाई गायब होती जा रही है!

– अम्मू, कुछ ठंडा आए पीने को!

– बात बदल दी न! चलो यह भी मंजूर है। कुछ भी दो। जो तुम्हारे भंडारे से निकले!

मेरी बात सुन लड़की, रिश्ते अब अदल-बदल हो गए हैं। बेटी होकर तुम मेरी माँ बनी हो और मैं...चल मुझे छोड़–वह जो मेरा मरीज है न...

– कौन अम्मी!

– वही डॉक्टर!

अम्मी हँसती हैं!

– मुझे अपनी बीमारी समझ में आ रही है पर उसे नहीं। देहात्म का निस्तारा तो किसी-न-किसी बहाने होना ही है।

ऊँघ।

फोन बजता है।

अम्मू चौंककर–

– किसका फोन था?

– चचा के यहाँ से था।

– खुलासा तो कर लड़की, मेरे कि तुम्हारे चचा!

– छोटे चचा थे।

– मेरे देवर ही न! मुझसे बात ही करवाई होती! अब वह तुम्हारे चचा ज्यादा

हो गए और मेरे देवर कम! ऐसे बात करती हो जैसे वह मेरा पराया हो। अभी तो मैं जीती-जागती हूँ।

– चचा आपका हाल पूछ रहे थे।

– मेरी बीमारी की बात सबको बढ़ा-चढ़ाकर तो नहीं बता रही! मैं ब्याहकर आई तो छोटा-सा था। चार-पाँच का रहा होगा। किसी नटखट लड़की ने मेरी गोद में बिठा दिया...

– आप शरमाईं!

– मैं थी तो दुल्हन, पर वह तो बच्चा था। नन्हा-सा मेरा देवर। बस, मैंने सहलाकर चूम लिया! बड़ी मनभावन घड़ी थी वह! देख-देख लड़कियाँ, बड़ी-बूढ़ियाँ हँस-हँस गईं। मेरी गोद शगुनों से भर गई। नारियल, बादाम, छुहारे...

वैसे बूढ़े-बीमारों का हाल-चाल पूछना हफ्ते में एक बार भी काफी होता है। अभी मैं कुछ देर हूँ!

मेहनत से कमाया हुआ जिस्म है। घुलते-घुलते भी वक्त लगेगा। सुन रही हो न?

– जी!

– लड़की, बूढ़ों के लिए न दिल में जगह रहती है, न घर में। मैंने तो पूरा कमरा घेर रखा है। बाद में फर्श बिछाकर अपना संगीत रख लेना।

– अम्मू, ऐसी बातों की क्या जरूरत है?

– कुछ नहीं! यूँ ही फड़फड़ा रही हूँ!

तुमने मेरा पिछला वक्त निभा दिया, अच्छा किया।

माँ बनकर मैंने तुम्हें दूध पिलाना था और तुमने बेटी बनकर पीना था। लड़की, यह बंधन निरे हाड़-मांस का नहीं, आत्मा का है। एक-दूसरे से गुँथा हुआ। पर री, जाने क्यों तेरा मणका अलग जा पड़ा है!

कहाँ जा रही हो! उठ क्यों रही हो! अभी यहीं बैठी रहो मेरे पास।

अम्मू ऊँघ जाती हैं।

छोटी-सी नींद से जगकर–

– सो गई थी मैं। आँखों के आगे तुम्हारी नानी का मुख झिलमिलाता रहा। जाने कितने बरसों बाद माँ सपने में दीखी। वही उसका हरा मूँगिया जोड़ा और ओढ़नी में से झाँकता उसका स्तन।

अम्मू तनिक हँसती हैं।

– देख रही हूँ सपना पर मन में यह कि थोड़ा-सा दूध और क्यों न पी लिया? अभी छोटी ही थी मैं कि अगली बहन आन पहुँची।

जब-जब माँ को दूध पिलाते देखती तो मैं मगन-सी हो जाती। टकटकी लगाए देखती रहती।

एक दिन माँ ने पूछ ही लिया–क्यों री, ऐसे क्या देखा करती हो! तुम छोटी थी तो तुम भी इसी तरह गोद में लेटकर मेरा दूध पिया करती थी।

मैंने माँ से पूछा–एक बार और पी लूँ!

लड़की, मेरी बात सुनकर माँ गुस्सा न हुईं! ठुड्डी छूकर कहा–मुनिया, माँ का दूध एक बार छूट जाता है तो दुबारा मुँह नहीं लगता! अब यह तेरी छोटी बहन का हिस्सा है। इसका अरमान नहीं करते। यह कुदरत का नियम है। बड़ी होकर सब समझ जाओगी।

– लड़की, उस दिन की ही तो बात लगती है! जब माँ बैठी छोटी बहन को दूध पिला रही थी।

बच्चा हो गोद में तो समझो तीनों लोक एक मिश्री के कूजे में। हाँ, माँ को खुराक खानी पड़ती है। बच्चा सब खींच लेता है।

एकाएक लड़की को घूरकर–

– इस चमत्कार का तुम्हें क्या पता! इसकी जानकारी किताबों में नहीं मिलती। दीवारों को देखते चले जाने से उन पर तसवीरें नहीं खिंचतीं! ऐसा हो सकता तो जाने तुम क्या-क्या न आँक लेतीं। न लड़की, सेमल के पेड़ से भी कभी सेब उतरते होंगे!

लड़की खीजकर उठ खड़ी होती है।

– मैं तुम्हें चुभा थोड़े रही हूँ? सखी-सहेलियाँ भी ऐसी बातें कर लेती हैं।

– मैं किसी से ऐसी बातें नहीं करती और न ही सुनती।...

– कैसे सुनोगी! सब सपाट है। बीहड़। मुझे तो कुछ दीखता नहीं। क्या तुम्हें दीखता है!

लड़की तमतमाई-सी कमरे से बाहर हो जाती है।

अम्मी अपने खयालों में–

– पहले इनसान बनाता है। जमा करता है। यह मेरा है। यह भी मेरा है। फिर धीरे-धीरे मुट्ठी खुल जाती है। सब सरकने लगता है।

देह तो एक वरण है। पहना तो इस लोक में चले आए। उतार दिया तो परलोक। पर-लोक। दूसरों का लोक। अपना नहीं।

जाने कितने नक्षत्र स्थित हैं इस ब्रह्मांड में। कोई जीनेवालों का। कोई मरनेवालों का। और कोई हम जैसे बीमारों का।

सूसन, मेरी बात सुन। यह बुढ़ापा आदमी की सारी शोभा खींच लेता है। जिस पर भी उतरे यह समय, बहुत बुरा।

फुसफुसाकर अपने से ही–

– ऑप्रेशन, डॉक्टर, दवा-पट्टी, इंजेक्शन, गुलूकोस, ऑक्सीजन...डॉक्टर बनकर जिस्म को फरोल डाला। मार सैकड़ों सुइयाँ चुभो डालीं। बदन में अब रह ही क्या गया! सिर्फ आवाज बाकी है।

छत को देखते रहो या आँखें मूँदे अपने पिछवाड़े को।

कभी तो ऐसा भासता है ज्यों किन्हीं तहखानों में जा उतरी होऊँ। पुरानी-से-पुरानी परछाईं आँखों में घूम जाती है।

सोचें तो व्यतीत से भी क्या डरना! अगन से पहले का धुआँ है!

कुदरत ने काया की जड़त तो सौ साल के लिए बना रखी है! गिरकर टाँग न टूट जाती तो मैं अच्छी-भली थी!

सूसन दवा पिलाकर बत्ती हल्की करती है–

– अम्मीजी, थोड़ी नींद ले लीजिए।

– सूसन, तुमने मेरी बड़ी सेवा की है। कैसे उतारूँगी! कभी- कभी तो अपने को गुनहगार समझने लगती हूँ।

लड़की को अंदर झाँकते देख–

– चली आओ। आ जाओ। कुछ देर मेरे पास बैठो। सुनो, मैं झाड़-झंखाड़ में से गुजर रही हूँ। पहाड़ी पर देखी है न झड़बेरी, काँटेदार! मेरे सिर में वही उगी पड़ी है।

– अम्मी, नींद की गोलियों का असर है।

– लड़की, लगता है, सूखे पत्तों की रूखी बारिश हो रही है। पनीली बरसात नहीं।

– लड़की, पहले माँ-बाप अँगुली पकड़ बच्चों को कदम भरना सिखाते हैं। फिर वही बूढ़े होकर अपने बच्चों के बच्चे बन जाते हैं।

तुम्हारे बोझ को समझती हूँ। क्या बहुत थक गई हो!

दो-चार दिन कहीं बाहर क्यों नहीं लगा आती!

– थकन नहीं अम्मू, जकड़न में जकड़ी हुई हूँ।

– लड़की, बीमारी का खौफ है। तुम्हारा भार-तौल अच्छी तरह जानती हूँ।

उछाह और उदासी–तुम्हें दोनों रास नहीं आते। यह मनाओ कि अगला वृत्त जल्दी आए और तुम्हारी माँ भी छुटकारा पाए!

– अम्मू, यह क्या सोच रही हैं आप! मन की शक्ति लगाइए और ठीक हो जाइए। आपकी इच्छा-शक्ति को तो डॉक्टर भी सराहते हैं।

– कहती तो ठीक हो। बचपन में मैं अपनी हवा से ऊपर उठ जाती थी। बदन में बड़ी मजबूती थी। अंदर अग्नि का कुंड होता है। शरीर उसी से सेंक खींचता है। पर लड़की, मेरे दोनों डॉक्टर तो उसे ठंडा करने पर तुले हैं।

थोड़ी देर ऊँघकर–

– तुम लोगों ने तो मुझे बूढ़े ही देखा है। उस लड़की को नहीं जो तुम्हारी माँ बनने को थी। जाने कितनी पुरानी बात हो चुकी। किसी दूसरे जुग की घटना लगती है। दूसरा! दूसरा ही तो!

न आकाश समाप्त होता है और न धरती। सिर्फ पाँववालों की दौड़ शेष हो जाती है।

एकाएक चौकस होकर–

– लड़की, अनाप-शनाप तो नहीं बोल रही? बोलने लगूँ तो टोक दिया कर।

लड़की कुरसी से उठ खड़ी होती है।

– अभी न जाओ। कुछ देर बैठी रहो। उस कमरे में तुम्हारा क्या पड़ा है? है कुछ? अगर है तो मुझे बता दो। मुझे जानना चाहिए। मैं जानना चाहती हूँ।

– नहीं, कुछ भी नहीं!

अम्मू अपने आप–

– सिर-मस्तक-मुख-नेत्र-नाक-कान-कपोल-हाथ-पाँव-कटि-रचने वाले ने भी क्या रच डाला! अंदर लगा दी पल-छिन वाली घड़ी। न एक साँस ज्यादा और न कम। जो इस दुनिया में घर बनाकर बैठते हैं उन्हें आखिर तो सरकना ही पड़ता है।

– अम्मू, कुछ और बात करें।

– विरक्त हुई पड़ी हो। जो तुमसे बाहर हो रहा है भला उससे भी क्या ऊबना-झुंझलाना! मरीज पड़ा है, पड़ा रहने दो। बुलाया तो हाँ कह दिया, कुछ माँगा तो आगे कर दिया।

– अम्मू, आप बड़ा सख्त इम्तहान लेती हैं।

– नहीं लड़की! अब किसी को जाँचने-तौलने का मेरा धर्म नहीं। तुम्हें बार-

बार बुलाती हूँ तो इसलिए कि तुमसे अपने लिए ताकत खींचती हूँ। तुम्हें देखकर लगता है अभी हूँ! हूँ अभी!

– अम्मी, मन को क्या-कुछ घेरे रहता है?

– लड़की, यह बतानेवाली बात नहीं। संताप। ऐसा कि हर किसी को अकेले ही झेलना पड़ता है।

– ममू, क्या बहुत तकलीफ है?

– नहीं, ज्यादा नहीं। हाँ, अगली-पिछली सब आँखों के आगे जुटी रहती हैं। लड़की, मेरा ध्यान पलटा दिया कर। मेरी सुध-बुध मुझे कुछ ठीक-सी नहीं लग रही। अजीब भुतैले-से दिन-रात कमरे में छाए रहते हैं।

– अम्मू, क्यों न पहाड़ों की बातें करें? क्या शिमला से शुरू करें?

– मेरा पहला पहाड़ी सफर कालका से शिमला ही था।

ब्याहकर सबसे पहले वहीं गई थी। दिल में खूब उमंग-उल्लास।

कालका से छोटी गाड़ी में बैठी तो खिड़की से बाहर ही देखती रही। पहाड़ों के सिलसिले और ऊँचे घने पेड़। बुरूस के फूल तो ऐसे ज्यों पताकाएँ लहराती हों!

अम्मू सहसा आजिजी से–

– लड़की, उन राहों को क्या एक बार देख सकती हूँ? मुझे वहाँ ले जा सकती हो क्या?

– क्यों नहीं! आप जरा बेहतर महसूस करें तो जाने की बात सोची जा सकती है।

– परचा रही हो। पर चलो, यह सुनना भी अच्छा लगता है!

– अम्मू, फिर कालका-शिमला सफर में क्या कुछ हुआ?

– तुम्हारी दादीमाँ ने रास्ते के लिए एक टोकरी बना रखी थी। नीबू, संतरे, अचार, चूर्ण, आम पापड़। ज्यों ही गाड़ी सुरंग से बाहर निकले, मुझसे पूछें–बहू, चक्कर तो नहीं आ रहा? दिल तो नहीं घबरा रहा? न कहकर मैं दुबारा खिड़की से बाहर देखने लगूँ।

तुम्हारे पिताजी को मेरी यह 'न' पसंद न आई।

रौब से बोले–जवाब तो ढंग से दो। हो ही नहीं सकता कि तुम्हें चक्कर न आता हो।

तुम्हारे दादा साहिब साथ थे इसलिए कुछ कहने में संकोच हुआ। फिर सोचा, सही बात कहने में हर्ज भी क्या है!

मैंने कह ही दिया–मेरा फैसला है कि मुझे चक्कर नहीं आना चाहिए तो आएगा कैसे!

तुम्हारे पिताजी के तेवर चढ़ गए—यह पहाड़ी घुमाव हैं, यहाँ अपने फैसले काम नहीं आते!

दादा साहिब ने बेटे को गुम-सा इशारा किया और हँसकर कहा—हम अपनी बेटी से बहुत खुश हैं। घुड़सवारी करती रही है। घोड़ों को काबू करना जानती है। इसी से अपने पर भरोसा रखती है।

तुम्हारे दादा-दादी दोनों हँसते रहे, पर तुम्हारे पिता खामोश बने रहे! जाने क्या था, सहज भाव से कही यह बात हम दोनों के बीच बहुत देर तक पड़ी रही।

बीच-बीच में तुम्हारे पिता बड़ी गम्भीरता से कहते—अपने को सँवारने के लिए बहुत-कुछ सीखना पड़ता है। सिर्फ घोड़े की सवारी से काम नहीं चलता। लड़की, मर्द का दबदबा रहना ही चाहिए। उसका स्थान नीचे नहीं, ऊपर है।

अगर पुनरागमन की बात में कुछ तत्त्व है तो अगले जन्म में पुरुष बनकर देखना चाहती हूँ। पता तो लगे चलवंत सैनिक कैसे स्त्री और परिवार पर छाया रहता है?

हँसने की नहीं, यह गहरी बात है। हर औरत इसे समझती-बूझती है।

छोटी-सी नींद के बाद—

– फिर चाय पी रही हो! दूध में कुछ ले लिया करो! थकन घुल जाती है।
– अम्मू, आप अब कुछ ताजा महसूस कर रही हैं न?
– हाँ। तुमसे बात करते-करते सो गई। जाने खयाल कहाँ अटका हुआ था? सपने में देखती हूँ, गाढ़ी धुंध में चली जा रही हूँ। कभी लगे, जाखू राउंडवाली चढ़ाई पर हूँ। कभी भान हो, टूटी कंडीवाली उतराई उतर रही हूँ।

चल अकेले रही थी, पर कोई आहट मेरे पीछे-पीछे भागती आती रही। पहचान करने की कोशिश की तो एड़ीदार जूती की आवाज पीछा कर रही थी।

सपने की बात देखो, समरहिल की सुरंग के पास पहुँचकर एकाएक पहचान लेती हूँ कि यह आवाज तो मेरी अपनी जूती की है। मेरी बड़ी पुरानी जूती थी। शादी के बाद तुम्हारे पिताजी ने चीनी शू-मेकर से बनवाई थी। क्रीम रंग का हल्का चमड़ा, रेशम जैसा नरम। छोटी-सी एड़ी। चलने में ऐसी हल्की कि आँख झपकते मशोबरा पहुँच जाएँ।

लड़की, मैं चलती भी बड़ा तेज हूँ। न री? कभी चलती थी! अब कहाँ! जरूर अहंकार किया होगा।
सामने आ गया।

लम्बी चुप्पी के बाद अम्मू आँखें खोलती हैं–

– बर्फ खूब पड़ी है। गिरजा मैदान बर्फ से ढँका पड़ा है। गिरजे की घड़ी भला क्यों बंद हो गई! कब से घंटे नहीं बजे! जरा देखना तो, वक्त क्या है?

लड़की कलाई की घड़ी देखती है।

– चार।

अम्मी अपनी ही रौ में–

– कालका पहुँचने ही वाले हैं। बड़ोग तो कब का निकल चुका। वहाँ जैसी चाय कहीं नहीं।

लड़की टेबल-लैंप के पार टुकर-टुकर देखती है।

अम्मू हाथ से बिस्तर टटोलकर–

– मेरा फर वाला कोट कहाँ है? पहने हुए थी न मैं! ऊपर की सीट पर तो नहीं पड़ा! ढूँढ़ो! मेरी पसंद का कोट है। इसकी फर तुम्हारे पिताजी किसी भोटिया से लाए थे। मिला?

– जी, आपकी आलमारी में पड़ा है।

अम्मू देर तक खामोश हुई रहती हैं।

फिर भड़ककर तीखी आवाज में–

– तुम लोगों ने मेरे सामान को अभी से इधर-उधर करना शुरू कर दिया। बुरी बात है यह!
सूसन, कैबिनेट में से मेरी ऐनक निकालकर लाओ। मेरे दाँत भी ब्रश से साफ करके दो। भला तुम्हें इसका खयाल क्यों नहीं आया! मरीज के लिए यह तुम्हारी ड्यूटी है। देख रही हो न लड़की, इसकी लापरवाही!
मेरे पर्स में मेरी चाबियाँ भी पड़ी थीं। मुझे दिखाओ लाकर–पड़ी भी हैं कि नहीं।

लड़की आलमारी में से पर्स निकालकर माँ को देती है।

अम्मी पर्स खोल चाबियों का गुच्छा देखती हैं।

फिर कुछ याद हो आने की मुद्रा में–

– इसमें मेरी गिन्नियाँ भी थीं।

– अम्मू, निश्चिंत रहिए। लॉकर में पड़ी हैं।

अम्मू गहरी सोच में आँखों से कमरा टटोलती हैं–

– एक बात तो बता लड़की, बहुत दिनों से तुम्हारे पिताजी को नहीं देखा, कहाँ हैं?

लड़की माथे को छूकर–

– अम्मी, थोड़ा आराम कर लो। फिर सुबह की चाय बनाएँगे।

अम्मी हताश-सी दरवाजे की ओर देखती हैं। फिर कमजोर आवाज में–

– मुझे कुछ खाने को दो। मेरा मुँह सूख रहा है।

लड़की सूसन से–

– मेवेवाला डिब्बा जरा देना।

बीज निकालकर लड़की अम्मू के मुँह में मुनक्के डालती है।

अम्मी देर तक चुभलाने के बाद–

– जाती बहार का मेवा है लड़की, यह सुख है सुख। बादाम का पेड़ कभी देखा है तुमने? नहीं देखा! ओ हो, कैसे देखती तुम! लड़की, उस एक ही सुख में से कई सुख उपजते हैं। नहीं मिला न तुम्हें!

भोर।

लड़की खिड़की-दरवाजों के परदे खींच उजाला करती है।

अम्मी देर तक घूरती हैं। एकाएक तीखी आवाज में–

– मेरा यह काम तुमने कबसे सँभाल लिया!

आखिर मुझे सरकाकर तुम 'मैं' बन ही गई न! यह काम तो उम्र-भर मेरे जिम्मे रहा। पहले परदे खींच लिए, फिर खींच दिए।

– अम्मू, आप कुछ सो पाईं?

– हाँ। पहले पहर ही।

लड़की, भोर बड़ी संपदा है। जिसने सोकर इसे गँवाया, उसने बहुत-कुछ खो दिया। आँखों से न रात और दिन का मिलन देखा और न उनका अलग होना। पंछी जब चहचहाते हैं उषा की ललाई में, तो पूरी सृष्टि गूँज उठती है। सुबह का उठना बड़ा मंगलकारी है। तुम्हारा कुनबा रात को नहानेवाला। पर लड़की, मैंने इस परिवार की देखा-देखी अपना नियम नहीं बदला। मुँह-अँधेरे स्नान।

पड़ती बर्फ में मैं सुबह-सुबह अकेली ही जाखू राउंड लगा आती थी। तुम्हारे पिताजी उठते थे देर से। लौटकर उन्हें चाय दिया करती थी।

लड़की, सरदियों में बानर सेना जाखू से उतरकर सड़कों पर फैल जाती। इधर-उधर कूदती-फाँदती रहती। एक सुबह मुझे घेर लिया। छड़ी तो हाथ में थी, पर मैं रुककर प्यार से बोली—न बेटा, माँ को जाने दो। कल तुम्हारे लिए चने लाऊँगी।

लड़की, बानर सब समझते हैं। किनारे हो गए और मुझे रास्ता दे दिया।

– अम्मू, और चने?

– अगले दिन ले गई।

– यह दीख रही है मुझे गिरजा मैदान वाली सड़क और शिमला वाले घर का बड़ा कमरा। बर्फों में दिन-रात अँगीठी जलती रहती। जाने कहाँ खिसक गए वे दिन!

– सूसन, अम्मू को धो-पोंछ दिया है क्या?

– क्या बात कर रही हो! मैं कपड़ा थोड़े ही हूँ जिसे धो-धुलाकर सूखने को फैला देगी?

कुल्ला कर लिया, हाथ-मुँह धुलवा लिया, बिस्तर बदलवा लिया। अब तो सुबह के अम्ल का इंतजार है। चाय।

लड़की चाय की ट्रे मेज पर रखती है।

– यह लीजिए, गाजर का मुरब्बा।

अम्मू खुश होकर–

– मुरब्बा ही काफी था। ऊपर से मलाई काहे डाली? तुम्हारी तालीम पूरी नहीं! करोगी तो बारिश सराबोर, नहीं तो रखोगी बिलकुल सूखा!

सहसा तेवर चढ़ाकर–

– कहीं इसी जन्म में ही तो सब कुछ नहीं लौटा रही कि चलो लेन-देन का सिलसिला ही खत्म हो! तुममें अदाकारी की कमी नहीं। आखीर तक खींचती जाओगी! जानती हो न, खाने-पीने के अलावा माँ में अब कोई सूझ बाकी नहीं।

सूसन सिरहाना रख अम्मी का सिर ऊँचा कर, चाय का प्याला देती है।

अम्मी हाथ में लेकर उमंग से,

– चाय पियो, लम्बी आयु जियो—चाय कम्पनी का यह नारा मुझ पर खरा उतरा है। इसी का प्रताप समझो कि अब तक हूँ।

घूँट भरकर–

– मेरी उम्र के पहले अट्ठारह बरस अलग निकाल दो। तब तक तो पीती

रही दूध। उसके बाद दिन में चार प्यालों के हिसाब से गुणा कर यह निकालो कि इस औरत ने कुल कितने प्याले चाय पी।

अम्मू हँसती हैं—

– पता नहीं, अभी कितने प्याले और बाकी हैं।

लड़की अपना खाली प्याला मेज पर रख देती है—

– अम्मू, आपकी पसंद का रिकार्ड लगा दूँ?

– पहले दूसरा प्याला बनाओ। सुबह की चाय किसी संगीत से कम नहीं। पानी हो ठीक खौला हुआ, प्याला हो गरमाया हुआ, केतली में पत्ती हो जानदार, फिर इससे मीठी लय-सुर कौन-सी!

सूसन हँसती है—

– अम्मीजी, आपको तो चाय कम्पनी से ईनाम मिलना चाहिए था!

– मुझे मिल चुका है। नुमाइश के कूपन पर डिब्बे मिले थे, लिपटन ग्रीन के। लड़की, मेरे रसोईघर में कई फेर-बदल हुए, पर चाय वही लिपटन ग्रीन। बच्चो, यह बरकत जीनेवालों की है। जब तक जियो, पीते रहो। पीते रहो। बाद में यह प्याला तो लावारिस पड़ा रह जाएगा।

केतली से चाय उँड़ेलते लड़की का हाथ थम जाता है।

– न-न, रोको मत। प्याले को अधूरा रखना ठीक नहीं।
उसकी भी कोई इज्जत है।
दूसरों को पिलाता है, पर खुद नहीं पी सकता।
सोचो, जिस घड़नेवाले ने इसे पहली बार घड़ा होगा,
उसे क्या पता होगा कि उसने क्या बना डाला?
लड़की, प्याला बना ही इसलिए कि उठाओ और पी जाओ। जब तक पी सकते हो, पीते रहो।

लड़की खिलखिलाकर हँसती है—

– अम्मू, एक बार फिर से हो जाए...

अम्मू पहले हैरानी से घूरती हैं, फिर गुस्से में—

– फिर से क्या हो जाए? मजाक उड़ाती हो? मुझे बीमार समझकर टोंचती हो? बहुत बुरी बात है।

– नहीं-नहीं अम्मी, ऐसा न सोचिए।

– हूँ...! मैं ही बेकार सोचने पर लगी हूँ! समुद्र किनारे बैठी लहरें गिन रही हूँ न! जानती हो, तुम मुझसे बकारा करवा रही हो।

– अम्मू, मैंने तो भोले भाव से कहा था। आपको बुरा लगा, माफी माँगती हूँ।

– यह न भूलो कि तुम माँ से बात कर रही हो, फोन पर टाफियाँ नहीं बाँट रहीं। किसी को हँसकर, किसी को मजाक से, किसी को शोखी से। बारीकी से सोचो तो तुम अपने-आप में हो क्या! तुम-सी तो नानी-दादी बन चुकी हैं। अपने दिल से अब भी नई-नवेली बनी फिरती हो!

लड़की दीवार पर आँखें गड़ाए रहती है।

– तुम इन दिनों किस बात की इंतजार में हो, यह मैं अच्छी तरह जानती हूँ। यही न कि माँ जाए और फुरसत हो। इतना बता दो कि खुदमुखत्यारी चलाओगी किस पर! तेरी पंक्ति में कोई नहीं!

न किसी की माँ, न दादी, न नानी। लड़की, तुम हो वनस्पति-कुश-घास-तिनका! जो कह रही हूँ वह समझती तो हो!

लड़की चीखकर–

– बस अम्मी!

– कुछ अनुचित नहीं कहा। ठीक ही कह रही हूँ। यह बात किसी और तरह नहीं कही जा सकती।

लड़की कुरसी से उठ खड़ी होती है।

– कहाँ जा रही हो?

– ताजा चाय लेकर आती हूँ। क्या इलायची डले?

– मेरे लिए इलायची डलती है दूध में। मैंने आज तक चाय में नहीं पी।

सूसन ट्रे उठाती है।

– नहीं-नहीं, यहीं रहने दो। चाय नहीं, मेरी बेटी दूध बनाकर लाएगी। पहले खूब गरम करेगी। फिर औटाकर झाग मारेगी। पीसकर उसमें बादाम डालेगी। इतने कि गिरी की खुशबू ही दब जाय। सूसन, सुन रही हो! इसके हाथ पर आँखों की निगरानी नहीं।

परिवार लगता है तो हाथ पहचान करता है। आप ही संयम बाँध लेता है। इसकी तो बस आई चलाई। मर्यादा का रंग तो कुछ और ही होता है। न बहुत बढ़ा-चढ़ा और न बिलकुल सिकुड़ा हुआ। घर-गृहस्थी माप-तौल सिखाती है। मूठ पड़नी है तो मूठ, चुटकी डलनी है तो चुटकी। पर इसका सब काम अंदाजे के बाहर। झुँझलाई रहती है...जाने क्यों!

दो-चार जन काम करनेवाले हैं, फिर भी यही कि मैं थक गई हूँ। थकी हुई हूँ।

मेरी बीमारी को भी काम बना रखा है। मैंने तो इसे उम्र-भर रात को सोते नहीं देखा। न संग, न साथ। किताबों से निकलता है वक्त। ऊपर से अदा देखो–अकेले होने का भी अहंकार।

सूसन को मुस्कुराते देख–

– तुम क्या सुन रही हो? किसी की बात नहीं सुनते, मैं अपने से फोन कर रही हूँ।

लड़की दूध लेकर–

– अम्मू, फोन पर बात करेंगी? क्या नंबर मिला दूँ?

– भला तुम मेरा नंबर क्यों मिलाओगी? सात परदों में रखी मेरे दिल की बात पकड़ोगी! लड़की, तुम मुझ पर पहरेदारी कर रही हो। यह अच्छी बात नहीं।

– अम्मू, जरा घूँट भरकर देखिए कैसा बना है? चीनी तो ठीक है न!

– हाँ। तुम चखकर देख चुकी हो। मुनक्के, इलायची, दालचीनी और गिरियाँ गिनकर पाँच।

– अम्मू, यह कैसे जान लिया?

– आवाज से। तुम तोड़ रही थी न, तो मेरे कान देख रहे थे। वानप्रस्थ उतरा हुआ है। कान देखते हैं और आँखें सुनती हैं। पकी उम्र खाली आहटें ही चुनती रहती है।

– लड़की, एक बात तो बता! एक सिरा पकड़ती हूँ तो दूसरा कहीं फिसल जाता है। कोई पूछे, कूल्हे की हड्डी टूटने से याददाश्त का भी क्या संबंध!

– अम्मू, ऐसी कोई बात नहीं। आप मुझसे ज्यादा चौकस और चौकन्नी हैं। डॉक्टर से पूछिएगा–अपने मरीज के बारे में क्या कहते हैं।

– डॉक्टरों को तो मैं अच्छी तरह जानती हूँ, कहीं मेरी बात न पूछ लेना फोन पर। पलटकर जवाब देगा कि तुम्हारी माँ के दिमाग में खलल है। इसके साथ ही एक और दवा शुरू कर देगा।

दोनों हँसती हैं।

– लड़की, मरीज हो पुराना तो उसके शरीर पर कोई दोष लगा दो। असल में तो बड़ी उम्र ही गुनहगारी है। हाँ, अपने डॉक्टर साहिब की किताब में अभी बीमारियाँ खत्म नहीं हुईं। परचियों पर परचियाँ। न दम दवा में, न फीसों में। पर नहीं, मेरे डॉक्टरों ने मेहनत कम नहीं की। यह शरीर ही पुगा हुआ है।

आखिर तो...

– अम्मू, इस बात को कुछ देर भूल जाइए।

– कहती तो ठीक हो, पर बताओ मैं भी क्या करूँ? घिर गई हूँ दुश्मन से। रोग–बीमारी तो वैरी ही हुए न! हाय–हाय के सिवा अब और है भी क्या? घायल हुआ पड़ा है शरीर।

लड़की, अब इस बिछौने के आसपास चूड़ियों की छनकार थोड़े सुनाई देंगी? न ही ताजा बच्चे की रुलाई! जितना ताम-झाम डॉक्टरों ने यहाँ जुटाया है, उतने में तो बच्चा खड़ा हो जाता! लड़की, बच्चे खयालों से नहीं बनते। बनाने में मेहनत लगती है। खून-पसीना एक हो जाता है माँ का।

लम्बी चुप्पी।

– बच्चे को जन्म देकर ही इनसान मौत को ललकारता है। अरी, भैंसे की सवारीवाली तुम नष्ट करोगी और हम सूरज के प्रताप से उत्पन्न करेंगे। लड़की, इस ब्रह्मांड का महानायक सूरज है। बाकी सब ग्रह उससे छोटे हैं।
– अम्मू, कहते हैं कुंती को सूरज से पुत्र हुआ था।
– नहीं। सूरज ढाँप लेता कुंती को, तो जीव की नस्ल ही खत्म हो जाती। असल बात यह है कि सृष्टि का हर नर सूरज से शक्ति खींचता है। उसी की कृपा से अपने तपोबल को जगाता-गरमाता है।
– और नारी...?
– उसकी इष्ट है पृथ्वी। वह पराशक्ति बनी पुरुष के आगे-पीछे व्याप्त हो जाती है। समेट लेती है उसे अपने घेरे में।

– सूसन, क्या कर रही हो? बत्तियों को न जगा-बुझा। मुझे अँधेरा नहीं भाता। मैं अभी सोने नहीं लगी।

अम्मू आँखें मूँद लेती हैं।
एकाएक आँखें खोल देर तक लड़की की ओर देखती चली जाती हैं।

– क्यों अम्मू?
– लड़की, मेरे जाने तुम्हें दीमक लग चुकी है। अब तक तो तेरा अंदर-बाहर सब चाट गई होंगी।
यह तो बता, तुम भी यहाँ से क्यों न हिली! अपनी ही जड़ों को खींचती रही! तुम्हारी मंशा क्या थी?
चुप न बनी रहो। कुछ बोलो। मुझे जवाब दो।
– अम्मू!
– यही कहना चाह रही हो न कि तुम्हारे जिम्मे मैं ही पड़ी थी! लड़की, अगर तुम्हें पता ही था तो क्यों न गले से साँप उतार परे फेंक दिया! तुम्हारे हाथ तो न जकड़े हुए थे किसी ने!

सुन लड़की, इस दुनिया में कोई किसी का इरादा नहीं चुरा सकता। इसका कसूर मेरे सिर कभी न धरना। न आज और न कल।

अम्मू थकन से आँखें मूँद लेती हैं।

सूसन अम्मी को ग्लूकोस देती है। अम्मी चुस्त हो उठती हैं।

लड़की को कुरसी पर बैठे देख खुश होती हैं।

– सुन लड़की, छोटी थी न मैं, तो आँगन में बैठी-बैठी पेड़ों को देखा करती। मेरे दादाजी ने मुझे कई बार ध्यान लगाए देखा होगा! एक दिन पास बिठाकर पूछा– इस तरह टकटकी लगाए क्या देखा करती हो? यह पेड़ तो फलदार भी नहीं! दादाजी, मैं तो पेड़ों का छत्तर देखती हूँ। धूप में लहराते पत्ते आधे चाँदी के और आधे हरे-हरे दीखते हैं। हवा में हिलते हैं तो बहुत सुंदर लगते हैं। लड़की, मेरे दादाजी बड़े खुश हुए। कितनी देर सिर पर प्यार फेरते रहे। फेरते रहे। ऐसे उड़ गया वह समय ज्यों पेड़ पर से पंछी उड़ जाता है। चलो छोड़ो! अब इस कथोपकथन में क्या रखा है!

– सूसन, मेरी सिलाईवाली पिटारी में से सुई-तागा निकालकर ले आ...न, उसे रहने दे। मुझे ऊन की लच्छी दे दे। लेटे-लेटे गोला बनाती रहूँगी। अगर कुछ न किया तो मेरी अँगुलियाँ जड़ हो जाएँगी।

लम्बी साँस लेकर–

– लड़की, मेरे हाथ सो रहे हैं। अँगुलियाँ नम हो रही हैं।

लड़की पास झुक हाथ छूती है।

– यह क्या अम्मू? बदन तो तप रहा है!

– दर्द बड़ा सख्त। लड़की, यह मौत बड़ी कटखनी है। अगला-पिछला सब वसूल लेती है। बीच में कुछ नहीं छोड़ती।

काँटों पर बिछी है मेरी पीठ। घाव बड़े गहरे हैं। अब और जाने क्या उभर आया है!

सूसन, करवट देकर देख तो सही, क्या नया उत्पात उठा है! सलाख के आसपास पस भर गई होगी।

सूसन और लड़की दोनों झुककर देखती हैं।

– इतना बड़ा उभार! मवाद से भरा है। डॉक्टर साहिब का देखना जरूरी है। अम्मू, पहले क्यों नहीं बताया?

– चुप रहो, मेरा मुँह न खुलवाओ। यह सब देखने की ड्यूटी सूसन की और तुम्हारी थी।

सूसन बिस्तर बदलती रही है। सच्चा-झूठा चार्ट लिखती रही है। बुखार मुझे कल भी था।

– अम्मीजी, गलती मेरी है। मुझे माफ कर दीजिए।

– मैं कुछ न कहूँगी। डॉक्टर साहिब आप ही तुम्हारा कान खींचेंगे। दूसरों के बस में पड़ा मरीज मौत से पहले ही मरा हुआ होता है।

लड़की को फोन उठाते देख–

– छोड़ दे लड़की! अब डॉक्टरों के पास मेरा कोई इलाज बाकी नहीं। दिखाने के चोंचले हैं सिर्फ...भरम में डालने के लिए!

रुक-रुककर, अपने-आपसे ही–

– एक तो हुई हड्डी को कचोटती सलाख, दूसरी मेरी पीठ! पुराना ढाँचा है। जाने कहाँ-कहाँ से उधड़ा है। आखिर पता तो लगे मुझे हुआ क्या-क्या है!

लड़की पास आकर–

– अम्मू, पीठ पर बिस्तर के घाव तंग कर रहे हैं आपको!

– उम्र-भर तो शरीर ने बिस्तर को सहार लिया और अब इसी में पड़े-पड़े बनत बनने लगी! समय!

लड़की, मेरी बात सुन! निधि चुक जाए तो शक्ति का भंडार भी शेष। बुढ़ापा इसे ही तो कहते हैं।

– सूसन, बिस्तर बाद में ठीक करना। पहले मेरे हाथ-मुँह पोंछ दो।

सूसन अम्मू के मुख पर तौलिया फिराते हुए–

– अम्मीजी, आपने मुझे माफ कर दिया न!

– दीदी को मना लो, नहीं तो तुम्हें भेजकर ही दम लेगी। दिल की बड़ी सख्त है। मेरी दूसरी बेटियाँ अपने पिता पर गई हैं। न सख्ती कर सकती हैं, न सह सकती हैं। मेरी इस बेटी पर माता कुल का असर है।

हँसती हैं।

– सूसन, पहले मेरे बाल ठीक करो। कैबिनेट पर से ऐनक दो। तुम्हारी खिसियानी सूरत तो दिखे मुझे! वैसे सोचें तो जो नया बवंडर उठा है उसमें तुम्हारा क्या कसूर! तुम्हारी लापरवाही तो इतनी ही कि तुमने देखा नहीं कि तुम्हारे मरीज को हो क्या रहा है!

लड़की डॉक्टर को फोन करने के बाद–

– अम्मू, आपको इतनी तकलीफ थी, बताना तो चाहिए था न!

– लड़की, मरीज की भी थोड़ी-सी इज्जत तो रहने दो।

हाय-हाय करती, तभी तुम्हें पता लगता?

लो, डॉक्टर साहिब आ गए। उन्हीं की घंटी है। हाथ के दबाव से पता लगता है। डॉक्टर हैं न! घंटी बजती ही चली जाती है।

सुन लड़की, सब गतियाँ यहाँ पहुँचकर रुकती हैं।

और फिर दुबारा चालित हो जाती हैं। प्रकृति सदा-सदा!

– अम्मीजी, क्या खबर है? कैसी हैं आप?

– बेटे, यह तो कहने से रही कि मैं ठीक नहीं हूँ। एक साथ डॉक्टर और दवा की हेठी हो जाएगी।

डॉक्टर साहिब टैंपरेचर लेते हैं। फिर पीठ का घाव जाँचते हैं।

– यह तो मजे से फैल रहा है बेटे! आप तो बीमारी का नया पैंतरा जाँचिए। सलाख ने कुछ नया गुल खिलाया लगता है।

– दर्द कब से है?

– पहले बरदाश्त था, दो दिन से तेज हुआ है। अब कोई चीर-फाड़ तो बाकी नहीं कि है कुछ?

– अम्मीजी, पस का जमाव है। निकाल लेते हैं।
आपको आराम मिलेगा!

– बेटा, कुछ राहदारी के लिए भी रहने दो। यह न हो कि अपना चलान कटाने में ही न आए।

– अम्मीजी, हिलें नहीं। हाँ, यह राहदारीवाला किस्सा क्या है?

– शिमला बैरियर पर सब गाड़ियाँ रोक ली जाती हैं। लगता है, मैं वहीं खड़ी हूँ। देखें, चैकिंग के बाद अपनी गाड़ी कब पार होती है। अब तो इतना ही बाकी है।

– अम्मीजी, थोड़ी तकलीफ होगी...

– आप करते रहिए, मैं सह लूँगी। मैं बचपन में अपनी हवा से ऊपर उठ जाती थी। वायु बड़ी शक्तिवान है। आँधी बनकर पुराने पेड़ों को उखाड़ती है...कितनी देर और लगेगी, डॉक्टर साहिब?

– ज्यादा नहीं।

– बेटे, मुझ जैसों को अगर जीती-जागती हालत में चाँद पर भेज दिया जाए और वहीं उनकी खाद बनती रहे तो कैसा! एक-न-एक दिन तो वहाँ भी इनसान पैदा हो सकता है!

– अम्मीजी, वहाँ ऑक्सीजन की कमी है। दुनिया-भर के मुल्क चाँद की पड़ताल पर लगे हैं। मुमकिन है, कोई रास्ता निकल आए।

– डॉक्टर साहिब, दूध में ब्रांडी ले लूँ? दर्द ने बड़ी ताकत खींच ली है मेरी।

– सूसन, चॉकलेट डालकर दूध ले आओ अम्मीजी के लिए।

– डॉक्टर साहिब, मेरा वजन बरसों पचास पर अटका रहा। बच्चे हुए तो भी एक इंच चरबी नहीं चढ़ने दी। एक ही रफ्तार। सब नियम से। कभी चिकनी-चुपड़ी खुराक नहीं खाई। हाँ, बच्चे के साथ टॉनिक जरूर लिया करती भी। विनकारनिस। आलस कभी नहीं। अब कसर निकल रही है। राशन का कोटा ही पूरा कर रही हूँ।

डॉक्टर साहिब, आप मुझे कब तक खींचते जाएँगे?

– अम्मीजी, आराम लीजिए। जिस चीज पर मन हो, खाइए। चिन्ता-फिकर सब छोड़ दीजिए।

अम्मू हँसकर–

– तो आपने फाटक खोल ही दिया।

गला बड़ा सूखता है, बेटा! ठंडी चीजें तो खा सकती हूँ न?

– क्यों नहीं! दूध, दही, आइसक्रीम-जो चाहें। हाँ, आज गरम पर रहें तो अच्छा है।

डॉक्टर नुस्खा सूसन को थमाते हैं–

– रात सोने से पहले, फिर चार-चार घंटे बाद। परेशानी महसूस करें तो मुझे फोन कर लेना। अच्छा अम्मीजी, अब चलें?

– जीते रहो, बेटा! खूब कमाओ। अपने मरीजों को लम्बा चलाओ।

– अम्मू, आप डॉक्टर साहिब को भला यह क्या कह रही हैं!

– लड़की, इसका भरम मत करो। डॉक्टर तो मरीज के लिए उसका अपना ही होता है। मन में आए तो कह लेना चाहिए। दिल और दर्द-दोनों हल्के हो जाते हैं।

क्यों डॉक्टर साहिब!

डॉक्टर साहिब हँसते हैं–

– अम्मीजी, कोई परेशानी हो तो मुझे अपने-आप फोन कीजिएगा।

– मेरी डॉक्टर बहू तो न बुरा मान जाएगी?

हँसी।

लड़की डॉक्टर को दरवाजे तक छोड़कर लौटती है।

– अम्मू, मरीजों को लम्बा चलानेवाली बात पर डॉक्टर साहिब चुपका-सा हो गए थे।

– नहीं, डॉक्टर को मालूम है मैं चुहल कर रही थी।

– अम्मू, अब तो कुछ हल्का लग रहा है न?

मन में कोई चिन्ता-पछतावा तो नहीं?

– न। जिन्दगी में कुछ नोना-नमकीन और कुछ मिश्री-मीठा। इतना ही।

पछतावा कैसा! सबकी जन्मपत्री चितकबरी ही हुआ करती है। हर्ष-शोक, लाभ-हानि, ऊँच-नीच–सब बारी- बारी अपनी झलक दिखाते हैं। ऐसा किसी के हाथ में नहीं कि फुलझड़ियाँ ही छूटती रहें। सब गर्म-सर्द समय में घुल- मिल जाते हैं। इसकी नाकाबंदी ऊपरवाले के सिवाय कोई दूसरा नहीं कर सकता।

पर एक बात समझने की है। जो पोत बनाएँगे, वही सागर में उतरेंगे। श्रम करेंगे तो फल पाएँगे। यही उत्स है। जीनेवालों की प्राप्ति।

– सफर मेरा कुछ ज्यादा ही खिंच गया है।

– अम्मू, मन हो तो पाठ रखवा लें।

– सोच तो अच्छा रही हो। वाणी अमृत है। सुनने से मन शांत होता है। पर पाठ-संकीर्तन बाद में ही रखवाना। लम्बे-चौड़े झमेलों में न पड़ना। मर्यादा का ही।

रसोई से काहे की सुगंध आ रही है? हलवे की तैयारी है क्या? लड़की, खानेवालों में इसकी बड़ी महिमा है। इसके इतने गुण हैं कि गिनाए नहीं जा सकते।

– आप जो संक्रांति पर बनाती हैं उसके तो क्या कहने!

अम्मू अपनी ही रौ में–

– लड़की, इन दिनों मुझ पर तुम्हारे नाना का स्वरूप उतरा पड़ा है। वह जब जाने की तैयारी में थे तो आवाजें दे-देकर कहते–अरे, काहे की सुगंध गमक रही है? हल्की आँच पर सूजी भूनी जा रही है न! तैयार हो तो ले आओ। ले भी आओ। देर न करो! सुननेवाले मुस्कुराते, पर तुम्हारी नानी को हाथ-पाँव पड़ जाते। सुबह के नामवाली तुम्हारी नानी ने बड़ी सेवा की तुम्हारे नाना की।

लड़की, यह भी अवस्था है। आदमी पर सन्नाटा उतरने लगता है। अंदर झाँको तो गोदाम बन चुका होता है। पुराने माल की ढेरियाँ लगी पड़ी हैं। जिसकी याद आ गई, उसे ही खोजने लगे।

– क्यों उठ रही हो? थोड़ी देर बैठी रहो।

लड़की, किसी-किसी का दिल मोह-जाल में अटक जाता है। मुझे देखो, तुममें ही लगा पड़ा है।

लेटे-लेटे यही कि बाहर गई है। अंदर आई है। क्या सोच रही है! क्या कर रही है! जो वक्त आएगा, अपनी यंत्रणा अपने साथ लाएगा।

– अम्मू, कोई बात मनपसंद न हो तो उसे दरगुजर कर दें।

– हाँ, ठीक कह रही हो। हवा को हाथ से टटोलना न सुगम और न संभव। उम्र की कमाई है! जितने दिन और मिले, बरकत ही तो।

लड़की, जरा ध्यान कर लेना। कहीं एक दीया पड़ा होगा। हाथ के नजदीक रखना। कहाँ ढूँढ़ती फिरोगी।

– तुम्हारा भाई नहीं दीख रहा। कल से राह देख रही हूँ। बात क्या है?

– अम्मू, वह तो शहर से बाहर हैं। दौरे पर गए हुए हैं।

– लड़की, इस छल-बल की जरूरत क्या आ पड़ी!

सुबह मेरे सिरहाने तले पिपरमेंट और टॉफियाँ पड़ी थीं। वही सोचता है ऐसी बातें। बीमार नहीं थी तब भी मेरे लिए फ्रिज में चॉकलेट रख जाता था। उसे दौरे पर भेजने से क्या होगा! लड़की, तुम्हारा भाई दिल का साफ-सरल है। जब-तब घेर लिया जाता है। घिर गया होगा।

घरवालियाँ हाथ में छलनी लेकर बैठती हैं।

निकालती रहती हैं कंकर। यह निकाल। वह निकाल। जाने मेरे पीछे से क्या-क्या निकलेगा?

– ममू, छोड़िए।

– चलो, यह भी क्या जरूरी है! पर मुझे बहानों से न बहला। लड़की, वहाँ तो खुली होगी गृहस्थ-पुस्तिका भाग अंतिम।

हँसी।

– छुटपन में तुम्हारा भाई बड़ा गदबदा था। बाल घुँघराले। शरारत से हँसता तो बहुत सुंदर लगता। स्कूल से लौटते ही किताबें खोलकर बैठ जाता। पूछने पर यही कि पाठ पक्का कर रहा हूँ।

बात समझ रही हो न! सवाल-जवाब पक्के किए जा रहे हैं।

– नहीं अम्मू, ऐसा न सोचिए। भाई आपके लिए चुपचाप बहुत-कुछ करते रहते हैं।

– क्यों न करे! मेरा बेटा है! लड़के माँ को प्यार नहीं जता सकते! अंकुश लगा रहता है। दिखाते यही हैं कि माँ का पुराना प्रकरण कब का भूल चुके हैं। इसी में घरवालियों की खुशी होती है। माँ पिछला अध्याय बनकर रह जाती है।

बार-बार वही पिरोई हुई कड़ी—तुमने यह क्यों न बताया। आखिर तुम्हें याद क्यों न आया। तुम्हारी माँ ने यह क्यों न कहा। उसने यह क्यों न किया। मुझे वक्त पर यह क्यों न दिया।

अम्मू हँसती हैं।

– इस खेल में नोक-झोंक, रोष-रंजिश–सभी जरूरी हैं।

सिर्फ मुलाहजे से काम नहीं चलता।

लड़की, पुरानी परिपाटी निभाने को भाई तुम्हारा पहुँच तो जाएगा न!

– जी अम्मी!

– चलन है, पुराने शहतीर हिलते हैं तो ऐसी हवा चल निकलती है। वही कारोबारी सिलसिला और विरोधी मति-मंत्रणा। जिस दिशा में मुख करोगे, वही पगवाटें पैरों तले उभरेंगी।

– लड़की, लगता है मेरे अंदर की नमी सूख चुकी है।

मेरी मछली तड़प रही है। चतुर्दिक रेत ही रेत है।

– अम्मू, फल का रस आए कि शीरा?

अम्मू हँसती हैं।

– अपना वही स्तोत्रगान–हलवा।

– गिरी पीसकर डलेगी न!

– मेरे मुँह से छीन लिया, लड़की। मैं यही कहने जा रही थी। हम दोनों का सुर कहीं-न-कहीं मिला हुआ जरूर है।

अम्मू कुछ देर सूसन की ओर देखती रहती हैं।

फिर ऊँघने लगती हैं।

आँखें खोलकर आप-ही-आप–

– जल नदियों की ओर

नदिया सागर की ओर

प्राण मुक्ति की ओर!

जाने अभी कितना रास्ता बाकी है और कितनी देर है। यह तो पड़ाव ही ठहरा! नींद में जैसे कोई बारिश की आवाज सुनता है न, ऐसे ही कोई बीता वक्त सुन रही हूँ–

पुरानी औरत, तेरे सारे काम पूरे हो चुके हैं। बस, यह चोला छोड़ना बाकी है।

लड़की हाथ में तश्तरी लिये कमरे में आती है।

– अम्मू, जरा ठंडा होने दें। बहुत गरम है।

– देख लड़की, सामने खिड़की के काँच पर कुछ हिल रहा है।

उड़ती नजर डालकर–

– अम्मू, वहाँ तो कुछ भी नहीं है।

– तुम न देख सकोगी। मुझे दीख रहा है। खिड़की पर कोई पुराना दिन झिलमिला रहा है।

उस दिन मूसलाधार बरस रहा था। शाम होने में अभी देर थी।

मैं कामकाज निपटा खिड़की में खड़े-खड़े पहाड़ों को निहार रही थी।

बादलों की गरज और बिजली। टीन की छत से परनाले बहने लगे।

ऐसे में बरसाती पहने कोई घर की चढ़ाई पर चढ़ता दिखाई दिया।

ध्यान से देखा तो तुम्हारे पिता थे। उन्हीं की बात सोच रही थी मैं खड़ी-खड़ी।

जल्दी से जाकर दरवाजा खोला।

बोले–अभी तो दरवाजा खटखटाया ही नहीं था,

कैसे खोल दिया?

आपको आते देख लिया था। लगा, किसी बच्चे की अँगुली पकड़कर आ रहे हैं आप।

लड़की, तुम्हारे पिता पहले गम्भीर हुए, फिर हँस दिए–

दिन में तुम्हें अकेला लगता है क्या?

अकेला तो नहीं लगता पर जो मन में था, सो ही दीखा होगा।

आप कपड़े बदलें, मैं चाय लेकर आती हूँ।

लड़की, तुम क्यों आक्रांत हुई खड़ी हो? तुमसे कुछ छिपाया तो नहीं। इन भूल-भुलैयों में से निकालकर वही दिन याद आ गया। मन ही तो है।

– लड़की, जल भी सुलगता है। और बर्फ भी घुल जाती है। धूप हिरनी नहीं कि कुलाँचे ही भरती फिरे। धूप सूरज के बस में है और धरती भी उसी पर रीझी रहती है। सुन रही हो न?

बेटी के कान में जब मुरकी डलती है तो बड़ी सुंदर लगती है। बेटे की कमर पर तड़ागी और भी सुंदर! बच्चे के ओठों पर पहली पवित्र हँसी भी बड़ी मोहक! नन्हे-नन्हे पैरोंवाला पहला कदम अपनी आँखों से देखना, जीने का पुरस्कार है, लड़की!

तुम्हारे पिता साक्षात दीख गए हैं मुझे!

गोदी में लिटा, बच्चे को कभी शहद चटा रहे हैं। कभी अंगूर का रस टपका रहे हैं। कभी अनार का एक दाना ओठों पर ऐसे छुआ रहे हैं ज्यों दुनिया में इस लीला के आगे कुछ और हो ही न!

लड़की, यह माया-छलावा नहीं। न-न। जीना और जीवन छलना नहीं। इस दुनिया से चले जाना छलना है। है कोई हाड़-मांस का जीव, जो शेष हो जाने के बाद पेड़ के पके रसीले आम खा सके? नहीं री! कोई पंचभूती बच्चा नहीं जो ऐसा कर सके। लड़की, यह दुनिया बड़ी सुहानी है।

लड़की माँ का हाथ छूती है।

– हवाएँ-धूप-छाँह-बारिश-उजाला-अँधेरा-चाँद-सितारे–इस लोक की तो लीला ही अनोखी है। अद्‌भुत!

सुबह उठकर।

– रात चैन से सो गई थी। डॉक्टर साहिब ने बड़ी राहत पहुँचाई है। छोटे-मोटे दर्द को तो मैं सहन कर लेती हूँ। पिछले दो दिनों में इसने मुझे मसलकर रख दिया। बड़ी चिड़चिड़ा गई थी। जाने तुम लोगों से क्या-क्या कहती रही हूँ।

लड़की कप में चाय उँड़ेलते-उँड़ेलते–

– अम्मू, आप तो अपने ऊपर बहुत काबू रखती हैं। मैं तो इतनी तकलीफ सहन नहीं कर सकती।

– लड़की, बच्चा बनाने से ही दर्द का साज-सिंगार पता लगता है।

– अम्मू, भला यह भी क्या चुभोना!

– दर्द भी कई किस्म के। हल्का, तेज, और तेज। लड़की, इस लोक का सारा खेल ही इसमें समाया रहता है।

लड़की को मुस्कुराते देख–

– यह झंझावात एक बार औरत की देह पर से गुजर जाता है तो मांस-पेशियाँ, तंतु–सब मजबूत हो जाते हैं। भला तुममें यह सहन-शक्ति कहाँ से आती!

– मेरी छोड़िए! आपको जब पहला बच्चा शुरू हुआ तो...

अम्मू उत्साह से–

– मैं चौकस! कामकाज सब फुरती से करती थी।

लड़की, बच्चा बनाना एक तरह का यज्ञ ही है री! इन दिनों औरत पूरे ब्रह्मांड से शक्ति के कण खींचकर अपनी ऊर्जा ज्वलित कर लेती है। अपने में कुछ विशिष्ट ही जीती है। अपने अंदर का आकाश निरखती है। जीव उत्पन्न करने में उसकी गूँथ-गूँज कुदरत से मिली रहती है।

– अम्मू, जब बच्चा आने को हुआ तो...

– मैं छोटे-छोटे झबले सिलकर उन पर तनियाँ टाँक रही थी कि अंदर हिल-डुल शुरू हो गई।

तुम्हारे पिताजी सोने की तैयारी में थे। मैंने कहा—आज तो आपकी नींद गई। जैकब को बुलाना होगा, जल्दी ही।

– फिर?

– फिर क्या! तैयारी पूरी थी। इधर डॉक्टर पहुँची, उधर मेरी-टीका बेटी आन विराजी।

– अम्मू, लड़की को देख मन उदास तो हुआ होगा!

– इतनी चतुर न बन, लड़की! अपने दिल से पूछ।

कभी तुम बहनों-भाइयों से कोई भेदभाव किया गया?

– नहीं अम्मू, कभी नहीं। पर सब घरों में लड़कियों के साथ ऐसा नहीं होता। लड़की के पहुँचते ही निराशा छा जाती है।

– लड़की, तुम्हारे माता-पिता ने कभी कोई फर्क नहीं रखा।

बात सुन। अपनी समरूपा उत्पन्न करना माँ के लिए बड़ा महत्त्वकारी है। पुण्य है। बेटी के पैदा होते ही माँ सदाजीवी हो जाती है। वह कभी नहीं मरती। हो उठती है वह निरंतरा। वह आज है, कल भी रहेगी। माँ से बेटी तक। बेटी से उसकी बेटी, उसकी बेटी से भी अगली बेटी। अगली से भी अगली। वही सृष्टि का स्रोत है।

– अम्मू, पिता की प्रशंसा में भी तो कुछ कहिए।

– पिता की प्रशंसा भला क्या कम!

इनसान के बच्चों में दौड़ता है लहू पिताओं का ही। पिता की तो बड़ी स्तुति। देवी तमसा का भगत। परिवार की ज्योति उसी के वरदान से जलती है। कुदरत के नियम देखो। पिता को सत्य सामर्थ दी मनुष्य का अंश प्रदान करने की, और काया घड़ने में उसे बाहर रख दिया। पिता बाहर खड़ा रहता है और माँ अंदर बच्चा जनती है। इसी से माँ जननी कहलाती है। वही अपने तन-मन में बच्चे की काया उगाती है।

लड़की हँसकर–

– अम्मू, आप तो किताबों से बोल रही हैं।

– लड़की, तुम्हारी माँ ने पतंजलि नहीं पढ़ा तो क्या हुआ? विद्या सुनी जाती है, देखी जाती है और जी भी जाती है।

– जी अम्मू!

– हर नर अपने को परम पुरुष समझता है।

जानती हो क्यों?

इसलिए कि जीवन की कस्तूरी उसी को लगी है। लड़की, जीवन हिरण है हिरण। कस्तूरी-मृग। इस क्षण-भंगुर जगत में अपनी महक फैला यह जा और वह जा।

थोड़े-से पलों के लिए औरत इस भागते मृग को थाम लेती है और आप मृगया बन जाती है। यही सृष्टि का खेल है। यहीं से चल निकली संतति...संतान की अटूट कड़ी।

लड़की, जगत की आत्मा इसी में निवास करती है।

शरीर का क्षय होता है, आत्मा का नहीं। पानी सूख जाता है पर रक्त नहीं। बहता रहता है बच्चों के बच्चों में, उनके भी बच्चों में।

– अम्मू, वह नर-मृग...

– नर-मृग में पुत्र की गहरी लालसा! उसके तन-मन में व्याप्त है। उसकी प्रकृति और प्रवृत्ति-दोनों में पैवस्त है।

पुत्र-पौत्र-प्रपौत्र पिता बनकर वह आगे से आगे की सोचता है। परिवार को दफ्ती में बाँध लेता है। सुन रही हो न! किस ध्यान में हो! परिवार अपने चाहने-करने से नहीं बनता, वह मनुष्य का पूर्वार्जित होता है। उसके पुण्यों का फल। लड़की, पिता जलाशय है। पीढ़ी-दर-पीढ़ी परिवार सींचता चला जाता है। पिता पर पुत्र से कहीं ज्यादा उसके पौत्र का अधिकार बनता है।

भले वह विमुख हो जाए परिवार से, पर अपने कर्त्तव्य से नहीं होता।

अम्मू हँसकर–

– मुक्ति की राह तो मैं देख रही हूँ। लड़की, मेरे कंठ को कुछ चाहिए। ठंडा दो तो नीबू-पानी, नहीं तो गरम-गरम चाय!

लड़की चाय की ट्रे मेज पर रखती है।

– अच्छा किया। ठंडे पर मन था, पर तलब चाय की थी। लड़की! अनुभव, पढ़ने और मनन करने से बुद्धि तेज जरूर होती है। पर जीकर ही उसमें अर्थ उत्पन्न होते हैं। सोच उभरती है दिमाग से और दिमाग होता है रूह में। आत्मा में।

– और अम्मी, दिल?

– दिल बड़ा दाँव-पेची है। पाक-साफ तो आत्मा ही है–चेतन और चैतन्य। चैतन्य होता है पानी के रंग जैसा। निर्मल। वही इस देह का ईश्वर है।

– ममू!

एकाएक रोष से–

– बहुत हो चुका प्रवचन। अब कुछ देर आराम करने दो!

लड़की उठकर दरवाजे की ओर बढ़ती है।

अम्मू पुकारकर–

– चली आओ! बात तो पूरी होने दो मेरी!

लड़की दुबारा कुरसी पर बैठ जाती है।

– जी अम्मू! कहिए!

– नर जिस जल में स्नान करता है, नारी उसी को धारण कर हरियाती है। वह रात के टुकड़े कर डालता है और यह इसे पिरोकर गले में डाल लेती है। बच्चा बनाया कि गले में मणका डाल लिया। माँ को इसी का वरदान है। उसी के एकांत सरोवर से निथरकर आत्मा देह में प्रवेश करती है तो बच्चा घटित होता है।

– अम्मू, यह बात तो बहुत सुंदर ढंग से कह रही हैं आप!

– लड़की, इस तरह माँ करती है मृत्यु को पराजित! समझी! जिसके हाथ में फल का पुण्य नहीं, वही नाशवान है।

लड़की गुमसुम छत की ओर देखती रहती है।

अम्मू खीजकर–

– कहाँ ताक रही हो? कहीं कुछ नहीं रखा है तो ढूँढ़ोगी कहाँ? जो किताब तुम्हारे हिस्से में आई है, वही पढ़ो और वही लिखो। तुम्हें उम्र-भर यही करना है। तुम इतना ही करोगी।

लम्बा मौन।

– लड़की लम्बे-चौड़े रेगिस्तान से तो गागर-भर जल अच्छा। खाते में कुछ हो भी तो।

– अम्मू, इस बात को छोड़ दीजिए, पिता पर आइए।

– पिता बनकर मर्द घाटे में रहता है। अकेला पड़ जाता है। बच्चेवाली औरत जब-तब उसके लिए अंगूर का रस नहीं टपकाती। वह तो अपने बच्चे की माँ बन जाती है। तुमने यह वेदत्रयी नहीं पढ़ी, फिर भी इतना तो जानती हो कि आत्मा और देह मिलकर ही दुनिया का सपना बुनते हैं। दोनों में से किसी एक की कोई बिसात नहीं। समझी!

लड़की झुँझलाकर–

– नहीं, मैं कुछ नहीं समझती!

– लड़की, यह खाली ममता-मोह की स्तुति नहीं, कुछ और भी है। एक बात सच-सच कहना! क्या किसी ने तुम्हारी इच्छानुसार तुम्हें जाना है? चाहा है?

लड़की मौन रहती है।

– लचक न हो, झुकना न आता हो, तो भला आगे बढ़कर कौन राह रोक लेगा! आज भी वहीं जहाँ कल थी। कल भी वहीं जहाँ आज। कुछ युक्तिसंगत लग रही है मेरी बात कि नहीं?

– हाँ अम्मू!

– लड़की, किसी का साथ पाकर हस्ती कुछ और-सी हो उठती है। अंदर-बाहर सब्जा उगने लगता है।

तुम भी कुछ कहो कि मैं ही सबकुछ कहती रहूँगी!

सीढ़ी पर चढ़ने के लिए पाँव हरकत न करें तो कौन-सा पुण्य अपने आप आन मिलेगा! एक बार का बिछुड़ा संयोग कई जन्मों पर जा पड़ता है।

लड़की को मुस्कुराते देख, सहसा नरम होकर–

– कुछ का कुछ कहती जा रही हूँ। संयोग बलवान हों तो पुण्य अपने आप जुड़ते चले जाते हैं।

लड़की खिलखिलाकर हँसती है।

अम्मू सहमी-सी आवाज में–

– मेरी आँखों के आगे एक गोरैया फड़फड़ाई है। पंखे से टकरा जाएगी। नहीं-नहीं, यह चिड़िया नहीं, खरगोश है। इसे पकड़कर मुझे दे दो! नहीं तो दौड़ जाएगा दूर, और दूर!

सूसन पास झुककर–

– अम्मी, जरा आपके गीले कपड़े बदल दें।

– याद आ गई तुम्हें? जब चाहा बिस्तर बदल दिया, दवा पकड़ ली, चार्ट लिख लिया। इतना ही न! वैसे अपने काम से बेखबर रहती हो!

– नहीं अम्मीजी!

– सूसन, मटन पक रहा है। आज मेरा मन था इस पर। पीठ में ठंडक महसूस कर रही हूँ। भुनने की अच्छी खुशबू आ रही है। लड़की, अच्छा किया जो यखनी नहीं बनवा दी। नहीं तो लगता मैं आज ही पार हूँ।

– अम्मू, भला बार-बार यह क्या?

– ठीक कह रही हो। मुझे प्रवासी रोग लग गया है। यही कि जाना है। जाना ही पड़ेगा। जाना ही है। लड़की, जब राहदारी ऊपरवाले की नजर में आ

जाए तो समझो तारीख निकली ही निकली।

एक बात तो बताओ! अगले महीने तक तो शहतूत पक जाएँगे न! भला कितने दिन बाकी हैं नए महीने को!

– सिर्फ दस, अम्मू!

अम्मू एकाग्र हो, अँगुलियों पर–

– एक-दो-तीन-चार-पाँच-छह...अभी बहुत देर है, लड़की, अभी तो बहुत दिन बाकी हैं!

लड़की माँ का माथा सहलाती है।

अम्मू चौकन्नी होकर–

– आकाश में उड़ते पाखी तो देखे हैं न तुमने!
टहनियों से फूटती हरी-हरी कोंपलें भी देखी होंगी!
बदलती रुत की हवाएँ भी महसूस की होंगी!
ओस-जड़ी घास पर नंगे पाँव तो चली हो न!
सरदियों की गुनगुनी धूप भी सेंकी होगी!
लड़की, दुनिया में क्या-से-क्या नेमतें भरी पड़ी हैं।
बिछौने के सुख से अलग कई और भी सुख हैं दुनिया में। जानती हो न!

– जी अम्मू!

– अपने लिए दुःख नहीं मनाना। निराशा को परे ही रखना। तुम्हारे लिए निश्चिंत हूँ। न तुम सताई जा सकती हो और न किसी को सताती हो। हाँ, सोचकर बताओ कि जरूरत पड़ने पर आवाज किसे दोगी!

लड़की लम्बी चुप्पी के बाद–

– मैं किसी को नहीं पुकारती। जो मुझे आवाज देगा, मैं उसे जवाब दूँगी। अम्मू, अब तो तसल्ली है?

– तुम मेरे मन की संतान हो। जानती हूँ, इस पथरीली कड़ी तह-तले पानी के सोते जरूर होंगे।

लड़की तमककर–

– अम्मू, इसका जिक्र बिलकुल भी जरूरी नहीं। जो हूँ, जैसी हूँ, वैसी रहूँगी।

– चलो, तुम्हारी ही मान लेती हूँ। मेरी बात का ध्यान करना। अब अपने में किसी पराए को उगाने की जरूरत नहीं। किसी के धकेलने से कोई धावक नहीं होता। खुद अपनी दौड़ दौड़ने से धावक कहलाता है।

– सबके बस का नहीं!

– तुम-सी निजकारी गूँज के लिए बड़ा आकाश और बड़ी धरती चाहिए। छोटी बातों का ध्यान नहीं करना।

जो दिलों पर अर्गलाएँ चढ़ा लेते हैं, उनका आकाश उन्हीं तक रह जाता है। उनकी दौड़ भी उनके घर तक ही समाप्त। बस, उसी के आसपास थई-थई रोटियाँ सेंकते जाओ, मकड़ी का जाल बुनते जाओ। सुन रही हो न, वहाँ भी ज्यादा कुछ नहीं रखा।

– अम्मू, अब इन बातों को छोड़ दें न!

– चले जाने के बाद तुम्हें कहने नहीं आऊँगी।

तुम किसी के अधीन नहीं। स्वाधीन हो। लड़की, यह ताकत है। सामर्थ्य। शक्ति। समझ रही हो न?

– जी।

– उम्र-भर तुम्हारे घरवालों की जी-जी सुनती आई हूँ।

मुलायम बातें। इस असलियत की रग-रग से वाकिफ हूँ।

अट्ठारह साल की थी जब शादी हुई थी। तुम्हारे पिता बड़े सुंदर, सुडौल। दिल के साफ। बड़ी अच्छी निभी। जरा सोचो, मैं कहाँ से कब चली थी! एक बात बता, लड़की! तुम लोग अपने को अनोखा क्यों समझते हो? घरानों की तीसरी पीढ़ी आप ही नीचे सरक जाती है। खानदान की नाक पर गुमान चिपका ही रहे, यह ठीक नहीं।

– अम्मू, सभी परिवारों की अपनी-अपनी यादें होती हैं।

– हाँ! हर कुल की अपनी वंशावली पर सूर्योदय और सूर्यास्त एक साथ कभी प्रकट नहीं होते। नहीं हो सकते।

देखो, लेटी हुई हूँ न तुम्हारे सामने! कहीं से ले तो आओ उस ताजी लड़की को, जिसने शादी का जोड़ा पहन रखा था। ला सकती हो कहीं से उसे? नहीं ला सकती न! नहीं...

कुछ रुककर–

– लड़की, दुल्हन के रूप में तुम्हारी माँ सुंदर थी। देखकर लोग चाव करते थे। समय कैसे काल बन जाता है! एक दौर में सीढ़ियाँ चढ़ी जाती हैं, दूसरे में उतरी जाती हैं। ऐसा कोई नहीं जो हमेशा एक-सा दमकता रहे।

– अम्मू, ब्याह के बाद यह नया परिवार आपको कैसा लगा?

– अपने घरवालों पर इतराओ मत। जब इस घर में पहुँची तो तुम्हारे कुल का बाहु-मंडल ढीला पड़ चुका था। गरूर और ऐंठ की कमी नहीं थी, पर नम्रता और हलीमी भी बहुत। ड्योढ़ियोंवाली आन-बान फीकी पड़ चुकी थी, पर अभी मौजूद तो थी ही। कहीं बरसता था और कहीं खुश्क।

– अम्मू, पिताजी की बात करें!

– हाँ! उतार का सिलसिला घरानों में एक बार शुरू हो जाए तो खोखला करके ही दम लेता है।

तुम्हारे पिता स्वभाव के बड़े शांत। गम्भीर। मैं जरा कठोर। पर मुझमें सीखने की उमंग थी...सीखा। उनसे बहुत-कुछ सीखा।

अम्मू अचानक भड़ककर–

– मुझसे बातों की जुगाली करवाए चली जा रही हो?

आखिर क्यों?

मेरा दिल लगा रही हो कि अपना?

बुढ़ापा आदमी की सारी शोभा खींच लेता है। उसे अशोभन कर डालता है। यह वह घटाटोप है, जो इनसान को निगल जाता है।

सब पर बोझ बनी पड़ी हूँ। इतनी लम्बी आयु की जरूरत भला क्या थी!

– मेरा नाती सत्ताईस बरस में उठ गया। ओहो, क्या चढ़त और क्या कद-बुत! बड़ा जुल्म हुआ था। पर इसकी कोई कूक-फरियाद नहीं थी। न यहाँ और न ऊपर। वह मौत नहीं थी, कत्ल था।

लड़की, उसकी फोटो तो दिखा मुझे! आँखों के आगे खड़ा है। तुम्हारी बड़ी जरूरत थी, बेटे! कैसे छिन गए! उस दिन सगाई थी न! मंगेतर सजी-सजाई बैठी रह गई। अँगूठी न पहुँची उसकी अँगुली तक!

लड़की, यह खेल खिलानेवाला कोई और ही है।

मेरे बड़े नाती की सुनो। पराकाश को छूने के लिए पलटकर वही रास्ता ढूँढ़ा। उसी वाग्दत्ता को लिवा लाया घर की बहू बनाकर!

क्या-क्या जतन न हुए, पर बेटी चित्रा! तुम्हारे हिस्से में उम्र ही नहीं थी। साल-भर में खेल खत्म हो गया। जिसे जन्म दिया उसे आँख भरकर नहीं देख सकी!

– सूसन, मेरी आँखों में कुछ डाल! जाने पानी क्यों निकल रहा है? आँखें बड़ी पुरानी हो चुकी हैं मेरी।

– अम्मीजी, हॉरलिक्स-चॉकलेट कि चाय?

– जो भी तुम देना चाहो। दीदी उठ गई क्या यहाँ से!

– अम्मीजी, वह जरा लेट गई हैं।

– मुझे दुलाई ओढ़ा दो।

– दुलाई? गरमी तो बहुत तेज है, अम्मीजी!

– जो कहती हूँ, वही कर। इस राग के लय-ताल का तुम्हें कुछ नहीं मालूम। तुम अपना टाइमटेबल ही भरती रहो।

दवा दी। पट्टी की। सुई लगाई। टैंपरेचर लिया।

डॉक्टर को फोन किया। करवट दिलाई।

हँस क्यों रही हो? तुम्हारा लिखा हुआ रिकार्ड रद्दी में जाएगा। सबका वहीं जाता है।

– अम्मीजी, हॉरलिक्स लेकर आती हूँ।

– नहीं! नहीं! तुम मेरे सिर की खोज-खबर लो।

साँय-साँय हो रही है। तेल डालो, सूसन!

सूसन बालों में तेल डालती है। अम्मी आँखें मूँद लेती हैं।

नींद के बाद–

– क्या उठी नहीं? दीदी अभी भी सोई पड़ी है!

– जी!

– मुझे नाखून परेशान कर रहा है। काट दो यह।

– अम्मीजी, कल ही तो काटे थे।

– काटे होंगे, पर मेरी तसल्ली तो करो।

– सूसन, क्या तुम्हारे भाइयों के शादी-ब्याह हो चुके?

– जी, अम्मीजी, दोनों के।

– माता-पिता को तुम पैसे भेजती हो?

– जी हाँ!

– अपने लिए कोई लड़का नजर में है? ढूँढ़ने का काम तुम्हें खुद ही करना होगा।

– नहीं अम्मीजी, अभी नहीं। मैं नर्सिंग में दाखिला लूँगी।

– इरादा अच्छा है, सूसन। पकड़े रहना। बीच में न छोड़ना। कोई दोस्त तो बना रखा है एक-आध?

सूसन मुस्कुराती है।

– उस पर ज्यादा पैसा तो खर्च नहीं करती?

सूसन हँसकर–

– जी नहीं, अम्मीजी!

– मेरी बात सुनो। न पूरा खर्च तुम किया करो और न उसे ही करने दिया करो। आधा-आधा, समझी!

नहीं तो यूँ ही हजम कर ली जाओगी।

मतलब समझ में आया?

– जी, अम्मीजी!

– सूसन, शादी के बाद किसी के हाथ का झुनझुना नहीं बनना। अपनी ताकत बनाने की कोशिश करना।

देखो दरवाजे की घंटी बज रही है...कौन है?

– अम्मीजी, कोई नहीं!

– फिर से देखो, शोभाराम के आने का वक्त है।

– अम्मीजी, वह तो कब से किचन में हैं।

– पूछो...खीर बनी कि नहीं! सुबह बात हुई थी न!

– अम्मीजी, प्रणाम!

– जीते रहो!

– खीर तैयार है। चखें तो सही!

– थोड़ी-सी ले आओ! दो चम्मच!

– लीजिए! मेवा भूनकर डाला है।

– तुम्हें पता है न, मेरे दाँत असली मजबूत हैं।

– अम्मीजी, शाम को पूए बनें!

– नहीं-नहीं, खीर कम भारी नहीं।

बताऊँगी तुम्हें कभी, किसके साथ क्या मेल मिलाना चाहिए। इसको लेकर तो बड़े-बड़े चालान भुगत चुकी हूँ।

लड़की पास खड़े होकर–

– अम्मू, चालानवाली बात क्या है? दिलचस्प होगी।

बताइए!

– शोभाराम, खीर अच्छी बनी है।

हलवा-पूरी-खीर-पूए-पकौड़े बनाते रहो, खिलाते रहो। हाँ, एक बात याद रहे। तुम्हारे जिम्मे अभी एक काम और भी बाकी है। बहाना मत बनाना। माँ को वहाँ तक छोड़कर आना।

लड़की हल्केपन से–

– अम्मू, वह चालानवाली बात क्या है?

– खास नहीं। खाने-पकाने की नोक-झोंक, और क्या! लम्बी बहस चल निकलती तो मेरे पास भी इसका इलाज था। चाय की ट्रे सामने रख देती– लीजिए, चाय आपकी इंतजार में है। निपटारा कीजिए। तुम्हारे पिता अच्छी

चाय के कद्रदान थे। इधर-उधर की भूल जाते।

– अम्मू, क्या सचमुच इतनी झड़पें होती थीं?

– होती रही होंगी। मुझे अब कुछ याद नहीं। भला तुम क्यों मुझे उकसा रही हो? क्यों जरूरी है यह भी जानना?

– अम्मू, जानने में हर्ज भी क्या है!

– लड़की, सबकी यात्रा इसी तरह घात-प्रतिघात में गुजरती है। घर का यह खेल बराबरी का नहीं, ऊपर-नीचे का है। घर का स्वामी कमाई से परिवार के लिए सुविधाएँ जुटाता है। साथ ही, अपनी ताकत कमाता-बनाता है। इसी प्रभुताई के आगे गिरवी पड़ी रहती है, बच्चों की माँ।

– अम्मू!

– हाँ, शादी के बाद औरत पूरे परिवार के लिए शिकारे की माँझी बन जाती है। झील में तिरती नाव और शिकारे तो देखे हैं न तुमने! उन पर सवार परिवार मजे-मजे झूमते हैं और चप्पू चलाती है औरत। उम्र-भर चलाती जाती है। उसका वक्त तब सुधरेगा जब वह अपनी जीविका आप कमाने लगेगी। सोचने की बात है–मर्द काम करता है, तो उसे इवज में अर्थ-धन प्राप्त होता है।

औरत दिन-रात जो खटती है वह बेगार के खाते में ही न! भूली रहती है अपने को मोह-ममता में। अनजान। बेध्यान। वह अपनी खोज-खबर न लेगी तो कौन उसे पूछनेवाला है?

– अम्मू, आपको इतनी जागृति!

– चुप्प, लड़की! मेरे बोलों पर झपट पड़ती हो! भला क्यों! तुम्हारी अदाकारी को खूब जानती हूँ। यात्रा मेरी और निचोड़ तुम्हारा!

खिड़की की ओर देखकर–

– यह भारी परदे बदल दो। ताजी हवा अंदर आने दो।

लड़की, कुछ देर मुझे चुप रहने दो। मेरे अंदर मेरी अपनी गठरी खुल रही है।

अम्मू आँखें मूँद लेती हैं।

देर बाद लड़की को सामने बैठे देख–

– फिर यहीं बैठी हो! यह तो बताओ, तुम क्या कर रही हो इस दुनिया में! एक कतरा ही दिखा दो, जो तुमने इस जन्म में अर्जित किया हो। तुम्हारी अपनी पूँजी क्या है? ऊपर से मेरा सरमाया जाँच रही हो।

लड़की उठ खड़ी होती है–

– मैं उधर जा रही हूँ।

– नहीं-नहीं, बैठी रहो। मेरे पास बैठी रहो। तुम्हारी रुचि की बात करूँगी। वक्त थोड़ा है।

इतना तो बताओ मुझे, तुम खड़ी कहाँ हो! किस मोड़ पर हो! पंक्ति में है कोई! भाई-बहनों के दरवाजों के बाहर हो तुम!

– अम्मू, फिर वही...

– लड़की, बीच में न टोको! बात को साफ होने दो।

सुनो, बेटा-बेटियाँ, नाती-नातिन, पुत्र-पौत्र–मेरा सब परिवार सजा हुआ है, फिर भी अकेली हूँ।

और तुम! तुम उसी प्राचीन गाथा के बाहर हो, जहाँ पति होता है, बच्चे होते हैं, परिवार होता है।

– न भी हो दुनियादारीवाली चौखट, तो भी तुम अपने आप में तो आप हो। लड़की, अपने आप में आप होना परम है, श्रेष्ठ है!

चलाई होती न परिवार की गाड़ी तुमने भी, तो अब तक समझ गई होती कि गृहस्थी में सारी शोभा नामों की है।

यह इसकी पत्नी है, बहू है, माँ है, नानी है, दादी है! फिर वही खाना, पहनना और गहना! लड़की, वह नाम की ही महारानी है। सब कुछ पोंछ-पाँछ के उसे बिठा दिया जाता है अपनी जगह पर!

लड़की हँसकर–

– अम्मू, आपका जवाब नहीं!

– समझ से पड़ताल करो तो हर सवाल का जवाब है।

– सूसन, अम्मू को जूस ला दो और मुझे भी।

– समयोचित, लड़की! सूनेपन पर फलों के रस बहा रही हो!

– सूसन, खूब ठंडा लाना। मेरा हलक सूख रहा है।

– अच्छा था, सूसन! प्यास शांत हो गई है। तुम भी पियो।

लड़की, परिवारवाली औरत को अपने में क्या-क्या हुनर जगाने पड़ते हैं और क्या-क्या अंकुश लगाने होते हैं, यह तुम्हें नहीं मालूम।

तुम तो अपने में आजाद हो। तुम पर किसी की रोक-टोक नहीं। जो चाहो, कर लो। एक बात याद रहे कि अपने से भी आजादी चाहिए होती है। देती हो कभी अपने को? तुम्हारी मनमानी की बात नहीं कर रही, कुछ मनचाहा भी कर सकी हो कि नहीं?

– अम्मू, क्या जवाब दूँ!

कमरे में लम्बा मौन।

– इस परिवार को मैंने घड़ी मुताबिक चलाया, पर अपना निज का कोई काम न सँवारा।

लड़की, इस समय इस बात का बड़ा कष्ट है मुझे।

लड़की विस्मय से–

– किस पर मन था अम्मू? क्या करना चाहती थीं?

– चाहती थी, पहाड़ियों की चोटियों पर चढ़ूँ। शिखरों पर पहुँचूँ। पर यह बात घर की दिनचर्या में कहीं न जुड़ती थी। किसे कहती? तुम्हारे पिताजी को? घर–गृहस्थी के झमेले ही उनके बस के नहीं थे। ऊपर से आदत ऐसी कि न कुछ देर से हो और न जल्दी।

मैं आप ही घड़ी बनी रही।

लड़की खिड़की के पार देखती है।

सूसन कपड़े तिहाने लगती है।

अम्मू झल्लाकर–

– क्यों तिहा रही हो! धुलाई के ढेर लगा रही हो! कोई नया बच्चा तो घर में नहीं आन पहुँचा!

बूढ़ी चली जा रही है यहाँ से। उसके पुराने कपड़ों की ढेरियाँ...

लड़की उठकर सितार का रिकार्ड लगाती है।

अम्मू कुछ देर विस्मय से सुनती रहती है, फिर तीखी तमतमाई आवाज में–

– बंद कर दो इसे। यह शोर मेरे लिए अच्छा नहीं। बात को समझा करो। मेरे अंदर की नहरें सूख चुकी हैं। ये सुर मेरे बदन को झँझोड़ देते हैं।

मेरी आँखों के सामने काले तागों की लच्छियाँ क्यों खुल रही हैं! पूछो किसी से!

सूसन के कपड़ा ओढ़ाते अम्मी चौंककर–

– तुम लोग मुझे क्यों तंग कर रहे हो? खींच दो! परदे उठा दो! हवा आने दो! जल्दी करो! मेरा दम घुट रहा है!

चुप क्यों हो? मेरी बात सुनो ध्यान से। मैं तितली नहीं माँग रही, अपना हक माँग रही हूँ। मुझे दे दो। ताजी हवा में साँस लेने दो।

सूसन परदे खींचती है–

– अम्मीजी, बाहर से चौंध आएगी!

– गुफा है यह, गुफा! तुमने मुझे बंद क्यों कर रखा है? खोल दो कपाट! किसने साँकल चढ़ाई है! बुलाओ उसे, जो मेरे साथ यह खेल खेल रहा है! मेरी बेटी को आवाज दो! मुझे बालकनी में ले चलो। मैं एक पल इस कमरे में न रहूँगी!

– सूसन, अम्मी को इलेक्ट्रॉल दो। मैं बालकनी में जगह बनाती हूँ।

– टालो मत, लड़की! मुझे कुरसी पर बिठाना होगा। मुझे लेटना नहीं...मैं लेटूँगी नहीं। बैठूँगी। लड़की, यह फैसला आज मेरे हक़ में करना।

– अम्मू, हिलने से जख्म छिलेंगे।

– इस हमदर्दी की जरूरत नहीं–न मुझे और न जख्मों को। मैं जो कहती हूँ, वही करो।

सूसन आराम कुरसी बालकनी में रख उस पर गद्दा और चादर बिछाती है। कुशन रखकर टेक बनाती है।

दोनों गोद में उठा, अम्मी को बाहर ले आती हैं।

कुरसी पर बैठकर अम्मू उत्साह से–

– कौन-सा मौसम है भला यह! पेड़ थिर खड़े हैं। पत्ता तक नहीं हिल रहा। महीना क्या है?

लड़की अनसुना कर रेलिंग पर हाथ टिकाए चुप रहती है।

– मैंने कुछ कहा है। जवाब दो! इतनी अवज्ञा ठीक नहीं!

– अम्मी, मई का तीसरा हफ्ता है। आँधी आएगी। ऊपर देखो–रंगत मटमैली हुई पड़ी है। आसमान कैसा बेगाना-सा लग रहा है? इसकी ताकत भी तो इसके सयाने बच्चों ने नहीं खींच ली! बीता हुआ-सा।

– लड़की, लगता है आकाश भी बूढ़ा हो गया है।

अम्मू सिर उठाकर बिजली के खंबे देखती हैं। फिर नीचे पेड़ों पर नजर गड़ाकर–

– हाड़-मांस के सुनहरी पौधे से इन नीम के पेड़ों की मियाद कहीं ज्यादा है।

– अम्मू, नीम के पेड़ तो खूब छितराए हुए हैं। आपके कमरेवाला तो बहुत ऊँचा गया है।

– इन दिनों नीम बहुत महकता है। बौरा पड़ता है तो खूब गँधाता है। लड़की, इसकी महक से धरती की बेटियाँ पगला उठती हैं।

– फिर, अम्मू?

– अरी, फिर क्या? जाती हैं उनके पास, जिनसे उन्हें कुछ पाना होता है। यह संकट, समारोह भी तन के साथ लगे ही हुए हैं न!

लड़की, मेरी मछली फिर तड़प उठी है। किनारों की नमी सूख चुकी है। प्यास बड़ी सख्त। मुझे सोडे में आइसक्रीम डालकर दे दो। हाँ, एक कुरसी और रख जाओ। मेरा बेटा आनेवाला है। दफ्तर से सीधा यहीं आता है।

लड़की मौन रहती है।

अम्मू अपने आप से–

– वह औरत क्या जो बेटे की माँ को न पछाड़ सके?

– अम्मू, आप भी तो इसी सफर में से गुजरी हैं।

– मैंने भी यही किया होगा। सभी करती हैं।

– जरूरी होता है क्या?

– यही समझ लो। घरवाले के तन-मन पर मिलकियत की मोहर लगाती है औरत। उसे लगानी पड़ती है। नहीं तो उसका अपना सुख-चैन भंग।

अम्मू हँसती हैं।

– अपना-अपना मन है। कहीं शक ज्यादा, कहीं विश्वास!

मर्द सब समझते-बूझते हैं। गृहस्थ का मंत्र तो वही है न–लो और दो। जो देता है, उसे लेना भी पड़ता है।

सूसन, अम्मी को चम्मच से आइसक्रीम खिलाती है।

– जीती रहो। तृप्त हो गई हूँ।

अम्मू वापस कमरे में आकर–

– आइसक्रीम खाकर मुझे पिस्तेवाली कुल्फी याद आ रही है। चाँदपाल घाट पर खाई थी।

– क्या खास बात थी, अम्मू?

– समय और स्थान। वह जगह तो ऐसी कि किनारे पर खड़ा आदमी अवाक् होकर रह जाए।

जहाज लंगर डाले खड़े हैं। भोंपू बज रहे हैं। पानी पर बत्तियाँ झिलमिला रही हैं। लहरें एक-दूजे को पछाड़ रही हैं। नावें तिर रही हैं। किनारे पर मेले लगे हुए हैं। जीनेवालों के ऊपर आकाश का चँदोवा तना है। तारे टिमटिमा रहे हैं। चाँद भी सजा हुआ है। लड़की, इस लोक में पृथ्वी और पानी की वह रौनकें अद्‌भुत और अनोखी! ऐसे में यहाँ से चले जाने का दिल भला किसका करता होगा! पर पड़ाव आन पहुँचता है अपने वक्त पर।

जब कलकत्ता गई थी न मैं, बड़ी घूमी-फिरी।

लड़की, एक शाम मेरी बड़ी बेटी मुझे और अपनी नन्ही पोती को वहाँ ले गई! तीन शाखाएँ जुड़ गईं। तीन पीढ़ियाँ ही कहो। मैं, मेरी बेटी और मेरे नाती की बेटी। लड़की, परिवारों के बच्चे बड़े-बूढ़ों को नया करते रहते हैं। ऐसे में बड़ों को अपनी उम्र पहले याद आती है, फिर भूल भी जाती है। मग्न हो जाते हैं। उस शाम तुम्हारी बहन कुछ ऐसा करती रही कि अब वह बड़ी है और मैं उसकी माँ उससे छोटी हूँ।

उधर उसकी नटखट पोती इकावली ऐसे भाव में कि उसके पापा की नानी बूढ़ी भी है और बच्ची भी। बार-बार निहोरा करे—नानी माँ, एक और आइसक्रीम लीजिए। चलिए, मुझसे बाँट लीजिए। दोनों आधी-आधी...

स्थान और समय जुड़ते हैं तो परिवारों के पराग मिलते हैं।

ठहर लड़की, मन के झरोखे में से कुछ देख रही हूँ...

— क्या है, अम्मू?

अम्मू पोपले मुँह से हँसती हैं—

— घोड़ा। तेज-तर्रार। मजबूत। तुमने सवारी नहीं की न! न अपना वजन बनाया और न घोड़ा सधाया।

लड़की, जो समय को पहचानता है, ऋचाएँ भी उसी को चाहती हैं।

जो हाथ अर्जित करता है, वही मनचाहा वितरण भी करता है।

लड़की दीवारों के पार देखती है और आँखें बंद कर लेती है।

— ऊब गई हो तो कुछ देर घूम क्यों नहीं आती!

लड़की उठकर बाहर जाती है और कपड़े बदलकर लौटती है।

— अम्मू, कॉफी पीने जा रही हूँ। कुछ लाना तो नहीं!

पाइनऐप्पल, पेस्ट्री!

— खा लूँगी। आराम से ही लौटना। यहाँ की चिन्ता न करना। तुम मुझे यहीं पाओगी। अभी हूँ।

हाँ, बाल बनवाने जाओ तो उनसे कहती आना मेरे बाल कटवाने को। बहुत तंग हूँ। भारी हैं। मुझे चैन मिलेगा। अब इन्हें सँभालना मुश्किल है।

— सूसन, तौलिए-शैम्पू-तेल-सब सामान तैयार रखना। उनके पास वक्त कम होता है। मेरे लौटने से पहले पहुँच जाए तो ममू के बाल कटवा देना।

अम्मू, ठीक है न!

— हाँ!

— देखा सूसन! यह है मेरी लड़की!

इसके जाते ही कमरा बेरौनक हो गया है।

– अम्मीजी, दीदी आपको बहुत मानती हैं।
– सिर्फ मानती ही नहीं, माँ को जानती है। दोनों में फर्क है। मानना एक बात और जानना कुछ दूसरी। दूसरों के लिए अपने को सजग रखती है।

– सूसन, दीदी तुम्हारी अनमनी-सी हुई रहती हैं। जाने क्या बात है!
– कुछ बात नहीं, अम्मीजी! दीदी थक जाती हैं।
– पीछे से क्या तुम देख लोगी? इसे आराम बहुत चाहिए। कभी काम पर लग जाए तो फिर सब भूल-भालकर काम ही काम। मेहनत से नहीं डरती। यहाँ रहती जाओगी तो अच्छा ही है। सूसन, ऊपर से खुश्क लगती है, पर किसी का हक नहीं रखती।

सूसन, मेरा एक काम कर। बाहर जाकर आसमान की रंगत तो देख। पानी बरसने के कोई आसार हैं कि नहीं?

एक बार बारिश हो जाए तो मैं खुले में नहाकर साफ-सुथरी हो जाऊँ। पीठ की हालत तो बुरी है न! दवा-पट्टी...और न जाने क्या-क्या!
– ऊपर से तो घाव ठीक हो रहे हैं, अम्मीजी!
– मुझे बहला मत। तुम सफाई करते देखती हो और मैं देख नहीं सकती। फिर भी तुमसे ज्यादा जानती हूँ क्योंकि दर्द को सहती हूँ।

हँसकर–
– सूसन, अपनी पीठ अपनी आँखों से कोई नहीं देख सकता। मुझे इसका हाल पता है, क्योंकि मुझे सहना पड़ता है।

इस बात को छोड़ो। यह बताओ, तुमने कभी नदी-किनारे स्नान किया है? उसके तुल ठंड-गरम शॉवर कुछ नहीं। मैं नहाई हूँ बाउली में, नदी-सरोवर और समुद्र में। गहरा सुख, आनंद। पुरी में जी भर-भरकर नहाई। मेरी बड़ी बेटी ही ले गई थी मुझे वहाँ।
– अम्मीजी, आपको बड़ी दीदी बहुत याद आ रही हैं!
– आएगी क्यों नहीं! वह मेरी टीका बेटी है!

मेरे ससुराल-घर में लड़के ज्यादा थे। यह पहुँची तो खूब खुशियाँ मनाई गईं।
– और अम्मीजी, सबसे छोटी दीदी?
– समझदार बहुत है, पर एक बार मन मार लेती है तो फिर पसीजती नहीं। अपनी खूबियाँ-खामियाँ माता-पिता ही बच्चों को देते हैं। जिस मिट्टी-गारे से घड़ते हैं, वही संस्कार उन पर पड़ते हैं।

अम्मू कान लगाकर–

– आवाज आई है। देखो, दरवाजे पर कोई है। मेरा बेटा होगा।

– अम्मीजी, कोई भी नहीं।

– फिर से देखो...प्रभा होगी...मेरी बड़ी नातिन! अपने पापा पर गई है! काम से काम मिलाती चली जाती है।

सुन सूसन, छोटी मीरा से भी मिली हो न! बड़ी सुघड़-सलोनी है। आती रहती हैं नानी से मिलने! चलो, अब तुम ठंडे तौलिए से मेरा मुँह पोंछ दो। गरदन भी। सूसन, यह गरदन अब इन बालों का बोझ नहीं सह सकती।

लड़की बाहर से लौटकर–

– अम्मू, बाल अच्छे कटे हैं। आप बेहतर लग रही हैं।

– क्या तुम्हारे बाहर जाते ही मेरे चेहरे पर लाली फिर गई है!

– जी नहीं। छोटे बाल आप पर अच्छे लग रहे हैं।

– जाने इसका खयाल पहले क्यों न आया? कटवा देती तो आराम ही मिलता। अब हल्का महसूस कर रही हूँ।

पहले शादी में लड़की का सिर ऐसे गूँथा जाता था ज्यों दुनिया-भर की पाबंदियाँ दुल्हन के बालों पर ही लगा देनी हों।

मैं ससुराल पहुँची तो मौका लगते ही तुम्हारे पिताजी बोले–इस तरह के बाल गूँथने से तुम्हें परेशानी नहीं होती? सिर तो बुरी तरह जकड़ गया होगा!

मैंने कहा–मुझे तो चुटले की एक ही गूँथ भाती है। पर यह तो रीति-रस्म के ही कारण है।

तुम्हारे पिता समझाकर बोले–देखो, इस घर में ऐसा कुछ नहीं, जो बदला न जा सके। जिसे करने में आराम मिले, सहूलियत हो और जो मन को अच्छा लगे, वह निश्चिन्त हो कर सकती हो!

– अम्मू, सुनकर कैसा लगा आपको!

– अच्छा। जी में खुश हुई कि ढंग से निभ जाएगी। तुम्हारे पिता स्वभाव के नर्म और संयमवाले थे। मुझ पर बेकार की रोक-टोक नहीं थी। हाँ, परिवार की जो अपनी मान-मर्यादा थी, उसे काटने-छाँटने की कोई छूट नहीं थी। इस मामले को लेकर बड़ी सख्ती थी।

– अम्मू, यह तो हठधर्मी हुई न!

– नहीं, अनुशासन! तुम्हारे दादा साहिब का ठहराव और अनुशासन–दोनों अद्‌भुत थे। पिता-पुत्र का पलड़ा लगभग एक-सा था। न भारी और न

हल्का। बराबरी की बात मैंने इनके घर में आकर सीखी, समझी। इनके घर में लड़की-लड़के में कोई भेदभाव नहीं था।

मेरी बात ध्यान से सुन, लड़की! तुम फर्क करनेवाले घर की बेटी नहीं हो।

– और अम्मू, आपके अपने पीहर में–हमारे नाना के घर में?

– इस किस्से को रहने दो। तुलना ठीक नहीं!

– बता दीजिए!

– लड़की, तुम्हारे नाना के यहाँ लाड़-प्यार-चाव की कमी नहीं थी। खाने-पीने, खेलने-पहनने को बहुत कुछ, पर कहीं एक गहरी लकीर खिंची पड़ी थी लड़के और लड़की में।

तुम्हारे नाना की आखिरी बीमारी में हम सभी बहनें बारी-बारी उनके पास पहुँचती रहीं, पर वह जब आवाज दें तो बेटे को ही। मैं बड़ी उचाट हुई। दिल में वितृष्णा-सी हो गई कि ऐसा भी क्या पुत्र-मोह! लड़की, ऐसे समय में कुछ अता-पता नहीं रहता। सबकुछ बुढ़ा जाता है।

– क्या कह रही थी भला मैं? याद तो आए।

हाँ, हमारे भाई को भेजा गया कॉलेज और हम बहनों की पढ़ाई पंडित, ग्रंथी और मौलवी के पास।

जरा सोचो, मैं अपने भाई की तरह पढ़ती तो क्या बनती! क्या होती मैं और क्या होते मेरे बच्चे! सच तो यह है कि लड़कियों को तैयार ही जानमारी के लिए किया जाता है–भाई पढ़ रहा है, जाओ दूध दे आओ। भाई सो रहा है, जाओ कंबल ओढ़ा दो। जल्दी से भाई को थाली परस दो। उसे भूख लगी है। भाई खा चुका है। लो, अब तुम भी खा लो।

अम्मू कुछ देर खामोश हो जाती हैं।

सूसन पास झुककर–

– क्या बात है अम्मीजी!

अम्मू सहमी-सी आवाज में–

– मेरी आँखों में जलन हो रही है। धुआँ उठ रहा है। भला, क्या हो रहा है!

लड़की तेजी से रसोईघर की ओर जाती है, लौट आती है।

– आँखों पर तो जैसे कोई कुहासे का लेप कर रहा है।
कुछ ठीक से दीख नहीं रहा।

– अम्मू, इससे आराम मिलेगा।

– क्या रख रही हो मेरी आँखों पर!

– ममू, मलाई के फाहे हैं!
– इधर आओ मेरे पास!
जैसी मेरी आँखों को पहुँचा रही हो, ऐसी ठंडक तुम्हें कभी मिली? माँ से सच-सच कहना।
– नहीं, अम्मू!
देर तक कमरे में मौन लटका रहता है।

अम्मू एकाएक अपने से बेखबर होकर–
– जाने पूर्णमासी कब है! नया चाँद कब निकला था,
बताओ तो सही! मैं तुमसे पूछ रही हूँ!
लड़की रुखाई से–
– मुझे तिथियों का कुछ पता नहीं।
– तभी यह गठरी अपने कंधों पर उठा रखी है तुमने! फेंक दो इसे। फेंक दो। परे फेंक दो। लड़की, समय को खाक न बना। सँभल जा। पानी ढलान पर है।
लड़की कमरे से बाहर चली जाती है।
सूसन अम्मी को गुलोकोस देती है।
अम्मी आप-ही-आप–
– यह लड़की मेरे अंदर आई तो जाने क्यों मैं दिल-मन से अकेली हो गई थी। सिर पर एकांत ही छा गया। दिल में यही उठे कि पगडंडियों पर अकेली घूमती रहूँ। लगे चीड़ का ऊँचा पेड़ ही मेरे अंदर उग आया है। वही उगा। एक पेड़ ही। हवा में झूल रहा है। बस, झूल ही रहा है। इसके आगे कुछ नहीं। इस लड़की को सर्द न समझना, इसके पानी में अंगारे हैं। अपने को काबू किए रहती है, जाने कैसे!

– सूसन, घंटी बजी है। कोई आया है। बीबा-बौबा होंगे। मेरे पोता-पोती।
– अम्मीजी, वे लोग तो अपने ननिहाल गए हैं।
– हाँ, अपनी नानी का दिल लगाने ही तो!
इस दुनिया से जानेवाली हूँ–सोचकर मेरी समधिन उदास हो रही होगी। उसी को पुचकारने गए होंगे। सूसन, मिली हो न मेरे पोते से! हू-ब-हू अपने दादा साहिब पर है। वैसे ही बैठना-उठना, वैसे ही हाथ की हरकत, खाने के मामले में भी...

अम्मी सो जाती हैं।

आँखें खोलते ही अम्मी कमरे की पहचान करती हों जैसे।
लड़की को पलँग के पास खड़ी देखकर तीखी आवाज में–
– कौन हो री तुम भला! तनी हुई आती हो और दनदनाती हुई निकल जाती हो! देखी हुई है यह सूरत। अपने पिता की झलक उठा ली? लड़की, उनमें अहंकार जरा न था और तुमने अहं की पोटली दिमाग में डाली हुई है। इसीलिए तो किसी से कुछ बाँटा नहीं।
लड़की दबे पाँव कमरे से बाहर चली जाती है।

– सूसन, देखना जरा, आलमारी पर एक गुल्लक पड़ी है। मेरी नातिन की है। इधर-उधर मत कर देना।
खूँटी पर सीलम की लच्छी डाल रखी है मैंने। पोती के लिए गुड़िया बना रही हूँ। बाल लगाऊँगी और चुटला पहनाऊँगी। गुंजल मत डाल देना। खिड़की के पट क्यों बज रहे हैं! रह-रह किसका आँचल लहरा रहा है! अरे, यह तो मेरी ओढ़नी है। पकड़ लो कसकर, नहीं तो आँधी में उड़ जाएगी।
सूसन दीदी को बुला लाती है।
दोनों अम्मू पर झुककर–
– सो गई हैं। गहरी नींद में हैं।

– सूसन, तनिक आराम कर लो। मैं यहीं बैठी हूँ।
अम्मू जागकर, धारदार आवाज में–
– सूसन, कहाँ हो! मेरा बिस्तर बदलो! गीला हुआ पड़ा है!
सूसन अम्मी को साफ कर बिस्तर बदलती है।

लम्बी गहरी नींद के बाद अम्मू हड़बड़ाकर उठती हैं।
– सुन रही हो न गाड़ी की आवाज। स्टेशन दूर है, पर इंजन की आवाज धड़धड़ाती हुई यहाँ तक पहुँच जाती है। धँस जाती है मेरे अंदर।
लड़की अपने बालों को सहलाती है।
– जब तुम्हारे पिताजी चला-चली की तैयारी में थे तो सुबह चार बजे वाली गाड़ी की आवाज पर चौंककर उठ बैठते।
मैं चुपचाप देखती रहती। उनसे पूछा कभी कुछ नहीं! क्या पूछती!

एक रात ऐसी ही थर्राती आवाज पर उठ बैठे और सिरहाने पर कोहनी टेक मेरी ओर झुके–

सुन रही हो न! यह आवाज मुझे बहुत उदास कर जाती है।

मैं चुप! क्या कहती!

यात्रा पूरी होने पर आती है तो जाने क्या-क्या दिल को खटखटाता है।

बीते सुखों के समूह पिछली दिशा की ओर और जीवात्मा विराट की ओर।

वापिस।

लड़की ओढ़न ठीक करने के बहाने माँ की कलाई छूती है।

अम्मू नरमाई से–

– अभी यह प्राचीना ठीक चल रही है। जाकर आराम करो।

लड़की संकोच से उबरने के लिए–

– अम्मू, मैं तो अपने लिए कॉफी बनाकर ला रही हूँ।
क्या आपके लिए भी?

– न! कुछ खिलाना ही चाहती हो तो कोई ताजा फल दो।

– आम कि आलूबुखारा।

– आम ही। यथा नाम तथा गुण।
लड़की, तुम्हारी बड़ी बहन फल अच्छा काटती है। आम की फाँकें करती है दो। काँटे से गोदकर उस पर मलाई डालती है। आँख और मन–दोनों स्वाद में रस-बस जाते हैं।

– उन्हें भी तो आप ही ने सिखाया होगा!

– नहीं, यह नजाकतें इसी घर की हैं। हमारे यहाँ की नहीं।

लड़की हँसकर–

– अम्मी, हमारे और तुम्हारे घर का जिक्र एकाएक कैसे होने लगा!

– क्यों, इसमें हैरानी की क्या बात है! औरत जब नए घर में जड़ें जमाती है तो अपने मायके को दिल के पिछवाड़े डाल देती है।
अपनी माँ को ही देख लो। जिन्दगी गुजर जाने के बाद आज उन्हें याद कर रही हूँ।

– अम्मू, अब तो मुठभेड़ का कोई अंदेशा नहीं, पर मुकाबले की बात कैसे उठी मन में!

– भोली बातें। सोचने-कहने का मौका ही कहाँ था!
अब लेटे-लेटे दोनों अलग-अलग रंग दीख रहे हैं।

– अम्मू, किस ओर का पलड़ा भारी है!

– शेखी मत बघार, लड़की! मेरे पीहर की खूबियाँ भी कम नहीं थीं।

– उसी शाख से निकली हुई हैं आप भी! घर-भर को काबू किए रहीं!
– नहीं री! तुम्हारा खानदान किसी को गरदानता नहीं। सबकी खूबियाँ निगल जाता है यह परिवार।
– यह न कहें! आपकी आवाज से परिवार चलता रहा है।
– जो भी है तुम्हारे घराने में, रस-बेरस आर-पार फैला है। जाने कहाँ देखते हैं और क्या सोचते हैं। अपने से ही उलझे हुए रहते हैं।
– अम्मू, क्या हम सभी आपको ऐसे ही लगते हैं!
– तो और कैसे, जैसे हो वैसे ही तो लगोगे। हमेशा से ऐसे ही थे। लड़की, मेरा मायका भी कुछ कम न था। पर उन्होंने तुम्हारी तरह अपने को सिर पर नहीं उठा रखा था। तुम्हारे यहाँ तो हर किसी को शिलालेख लगा हुआ है।
– अम्मू, ऐसी बातें क्यों कर रही हैं!
– कर लेने दो मुझे। यह हिसाब-किताब बताने दुबारा थोड़े ही आऊँगी? गृहस्थ में पाँव रखकर स्त्री का जो मंथन-मर्दन होता है, वह भूचाल के झटकों से कम नहीं होता। औरत सहन कर लेती है, क्योंकि उसे सहन करना पड़ता है।
– अम्मू, अगर आपको दुबारा इसी परिवार में आना हो तो कैसा लगेगा!

अम्मू पहले गुस्से में लड़की को घूरती हैं, फिर हँसने लगती हैं–

– अरी, इस कुल की बुढ़िया...किसी ने दुनिया में भेजने से पहले मुझसे पूछ ही लिया तो मैं लौटकर यहीं आऊँगी। इस घर में तुम्हारे पूर्वजों की संचित समिधा है। मेरा अपना बनाया हुआ परिवार यहाँ सुरक्षित है तो भला मैं क्यों किसी दूसरे घर का दरवाजा ढूँढ़ने लगी!

लड़की भरसक अपने को सँभाल माँ का माथा चूमती है।

– बरसों-सालों-साल इस दुनिया में रही हूँ पर इन दिनों बार-बार यही मन में कि इतना जीना था तो कुछ ढंग का काम ही किया होता। इतनी बड़ी दुनिया है, उसे ही देख डालती। पर गृहस्थी के ताने-बाने में ही उम्र गुजर गई।
– अम्मू, आपने बहुत-कुछ किया है। सारे परिवार को बनाया।
– मुझे बढ़ा-चढ़ाकर मत बता, लड़की! मैं तुम सबकी माँ जरूर हूँ, पर अलग हूँ। मैं, मैं हूँ। मैं तुम नहीं और तुम मैं नहीं।
– मेरी बात तो सुनें...

अम्मू भड़ककर–

– इस लिहाजदारी से मेरा अब कुछ बननेवाला नहीं। सुन लड़की, संतान माँ के हिस्से का सारा वक्त गटक जाती है।
– अम्मू, किसी से तो कुछ सुख-संतोष पाया होगा!

– मैं उसकी बात नहीं कर रही। माँ पैदा करती है।
पाल-पोसकर बड़ा करती है। फिर उसी की कुर्बानी!
माँ को टुकड़ों में बाँटकर परिवार उसे यहाँ-वहाँ फैला देता है। कारण तो यही न, समूची रहकर कहीं उठ खड़ी न हो! माँ को प्योसर गाय या धाय बनाकर रखे रहते हैं। खटती रहे। सुख देती रहे। उसका काम इतना ही है। वह अपने तईं कुछ भी समझती रहे, पर बच्चों के लिए मात्र घर की व्यवस्था करनेवाली।

सूसन माँ के सिरहानेवाली हल्की बत्ती जलाती है और अम्मू आँखें मूँद लेती हैं।

आधी रात अम्मी जगकर–

– सूसन, बताओ तो सही, घड़ी में क्या बजा है!
रात हो रही है कि दिन निकलनेवाला है!

– रात के दो बजे हैं, अम्मीजी!

– यह रात मुझे सरकती मालूम नहीं देती।
हाँ, मेरे गले का कुछ करो। जाने क्या हो गया है! काम-धंधा कोई है नहीं। बस पड़े-पड़े बातों में पिछले बरसों को फलाँगती जाती हूँ, जैसे कोई गाड़ी भागी जा रही हो।

सूसन अम्मी को पानी पिलाती है।

– कहीं मिश्री रखी होगी!

– लाई अम्मीजी!

– काया की जड़त-घड़त सौ साल के लिए बनी हुई है। ठीक ही चल रही थी मैं। हड्डी न टूटती तो मैं चंगी-भली थी।

– यह क्या अम्मीजी, आपने फिर ड्रेसिंग खोल दी?

– हाँ खोली है। जो बँधी थी वही तो खोली है।

सूसन अम्मी को करवट दे घाव पोंछती है और दुबारा पट्टी करने लगती है।

– सूसन, मेरी बात सुनो! अब इसे खुला छोड़ दो!

– अम्मीजी, छिल जाने का डर है। रिसने लगेगा।

– क्या बातें कर रही हो! क्या मुझे मालूम नहीं कि मुझे कितना दर्द है? मैंने कोई कवच नहीं पहन रखा। मैं तीरों की सेज पर बिछी हूँ।

– सूसन, क्या गाड़ी गई?

– कौन-सी गाड़ी, अम्मीजी?

– सूसन, तुम अपनी ड्यूटी नहीं कर रही। लापरवाह हो गई हो। महीनों हो गए तुम्हें इस घर में, इतना नहीं मालूम कि गाड़ी कब आती है और कब जाती है!

– अम्मीजी, स्टेशन तो यहाँ से बहुत दूर है।

– मैं स्टेशन की बात नहीं कर रही। गाड़ी पहले डिपो से दूध की खाली बोतलें उठाने आती है, फिर दुबारा भरी बोतलें रखने आती है।

सूसन थरमस उठाती है।

– अम्मीजी, दूध कि काम्प्लैन!

– कुछ नहीं, मुझे कुछ नहीं चाहिए। मुझे तो तुम दीदी के कमरे में ले चलो।

– मैं दीदी से पूछकर आती हूँ।

– पूछकर? वह कमरा भी मेरा ही घर है। मुझे अपाहिज महसूस न करवा। पहले मुझे छोटे कमरे में माथा टेकने ले चल। फिर दीदी के पास।

सूसन अम्मी को गोद में उठा लेती है।

लड़की आहट पा आँख उठाती है–

– सूसन, यह क्या!
अम्मू, आप इस वक्त यहाँ!

– हाँ, तुम अभी सोई नहीं!
लड़की, तुम्हारे कमरे में लेटकर बात करूँ तो कुछ हर्ज है क्या!

– नहीं, अम्मू!

लड़की दीवान पर कुशन रखती है।

– सूसन, आराम से, इधर...ठीक है अम्मू!

– हाँ!
कुछ नया शुरू किया तुमने?

– नहीं अम्मू, पुराना टुकड़ा अधूरा पड़ा था। सोचा, देख डालूँ।

– अब ज्यादा सोच-विचार छोड़ दो। जो भी है, निपटाने की करो लड़की, वक्त भागा जा रहा है। हाँ, इस काम को कम नहीं समझना।
लड़की, यह भी उत्पत्ति है। दूसरी से छोटी नहीं।
प्राण की सहस्त्र धाराएँ हैं। जहाँ से जिधर बह निकलें!

अम्मी क्षण-भर बाद–

– ज्यों दिन-रात बँट जाते हैं न, मुझे लेटे-लेटे वैसे ही भासा कि हम माँ-

बेटी भी अब अलग-अलग हो गए हैं। पहचान करती रही कि कमरा तो वही है। अभी अपने ही कमरे में हूँ। इसी लोक में। सोचा, क्यों न मिल आऊँ अपनी बेटी को! चली आई। सूसन मानती नहीं थी...

अम्मू मुस्कुराती हैं–

– जो मन में सोचें और कर पाएँ, वही सर्वोत्तम प्रसाद है। हाँ, माँ की ज्यादा याद नहीं करना। उतनी ही जितनी जरूरी है। कुछ दिन बाहर लगा आना। थकी हुई हो।

लम्बी चुप्पी।

– क्या सूसन को रखे रहोगी?

– नहीं अम्मू!

– और रसोइया?

– वह भी जाएगा ही।

– दोनों में किसी एक को रख सकती हो!

– मुश्किल ही होगा।

– फ्रिज में सब्जी-दूध-दही-पनीर पड़ी हो तो ज्यादा दिक्कत नहीं। पकाने-परोसने से वक्त ताजा होता रहता है।

– जी!

– तुम भी तो कुछ सोच रही होगी आगे का!

सभी कामों के लिए देर हो चुकी है, लड़की! अकेले कैसे करोगी!

– जैसे भी चल निकले, अम्मू!

अम्मू असमंजस में–

– वैसे चाहो तो तुम क्या नहीं कर सकती! इतना लघुत्तम-महत्तम नहीं कि समेट न सको!

लड़की माँ की ओर देखती रहती है।

– अपने बहाव के विरुद्ध मत चलना।

– अम्मू, कोई जरूरी बात ध्यान में आती हो तो कहिए!

– मुझसे किसी को जरूरी रत्न-स्वर्ण-गाय-घोड़े और खेत नहीं मिलने। कोरी मंत्रणा ही समझो।

लड़की, कुल की सरदारी बेटियों को नहीं जाती।

सगुण शास्त्र से तुम्हारा भाई ही पगड़ी बाँधेगा। बाकी परिवार की पताका बहूजी के हाथ में।

– लॉकर की चाबी मेरी आलमारी में है। ऊपर के खाने में गोल डिब्बा पड़ा है, उसी में मिलेगी।

लड़की, सोना सेरों में था, अब तोलों में पाओगी। जब जरूरत पड़ी, इस्तेमाल हुआ। तुम जानती ही हो...

मेरे हाथ का पूरा कागज बना हुआ है। भाई-बहनों को दिखा देना।

बहू का अपना लॉकर है। उसकी अमानत उसके अपने पास। विदाई पर उसे सास की भेंट न पहुँच सकी तो भवानी से क्षमा माँग लूँगी।

परिवारों में इतना कुछ होता नहीं, जितना दूर से नजर आता है। किसका क्या, किसको क्यों और किसको कितना–टीप तो एक ही। नाते-रिश्तों में यही बातें।

किसी के साथ कोई बहस न करना। दूसरे सब परस्पर पूरक हैं और तुम हर घेरे से बाहर हो। लड़की, अपने को पाओगी तो अकेला ही।

लड़की सिगरेट जला लेती है।

लड़की हँसकर–

– अम्मू, दिल हो तो एक हो जाए!

– सिरहाना लगाकर सिर ऊँचा करना पड़ेगा तुम्हें!

– यह भला क्या मुश्किल!

अम्मू मजा लेकर–

– लड़की, अन्तर से आवाज आ ही जाए तो वैसा कर लेना चाहिए। अच्छा हुआ न जो इधर चली आई। आने का न सोचती, तो वहीं अँधेरों में भटकती रहती।

लड़की हल्केपन से–

– अम्मू, वैसे आपको बिस्तर से उठाना मुश्किल था। सूसन गलत नहीं थी।

– एक कमरे से दूसरे कमरे तक ही तो आना था। चाहूँ भी तो क्या ऊपर से लौटकर आ सकती हूँ तुम्हें मिलने! नहीं न!

– जी अम्मू!

– धुएँ में कई क्षण अटके रहते हैं। लड़की, तुमसे एक बात पूछ लूँ!

– हाँ, अम्मी!

– भला यह फ्लैट किसके नाम है!

– मेरे गैरहाजिर होने पर आपके नाम है अम्मू!

– तो, लड़की, यह मैंने तुम्हें दिया।

दोनों एक साथ हँसती हैं।

अम्मू बदली हुई-सी अजीब आवाज में–

– सच पूछो तो हँसने की नहीं, रोने की बात है।

– अम्मू, यह इतनी बड़ी बात नहीं कि हँसने को रोने में बदल लिया जाए।

– इतनी छोटी भी नहीं कि इस पर सोचा ही न जाए। अपने को देखती हूँ तुममें। न्यूनाधिक झलक वही है, पर स्वभाव तुम्हारे पिता के घर का।

– अम्मू, यह गुण है कि दोष!

– लड़की, न सिर्फ गुण और न सिर्फ दोष।

– आपने शक-शुबहवाली मोहर लगा दी। अम्मू, यह तो कुछ भी प्रमाणित नहीं करती।

– लड़की, तुम अपनी इकहरी यात्रा में क्या प्रमाणित करोगी? संग-संग जीने में कुछ रह जाता है, कुछ बह जाता है। अकेले में न कुछ रहता है और न बहता है!

सुन रही हो न!

– जी ममू!

– लड़की, परिवार के बीचोबीच छोटी-मोटी कर्म-भूमि बिछी रहती है। यहीं से स्त्री को अपनी और दूसरों की प्रतीति होती है।

माँ बनकर तो वह तीनों काल जी लेती है। तुम्हें गृहस्थी नहीं लगी सो तुम अपने में जी रही हो।

– और दूसरे, अम्मू?

– अपने-अपने दड़बों को सँवारने में लगे हैं।

लड़की, जो तुमने इस घर को किया-दिया, उस गणित का कोई गुणाफल नहीं। माँ का आशीर्वाद ही है।

सूसन दरवाजे में से झाँककर–

– अब अम्मीजी को उस कमरे में ले चलें।

– सूसन, अम्मू को कुछ देर यहीं लेटे रहने दो। हाँ, एक काम करो– फ्रिज में से ठंडा पानी, बर्फ, नीबू और गिलास यहाँ रख जाओ। तुम कुछ देर आराम कर लो, जरूरत पड़ेगी तो तुम्हें जगा लूँगी।

सूसन मेज पर ट्रे रखती है।

– लड़की, तेरा कमरा भरा-पूरा लग रहा है।

– अम्मू, आपके यहाँ होने से!

लड़की नीबू निचोड़कर बर्फ डालती है और गिलास भरती है।

अम्मी एकटक निहारती रहती हैं।
लड़की सिरहाने पर कुशन टिका अम्मी को टेकन देती है।
– अम्मू, गिलास थाम सकेंगी!
– हाँ, पकड़ लूँगी!
– लीजिए अम्मू, चियर्स!
अम्मू सिर हिलाती हैं।
घूँट भरकर–
– लड़की, हम कहीं-न-कहीं, कभी-न-कभी मिलेंगी जरूर। एक-दूसरे को पहचान लेंगी। इतनी बड़ी दुनिया है। इसमें भूल नहीं हो सकती। माँ कहीं भी हो, बेटी कहीं भी हो, माँ कोई भी हो, बेटी कोई भी हो–माँ-बेटी तो माँ-बेटी रहेंगी। रहती दुनिया तक।
लड़की रुलाई रोक देर तक माँ की ओर देखती रहती है। फिर लम्बे क्षण तक गिलास में के तरल को, और गहरा घूँट भरकर गिलास ताजा कर लेती है।

अगला दिन।
अम्मू चुपचाप खामोश लेटी हैं। अबोला उतर आया है।
हाथ की चूड़ियाँ उतार तकिए के नीचे सरका देती हैं।
ओढ़ी हुई चद्दर गुमेचकर फर्श पर फेंकती हैं।
सिर के नीचे वाला सिरहाना निकाल किनारे रख देती हैं।
कुशन उछालकर दरवाजे की दहलीज पर डाल देती हैं।
अपने नीचे बिछी चद्दर को खींचने की कोशिश में सिर को दाएँ-बाएँ घुमाती हैं।
सूसन कमरे में आते ही–
– अम्मीजी, आप यह क्या कर रही हैं!
– देख तो रही हो कि क्या कर रही हूँ!
– अम्मीजी, ऐसे तो नहीं करते...
– जरूरत पड़ जाए तो करते हैं!
– मैं बिस्तर बदल देती हूँ, अम्मीजी!
अम्मू चुपचाप ड्रेसिंग खोलने लगती हैं। रुई, गाज, पट्टी बारी-बारी खींचकर ढेर चिलमची में फेंकती हैं।
सूसन दीदी को बुला लाती है।

लड़की पास आकर मुलायम स्वर में—

– अम्मू, भला यह क्या हो रहा है!

– वही हो रहा है जो देख रही हो!

– अम्मू, इस तरह खींचने से घाव रिसने लगेंगे। क्या गरमी लग रही है?

– नहीं, मुझे सरदी लग रही है।

लड़की कूलर ऑफ करती है।

अम्मी गुस्से में—

– गरमी-सरदी जो भी हो, अब सब सामान निकालकर बाहर कर दो!

अम्मू अपने गले से चेन उतारने की कोशिश करती हैं।

– उतार दो। नहीं चाहिए। अब कुछ नहीं चाहिए।

लड़की प्यार से—

– अम्मू, ऐसे नहीं!

अम्मू विस्फारित नेत्रों से देखती चली जाती हैं।

– अम्मू, किसी चीज पर मन हो...इच्छा हो...

अम्मू तर्जनी से—

– चुप!

– अम्मू, क्या बात परेशान कर रही है आपको! मुझे बताइए तो! बता दीजिए!

अम्मू लम्बे क्षण तक दरवाजे की ओर देखती चली जाती हैं।
फिर संकेत से लड़की को पास बुलाती हैं, जैसे कान में कुछ फुसफुसाती हों।

– जैसे मैंने यह ऊपर की चद्दर उतारी है, वैसे ही मेरा बदन उतार दो। मुझ पर से मेरा शरीर अलग कर दो। अब और नहीं सहा जाता।

लड़की माँ पर झुकी रहती है।

सतर्क। स्तब्ध।

– मेरे कपड़े घर में नहीं रखना। सब निकाल देना। कहीं भेज देना। दूर। आँखों से ओझल कर देना इन्हें।

लड़की एक कौंध में माँ के अन्तराकाश में से जैसे कुछ पकड़ पाई हो। कंठ को संयत कर कहा—

– अम्मू, आप जैसा चाहती हैं, वैसा ही होगा। पर एक बात मेरी भी सुन लीजिए—
  मैं आपके पहनने के कपड़े किसी को नहीं दूँगी। मैं उन्हें पहनूँगी।
  अम्मू, सुन रही हैं न!

इस बारे में आप कुछ भी कहेंगी तो भी मैं मानूँगी नहीं।

अम्मू के चेहरे का तनाव तकिए में घुल जाता है।

अगली सुबह अम्मू चौकस लगती हैं।

– सूसन, आज धीमे कदम उठा रही हो। रात को सोई नहीं!

– नहीं अम्मीजी, मैं सो गई थी।

– तो क्या मैं मचल मारकर लेटी हुई थी?

सूसन, तुम्हारा मरीज सोएगा तो तुम सोओगी।

मरीज जागेगा तो तुम जागोगी।

सूसन हँसती है।

– मेरी बात सुनो सूसन, पास आओ!

दस्तखत हो गए हैं।

अब तैयारी ही समझो।

दस्तावेज भी बन चुका है।

सूसन जरा बाहर झाँककर देख।

आसमान पर कोई बादल का टुकड़ा दीख रहा है?

सूसन बालकनी से लौटकर–

– अम्मीजी, आसमान तो बिलकुल साफ है। कोई बादल नहीं। तेज धूप है।

– तुम मेरा गुसल तैयार करो। आज मैं बदन पुँछवाऊँगी नहीं। गुसलखाने में नहाऊँगी। शॉवर से।

– अम्मीजी, डॉक्टर साहिब को फोन करके पूछ लें।

– नहीं। वह दवा-दारू का कर्ता-धर्ता है। उसका काम तो हो चुका। अब वह मेरी देह का डॉक्टर नहीं।

सूसन, इन सब डॉक्टरों के ऊपर भी एक बड़ा डॉक्टर है। ऐन वक्त पर फीस की जगह आदमी का आदमी वसूल कर लेता है।

– अम्मीजी, मैं जरा दीदी को जगा दूँ।

– उसे सोने दो। उसके सिर पर बड़ा काम आनेवाला है। थोड़ा आराम ले सके तो अच्छा है। हाँ, जरा वह साबुन तो लाकर बता जिससे नहला रही हो!

– अम्मीजी, यह रहा!

– न। यह नहीं। मेरी कैबिनेट में डिब्बा रखा है। उसी में से एक टिकिया निकाल लो।

सूसन, यह साबुन बच्चों के लिए है। त्वचा को खुश्क नहीं करता।

लड़की पास खड़ी होकर त्रस्त-सी देखती है।

– अम्मू, नहाने से पहले नाश्ता कर लें!

– जैसा कहो। नाश्ते में क्या मिलनेवाला है आज!

– आप जो भी चाहें! आमरस, टोस्ट, अंडा, पराँठा, दही, मक्खन...

अम्मू हँसती हैं–

– मेरा वजन बढ़ाकर ऊपर भेज रही हो क्या! वहाँ कौन-सी मेरे जिम्मे मेहनत लगनेवाली है। लड़की, यही लोक है जहाँ मनुष्य हाथ से काम कर कुछ सँवार सकता है। ऊपर घर-घर चूल्हे नहीं जलते। न ही काया में अग्नि का स्फुरण होता है। किसने देखा आँख से बैकुंठ धाम! कहीं और नहीं, जीनेवालों का तीर्थ-धाम यहीं है...यहीं।

अम्मी रात की नींद में...

अचानक अचकचाकर–

– तुम लोगों को क्या हो गया! दोनों बेध्यान सोई पड़ी हो। उठकर जरा देखो तो सही मुझे!

लड़की पास झुकती है–

– क्या बात है, अम्मू?

– कौवों ने शोर मचा रखा है। काँव-काँव-काँव। इनकी फड़फड़ाहट मैं नहीं सुन सकती। उड़ा दो इन्हें। दूर भगा दो। मुझे सुनाई न दें।

लड़की खिड़की खोल उड़ाने की आवाज करती है। फिर कपाट बंद कर ममू को निश्चिंत करने के अंदाज में–

– अम्मू, अब सो जाइए। सब उड़ गए हैं।

– सब कौन?

– कबूतर, अम्मू!

– क्या कबूतर ही थे?

– हाँ!

– उन्हें दबोचने को बाहर बिल्ली जरूर बैठी होगी।

– नहीं अम्मू, बाहर कुछ नहीं।

– तुम्हें नहीं मालूम, लड़की! शेर बैठा है। निगल जाएगा।

सूसन चम्मच से मुँह में पानी डालती है।

– पेड़ तले दीया कौन रख गया है? हवा चल रही है। बुझ जाएगा।
मुझमें दरारें पड़ रही हैं। अलग-अलग हो रहे हैं मेरे अंग।
यह झमझमाते नीले चेहरेवाला कौन है? क्या मुझे लेने आया है?
जल्दी से मेरे बेटे को बुलाओ...
मेरे पास आओ बेटा...मुझे विदा करो!

– सूसन, अँधेरा क्यों कर रखा है? मेरे पाँव के नीचे से सीढ़ी मत उठा।
मैं आप सीढ़ी चढ़ूँगी।
ठउली मेरी सफेद जूती ले आ–
मुझे मशोबरे तक जाना है।
लड़की, पिताजी से कहो मेरा इंतजार करें। मैं आ रही हूँ।

– हम काली बाड़ीवाले रास्ते से क्यों जा रहे हैं!
वहाँ तो बकरे और भैंसे कट रहे होंगे!
हट-हट-हट–
तांबई रंग की नरभक्षिणी मेरा पीछा कर रही है!
कहाँ से निकलूँ?
मुझे सींगों पर उठा लेगी!
अँधेरे के थान-के-थान कहाँ से खुलते चले आ रहे हैं?
मुझे काहे को लपेट रहे हो?
मेरी आँखों को मत छुओ।
लड़की, अपने भाई को आवाज दो!
उसे जल्दी बुला लो!
खूँटे पर से मेरा घोड़ा खोल देगा।
उसे समुद्र-पार दौड़ा ले जाऊँगी मैं!

लड़की माँ का हाथ छूकर–
– अम्मू, डुबकी ले नहा लीजिए!
सब ठीक हो जाएगा!

लम्बी साँस, थरथराहट और कमरे में सब शांत।

माई

मार्कंडेय

"बचवा, यह कूनी इस समय कैसा सीधा-सादा बनकर बैठा है, जैसे यह तो बेचारा कुछ जानता ही नहीं, मैं पास बैठी हूँ न!" माई मिट्टी की खाभी में मथानी चलाती हँसती हुई कह रही थीं, "एक तुम भी लड़के थे कि कच्ची जबान कभी किसी ने मुँह से नहीं सुनी। ये सब तो इतने पाजी हैं कि जहाँ घर की देहरी लाँघेंगे, हाथ के बाहर हो जाएँगे।"

रज्जू वहीं बाँस के नन्हे-से खटोले पर बैठा, फूल के कटोरे में दूध और धान का लावा खाता, कूनी को देखकर मुस्कुरा रहा था, "नहीं माई, यह तो बेचारा बड़ा सीधा है। यह छोटे साहब बहुत शरारती हैं। मैंने कहा–भैया, मेरे सिर के पके बाल निकालो। एक पैसे फी बाल के हिसाब से तुम्हें पैसे मिल जाएँगे, तो एक बाल उखाड़ लिया और उसे मुझे दिखाकर कहने लगे, 'यह देखो, फेंक दे रहा हूँ।' और फिर उसी को बीस बार दिखाकर कहते हैं, 'बीस पैसा हो गया भइया!'"

छोटा रबी बड़े भाई की बात सुनकर माई के पास से उठा और रज्जू की पीठ से जा लगा, "पाँच आने हो गए हैं भइया, बहकाओ नहीं।"

दूसरा बीरू माई का रज्जू से छोटा लड़का उसी खटोले के पैताने चुपचाप बैठा किसी कारण नाराज है। माई मथानी चलाते हुए बार-बार इसे देख लेतीं और बात करने लगतीं। कूनी आँखें टेढ़ी करके देखता और लगातार हँसता, पर हँसने की कोई आवाज सुनाई न देती। माई उसके ऊपर इस समय इसलिए बिगड़ी थीं कि उसने चाची की छोटी लड़की को घर में घुसते ही एक थाप लगा दी थी और लड़की का बेसुरा अलाप और उसकी माँ की तानों भरी गरमराहट-सी आवाज अब भी कोठे पर आ रही थी। "बहुत अच्छे लड़िका हैं तो क्या किसी को कुछ दे देंगे क्या, जब होगा ठुनकियाते चलेंगे, वह भी तो अपनी माई की

कोख से ही जनमी है, कोई परती-परेल में से तो आई नहीं। माई का करेजा तो एक ही है न, उन लोगों को तो कोई छू भी ले तो बाघ की तरह खाने दौड़ती हैं..."

इस आवाज की उठान के साथ-साथ माई का गुस्सा थर्मामीटर के पारे की तरह चढ़ता जा रहा है। पर कूनी है कि शोर बढ़ने के साथ अपनी खामोश हँसी पर से काबू खोता जा रहा है। रज्जू और रबी भी हँसी का गहरा आवेश महसूस कर रहे हैं, पर माई के बिगड़ते हुए रुख को देखकर उसे होंठों पर उतरने नहीं दे रहे हैं। बीरू के माथे पर शिकन आती जा रही है और माई के क्रोध के साथ ही उसका बढ़ता क्रोध भी बढ़ता जा रहा है। अन्त में उससे नहीं रहा जाता और घूमकर कूनी को जलती दृष्टि से देखता है, तो जैसे पाला मार गया हो कूनी को।

सहसा वातावरण भारी हो गया, नीचे का शोर भी मन्द हो गया। बस माई की मथानी की एक निश्चित ताल पर चलने की आवाज सुनाई पड़ रही है। रबी माई के आँचल में धँसा टुकुर-टुकुर ताक रहा है।

"इस घर का यही हाल समझो!" कहते-कहते माई के चेहरे की रेखाएँ एकाएक और भी गहरी हो गईं और उनके नन्हे-से मुखड़े पर वार्धक्य की परछाइयाँ मुखर हो आईं। रज्जू को याद आ गया। जब माई कभी-कभी काम से छुट्टी पाकर कटोरी में तिल्ली का तेल और कंघी लेकर अपने बालों को ठीक करतीं, उठतीं, आँचल फैलाकर आजी के पाँव लगतीं, फिर कभी-कभी अपने हाथ-पाँव निहारने लगती—आजकल की बहुरियों को देखो न भइया, डोली से उतरी नहीं कि गाल पिचक गए। दो दिन चौका-बरतन करने में हाथ-पाँव करकराकर फट जाते हैं। नहीं तो बारह बरस हो गए इस घर में उतरे, पल भर को चैन नहीं मिला होगा। हिल्ला-किच्चा एक भी न बराया होगा—और वे अपना हाथ आगे फैला देतीं! कभी काले, घुँघराले बालों में कंघी चलाना मुश्किल होता था और आज! रज्जू माई के सिर की ओर देखने लगा था। उन्होंने धोती थोड़ी आगे खींच ली, उनके सफेद बाल छिप गए।

बीरू बिना बोले एकाएक उठा तो सामने की खुरदरी मुँडेर पर सोन्हाने के लिए रखी खाभी उसके हाथ से टकराकर फर्श पर गिरी और पक्क-से फूट गई। छाजन पर आँख गड़ाए बैठा कौआ काँव-काँव करके उड़ा और चारपाई के नीचे गुड़मुड़ाई बिल्ली उठ खड़ी हुई। फिर आगे-पीछे के पाँवों को फैलाकर देह तोड़ती हुई धीरे-धीरे दूध के घर की ओर जाने लगी। बीरू ने जीने के पास ठिठककर उसकी ओर देखा और वहीं से कड़ककर बोला, "कहाँ?" बिल्ली को जैसे बिजली की करेन्ट छू गई हो। जान लेकर छत की ओर भागी और बिना कुछ बोले वह धीरे-धीरे नीचे उत्तर गया। माई के चेहरे पर एक दबी हँसी उभर आई, जो केवल हँसी नहीं थी बल्कि अपने पीछे कोई बड़ा प्रसंग लिये हुए थी। उन्होंने पीछे घूमकर देखा और दबी जबान में कहने लगीं, "बिलार राम की जान सूख गई बचवा! उसे देखते ही सिर

पर पाँव रखकर भाग खड़ी होती हैं।'' रज्जू भी मुस्कुरा पड़ा। निश्चय ही इसमें माई का समर्थन था पर कूनी की हँसी में खुराफात थी—माई की आलोचना थी, लेकिन रज्जू उसे कुछ कह नहीं पा रहा था। उनका चेहरा फिर बिगड़ने लगा और कूनी अपनी जगह से धीरे-धीरे उठने लगा। सहसा रज्जू का ध्यान माई के हाथों की ओर गया ही था कि कूनी नौ दो ग्यारह। बाहर के दरवाजे के पास पहुँचकर उसकी हँसी का फव्वारा फूट पड़ा। सारे घर में उसकी छल्-छल् ध्वनि गूँज गई, फिर वह देर तक वहीं खड़ा हँसता रहा और माई किटकिटाकर अपना गुस्सा व्यक्त करती रहीं। पहले तो रज्जू को भी उसकी इस बेमानी हँसी पर हँसी आई पर माई का रुख देखकर उसने अपना रुख भी बदल लिया और गुस्से में कूनी की ओर देखा तो वह चुप होकर धीरे-धीरे बाहर चला गया।

नीचे आँगन में कोई छोटा लड़का बार-बार तम्बाकू के लिए आवाज दे रहा था और रसोई के काम में लगी हुई उसकी माँ उसे झिड़कती जा रही थी। चरवाहा अपने जानवर थान पर से छटकाकर दोपहर का दाना माँगने आया था और बार-बार इस बात का हवाला दे रहा था कि अगर जानवर किसी के खेत में चले गए तो बाबू हमीं को पीटेंगे। तुलसी के चौरे के पास रोटी-गुड़ खाती नन्ही बच्ची के हाथ से गाँव की कोई चोट्टिन कुतिया रोटी का टुकड़ा छीन ले गई थी और वह गला फाड़-फाड़कर चिल्ला रही थी। सयानी राधा वहीं एक ओर खटोले की पाटी पकड़े स्थितप्रज्ञ-सी बैठी थी, बीच-बीच में इधर-उधर आँख उठाकर देख लेती थी और बड़ी ही मधुर आवाज में किसी को उत्तर दे देती थी।

रबी अब भी माई की गोद में उसी तरह बैठा था। कभी रज्जू भी माई की गोद में इसी तरह बैठा करता था—घंटों, जैसे वही उसका मायालोक हो! आज रज्जू को वह सब याद आ रहा था।—माई के बीसवें-बाईसवें में रज्जू उस परिवार में सूर्य की तरह उदित हुआ था। माई के कहने का भाव यही होता था कि हमारे कुल-परिवार, गाँव-जवार में सूरज की रोशनी फैल गई थी और धूप की भावभरी, कुनकुनी खुशियों में मनोहर फूल खिल उठे थे। माई यह भी बताती थीं कि परिवार के पुश्तैनी दुश्मन अपनी भेंट साथ-साथ लेकर रज्जू के बाबा को बधाई देने आए थे। सूरजभान सिंह का वर्णन करते हुए माई की आँखों में तारे चमकने लगते थे। सफेद कलारास घोड़े पर मुरेठा बाँधकर बरही के दिन आए तो बाबा ने खटिया से उठकर उनका स्वागत किया था। साथ में दस सेर जूनी दूध देनेवाली पहिलाँ गाय, दो नौकरों के सिर पर बतासे का रँगा हुआ कुंडा और एक्यावन रुपए बच्चे की मुँह-देखाई। और था भी रज्जू माई के लिए वैसा ही, एक पुत्र नहीं, सौभाग्य के दिए हुए चरम आनन्द का एक भाव। पहले तो वह समझ ही नहीं पा रही थीं कि अपने आँचल में इस भाव को कैसे छिपाएँ पर धीरे-धीरे उन्हें बोध होता गया।

वह कहीं काम कर रही होतीं और एकाएक आँधी का झोंका आता तो विशालकाय बाबा के पैरों की नसें दहलीज में चटख जातीं और आँगन में आकर उनकी हुक्की पुड़कने लगती, 'दुलहिन, बचउआ को आड़ में कर लो, आँधी आ रही है।' और क्षण ही भर बाद उनके छोटे भाई भी जल्दी-जल्दी घर में घुसते, जैसे कोई महान आपत्ति आ रही हो, 'कहाँ है भइया, जल्दी आड़ में करो!' और माई का हाथ-पाँव बँध जाता था। वह तो अब भी उन बातों का वर्णन करते-करते पसीने-पसीने हो जाती हैं—रज्जू सोचता जा रहा था और नीचे का शोर कानों को छेद डालने की स्थिति में पहुँच गया था। माई ने हाथ की मथानी, दही की कमोरी में छोड़ दी और अपना दीर्घ मौन तोड़ते हुए कहने लगीं, "अब देखो यही भइया; न उठूँ तो किसी को पानी न मिले। चार-चार जन हैं नीचे, लेकिन कोई उठ नहीं सकता। घर के मन्सेधू गरजते हुए आएँगे तो हमीं को दोसी कहेंगे। ऊपर से इन लड़कों की झिक-झिक; सोचती हूँ, कुछ दिनों के लिए कहीं चली जाऊँ तो देखूँ कैसे चलता है इन लोगों का काम?"

रज्जू माँ को खूब पहचानता है, "नहीं माई, तुम्हारे जाने से तो सारा काम ही बिगड़ जाएगा। किसी को कोई पूछनेवाला होगा यहाँ!" उसने हाथ का कटोरा जमीन पर रखते हुए कहा और रबी को पकड़कर अपनी ओर खींच लिया, "माई, शहर में रबी की बड़ी याद आती है।"

"तुममें इसमें कोई अन्तर नहीं है बचवा, सच कहूँ..." जैसे माई बड़े जतन से मन का भार उतार देना चाहती हों, "उन दोनों को तो मतारी-बाप का धियान ही नहीं रहता। रोज-न-रोज एक झगड़ा रोपे रहेंगे। मुदा ये हमरे मुन्ना..." कहकर माई ने रबी का हाथ पकड़कर अपनी ओर खींचा तो रबी शरमाकर उनके पैसें में छिप गया। रज्जू सोचने लगा—चार ही बरस पहले की बात है, जब मैं छुट्टियों में घर लौटता और कभी माई के आँचल में मुँह डालकर दूध पीने का दिखावा करता तो रबी जहाँ भी होता तेजी से माई की ओर भागता और हाथ में जो भी होता, चला देता। वह हँसते-हँसते लोट-पोट हो जातीं और उसे अपने सीने में छिपा लेतीं।

लेकिन माई अपनी बात कहती जा रही थीं, "जब कभी काम-धन्धा से थककर किसी खटोले पर पड़ जाती हूँ और एक बार भी मुँह से कराहने की आवाज निकल जाती है, तो बचवा इस तरह मेरी देह दबाता है कि आत्मा शीतल हो जाती हैं, 'कहाँ दरद है माई, यहाँ?...यहाँ?' इन्हीं नन्हे-नन्हे हाथों से छू-छूकर ऐसे पूछता है कि सारी दुनिया का सुख-सोहाग छोटा लगने लगता है।"

रबी शरमाकर उछल रहा है कि किसी तरह माँ का मुँह छू पाता तो उस पर हाथ रखकर उसे बन्द कर देता पर माई?...माई का मुँह कौन बन्द कर सकता है! आसमान भी तो उससे छोटा है—ठीक रबी के बराबर और रज्जू का रोम-रोम

पुलकित हो जाता है। वह सोचने लगता है कि क्या सचमुच वह माई को इतना प्यारा है? उससे बढ़कर दूसरी सफलता उसके जीवन की क्या हो सकती है कि हर अच्छे समय माई को उसकी अच्छाइयों की याद हो आती है, और हर बुरे समय में माई उसकी कमी महसूस करने लगती हैं। शायद वही इतना प्यारा है। लोग कहते भी हैं कि पहला बच्चा माँ-बाप को बड़ा प्यारा होता है। लेकिन माई फिर बीच में बोल उठती हैं और उसका ध्यान टूट जाता है। सूरज खपरैल की सतह पर चढ़ आया है, धूप रेंगकर माई की दही की कमोरी के पास पड़ने लगी है, इसलिए वे उसे धीरे-धीरे छाया में सरकाती जा रही हैं।

''अब तो अन्न-पानी की कमी नहीं रहती, बचवा! पसु-परानी सब मजे में हैं। दो साल का पुराना चाउर अब खाया जा रहा है। नहीं तो वे कितने कुदिन थे। जोन्हरी की लिट्टी खानी पड़ती थी सारी बरसात। तिस पर भी दिन-दिन नहीं मालूम पड़ता था। नहीं तो जो हमरे जनमें हैं न!''

माई ने इधर-उधर देखा, जैसे इस बात को सबसे छिपाकर कहना चाहती हों।

''कौन-माई?'' रज्जू को विस्मय हो रहा था, ''कूनी?''

''नहीं बचवा, बीरू।'' वे कहते-कहते रुक गईं, क्योंकि बुढ़िया आजी अपनी कटोरी लिये कहरती हुई आईं और नन्ही पमील के लिए दूध माँगने लगीं।

माई दूध दे ही रही थीं कि आजी ने कहा, ''आज बतकही ही होगी कि काम-धन्धा भी कुछ देखा जाएगा? नीचे मजूर रस-दाना के लिए बैठे हैं। बचवा लोग खेतार से लौटने ही वाले हैं।''

उसी समय रज्जू के चाचा ने नीचे से आवाज दी और माई मट्ठे की कमोरी लिये नीचे उतर गईं।

रज्जू जाड़े की छुट्टियों में घर लौट रहा है, बनारस कचहरी से चलनेवाली लॉरी अपनी गति के लिए शायद संसार की सबसे धीरे चलनेवाली सवारी मानी जाए और ऊपर से भीड़ का यह हाल कि एक के सिर पर एक। सारी लारी में कोहराम मचा हुआ है, पर ड्राइवर की अपनी मस्ती। मुर्दहा की हौली पर उतरकर दो कुच्चड़ गले के नीचे उतार भी चुका है। लोग चीखते हैं, चिल्लाते हैं, पर मिठाई वाली गली की मनिहारिन का मुँह देखे बिना कैसे चले ड्राइवर? रज्जू सब जानता है और उसके होने से ड्राइवर संकोच में भी बहुत है, इसलिए रज्जू चुपचाप बैठा है; आँखों में रह-रहकर माई की शकल उतरा आती है। पूस-माघ की ठारी, शाम ही से लोग कुहरे की लपेट में आ गए हैं पर माई बार-बार रज्जू की फिक्र में हैं!...कहाँ गया है? अभी तो बाल ठीक किए हैं, कहीं धूल-माटी भर लाया तो और भी झंझट होगी, कब पूरा होगा

पाँच और उसकी मुंडन होगी।...रज्जू सिसकता हुआ लौटता है। आँखें लाल हो गई हैं, गाँव के लड़कों ने धूल डाल दी है बाल में, पर दया नहीं आई माई को...गए ही क्यों तुम, मना किया था न...और हर-हर पानी की धार। रज्जू चीखने लगता है। बाबा की हुक्की आँगन में बोलने लगती है। चाचा गाल बजाने लगते हैं, पर माई का क्रोध....रज्जू सोचता जा रहा है...पर तुरन्त जार-जार आँसू, आग की गरमाहट और माई की छोहभरी गोद...रज्जू डूब गया है...ऐसे ही कितने खयाल उसे बहाये लिये जा रहे हैं। धान की भूसी की आग माई को पसन्द है पर उसमें आग पकड़ाने के लिए पतली-पतली सूखी लकड़ी मिल जाए तो माई बड़ी खुश होती हैं। रज्जू रोज लकड़ी जुटा लेता है और माई उसे देखकर फूली नहीं समातीं। आज यही सब तो याद करती हैं, वे–

इसी गाँव के लड़के हैं भइया, मतारी-बाप का जवाब देते हैं, सड़-सड़ गाली मुँह से निकल आती है पर एक बचवा भी इसी गाँव में थे कि किसी नीच-ऊँच जाति ने बदजबान भी न सुनी होगी मुँह से। अगर कभी डाँटकर कह दिया होगा कि उस रास्ते न जाओ तो बचा वह रास्ता भूल गए होंगे।

यही सब याद करता रज्जू घर पहुँचा तो दूर ही से चाचा के जोर-जोर से बिगड़ने की आवाज सुनाई दी, ''साले को पकड़ लाओ तो आज मार ही डालेंगे।''

घर पहुँचने पर उसे पता लगा कि किसी मुराई ने उनसे यह कह दिया कि बीरू ने उसका भाँटा तोड़ा है और साथ ही एक उखाड़ा हुआ बैंगन का पौधा भी चाचा को ला दिखाया। चाचा इसे अपने घर के आत्मसम्मान के विरुद्ध समझते थे और उन्होंने उसी बैंगन के पौधे से बीरू को बहुत पीट दिया। लेकिन उसी समय उन्हें पता लगा कि बीरू ने यह काम नहीं किया था, वह तो चुपचाप चला जा रहा था। गाँव के किसी दूसरे लड़के ने भाँटा तोड़ा तो बीरू ने उसे डाँटा भी था। चूँकि बीरू एक नामधारी घर का लड़का है, इसलिए मुराई ने उसी के नाम से रपट कर दी। चाचा का पश्चात्ताप गहरा था, और इसी क्रोध में वे मुराई को पकड़ लाने के लिए आदमी भेजकर गरज रहे थे।

रज्जू घर में गया तो बीरू सीने से तकिया लगाए चुपचाप एकटक दीवार की ओर देखता लेटा है। और माई भादो के भरे-भरे, कजरारे मेघ की तरह अपने कामों में लगी घूम रही हैं। रज्जू ने पैर छुआ तो रुकीं, फिर जैसे मशीन की तरह चलने लगीं और बीरू बिना नमस्कार किए ही उठकर तेजी से बाहर चला गया।

अँधेरा गहरा था और कुहरे की ओछाँह ने उसे और भी गाढ़ा बना दिया था। कूनी बिना कुछ ओढ़े ही चुपचाप चारपाई के पायताने बैठा था और रबी रह-रहकर सबका मुँह ताक रहा था। कोई तो कुछ कहे, पर नहीं तो नहीं। लोग रज्जू को जानते हैं, लोग उसकी माँ को जानते हैं, दोनों को साथ क्रोध आ जाए तो इस घर की नींव

खुद जाए। इस घर की दीवारें हिल जाएँ। इसलिए सब चुप हैं और इसी चुप्पी में रात बीत जाती है। कौन कहाँ सोया, इसका पता नहीं। पर बीरू ने बड़ी रात को दरवाजा भड़भड़ाया तो रज्जू की नींद खुली पर माई तो अभी बोरसी लिये चुपचाप दरवाजे पर बैठी हुई थीं।

सबेरे पता लगा कि उस मुराई के पूरे खेत के भाँटे के पौधे उखाड़कर एक मेड़ पर इस तरह रखे मिले, जैसे उन्हें बेकार समझकर मुराई ने स्वयं उखाड़ दिया हो। एक अजीब-सी सनसनीखेज बात थी पर मुराई कहीं जा भी नहीं पा रहा था और बीरू स्कूल जाने की तैयारी आज तड़के ही करने लगा था। गाँव के उसके साथी भी उसके घर ही आ गए थे। कूनी रह-रहकर मुस्कुराता था पर रबी अब भी सबका मुँह देख रहा था।

दोपहर को खाना-पीना हो जाने पर माई रज्जू के पास बैठीं तो एक साथ ही बीरू की बातें करती चली गईं।

''कूनी को डाँट देती हूँ तो वह डर भी जाता है। और खाना-पीना, कपड़ा-लत्ता सबका ध्यान रखता है, बचवा! एक-से-एक कड़ी बात कह देती हूँ पर बीरू तो अब हाथ के बाहर होता जा रहा है। समझ नहीं पाती हूँ कि क्या करूँ! डर-भीर तो रह ही नहीं गई किसी की, उसके मन में। खाना-पीना छोड़ देगा तो क्या मजाल जो किसी के कहने से माने। कभी-कभी तो दो-दो दिन दोनों जन उपवास करते रह जाते हैं। न वह खाएगा, न मैं। एक दिन तो ऐसे ही किसी बात पर नाराज होकर कोठे पर जा बैठा और हथौड़ी लेकर धीरे-धीरे बक्सों की कुंडी तोड़ डाली। एक दिन सारे अनाज के मिट्टी के बरतन तोड़ डाले। तीन-चार दिन की बात है कि बुढ़ऊ ने सागर के पिल्ले को ईंट का छोटा-सा टुकड़ा उठाकर ऐसा मार दिया कि बेचारा उसी जगह टें बोल गया। गुलेल से एक तोता मार लाया था। यहीं बैठे-बैठे कौवे की आँख में निशाना लगा देगा और निशाना भी ऐसा कि चूकना नहीं जानता।''

रज्जू सुनता जा रहा था, चुपचाप। जाड़ों की उदास दोपहरी पश्चिम की ओर ढलती जा रही थी और माई बार-बार धूप की ओर निहार लेती थीं। काम की बेला जो पास आ रही थी। रज्जू कुछ और ही सोच रहा था—कैसे यह सब आज कहती जा रही हैं माई? पिता जी ने इन्हीं बक्सों को देखकर कभी उनसे पूछा था तो माई ने कहा था, 'दुलहिन के नैहर से यह सब ऊँट पर लदकर आ रहा था, ऊँट के भड़क जाने से गिरकर टूट गया।' और जब मैंने पूछा था तो उन्होंने कोई दूसरी बात कहकर टाल दिया था।

बीरू की न खानेवाली बात को लेकर माई कभी-कभी अपना और उसका उपवास इस तरह छिपा जाती हैं जैसे दोनों ने पेट भर खाना खा लिया है, सिर्फ इसलिए न कि लोग सुनेंगे कि बीरू खाना नहीं खा रहा है तो उसे बुरा-भला कहेंगे। माई उसे मनाती भी हैं तो इस तरह धीरे-धीरे कि कहीं कोई सुन न ले। और अपने

नि:शब्द आँसुओं से ही उसे समझा देना चाहती हैं कि बेटा, तुम्हें इस तरह खाना छोड़ने पर लोग बुरा-भला कहते हैं, मुझसे सहा नहीं जाता, मैं झूठ बोल रही हूँ लोगों से। दो-दो दिन खाना न खाने पर जी तोड़कर रात-दिन काम इसलिए किया करती हूँ कि कहीं कोई जान न जाए कि तुमने अभी तक नहीं खाया है—रज्जू भीतर से भरता गया था। माई का यह दुख उसके लिए असहनीय था पर वह आग से खेलना भी तो नहीं चाहता था, क्योंकि माई के क्रोध का उसे अन्दाजा था, बीरू को वह कभी भी कुछ न कहता पर उसका मन भीतर से बेहद दुखी रहने लगा था।

माई की आज की बातें सुनकर रज्जू के मन में यह बात स्थिर हो गई थी कि वही माई का सबसे प्यारा लड़का है। उसी को माई सबसे ज्यादा चाहती हैं। उसके इस साधारण से अहं ने बीरू के प्रति उसके मन के क्रोध को और भी भड़का दिया, पर वह लाख कोशिश करने पर भी इन दो-चार दिन की छुट्टियों में कोई अवसर न पा सका और छुट्टियाँ समाप्त होते ही कॉलेज के लिए रवाना हो गया।

धीरे-धीरे बीरू का स्वास्थ्य गिरता गया और उसे कभी फिट् का, कभी साँस का दौरा होने लगा। उसी में वह बुरे लड़कों की सोहबत में बीड़ी भी पी लेता और बीच-बीच में खाना छोड़ना, झगड़ा करना और जिद पर अड़कर घर की चीजों का नुकसान करना भी उसने जारी रखा। नतीजा यह हुआ कि उसकी बीमारी बढ़ती गई। माई रोतीं, लोगों से दवा के लिए कहतीं, पर एक भी आदमी उनकी बात को ध्यान से न सुनता। कभी-कभी तो वे मरने-जीने से लेकर एक-से-एक गन्दी बातें बीरू को झुंझलाहट में कह जातीं।

"जब सबके सिर पर भार बन गया है तो मर क्यों नहीं जाता, नहीं तो इसी घर में किसी के सिर में दर्द भी होता है तो बइद-डॉक्टर दौड़ने लगते हैं।" माई फूट-फूटकर रोतीं और खाना न खातीं।

रज्जू को यह सब कॉलेज में ही मालूम हो गया था, इसलिए वह चिट्ठी पाते ही भागकर आ गया था और माई के साथ घर के उसी बारजे पर बैठा था। कूनी बार-बार आता और खटोली की पाटी पर बैठ जाता पर माई कोई-न-कोई काम बताकर उसे इधर-उधर रवाना कर देतीं, जैसे वे कोई बात उससे छिपाना चाहती हों और रबी रज्जू की पीठ पर लटका झूल रहा है। भूरी बिल्ली उसी खटोले के नीचे सिकुड़ी बैठी है और कौवा बार-बार खपरैल के कलश पर अपनी चोंच पैनी कर रहा है।

"वैद्य ने मछली-गोश्त खाने के लिए मना कर दिया था।" माई कहती जा रही हैं, "वहीं दहलीज में कूनी गोश्त पका रहा था, मैं भी अपने काम-धन्धे में लगी थी। जाने कब बीरू घर में से बाहर गया और लौटती बार चूल्हे के पास जाकर खड़ा हो

गया। कूनी चुपचाप बैठा था, उससे कहने लगा, 'बन गया हो तो दो मुझे!' उसने मना किया, तो कहने लगा, 'देते हो कि डाल दें जूता इसमें!' कूनी ने फिर मना किया और उसने पैर का जूता गोश्त के बरतन में डाल दिया...एक नहीं, एक गाड़ी बातें हैं बचवा! मैं क्या-क्या बताऊँ...?''

''मैंने सुना है कि बीड़ी-सिगरेट भी पीने लगा है?'' रज्जू ने तनिक कड़ाई से कहा तो माई के चेहरे पर हवाइयाँ उड़ने लगीं।

''ना, ना, बचवा, जानते नहीं इन लोगों को, जिसके पीछे न पड़ जाएँ।'' पर झूठ बोलने की छाया उनके चेहरे पर साफ मँडराने लगी थी और रज्जू अपनी बात दोहराता जा रहा था जैसे माई का इतना कह देना काफी न हो। इसी बीच नीचे से शोर उठने लगा। चाची की बच्ची बेतहाशा चीखने लगी थी और वे उसे अन्धाधुन्ध पीटती जा रही थीं। आजी उन्हें मना करने के लिए अपने घर से उठकर गालियाँ बकती हुई चल पड़ी थीं। कूनी किसी बात पर ठहाका मारकर हँस रहा था। तभी जोर से भड़ की आवाज हुई। माई उठ खड़ी हुईं, रबी चीख पड़ा, ''ओहो, भइया ने पानी का बड़ा वाला मिट्टी का कुंडा फोड़ दिया।'' और बीरू की थकी, बीमार आवाज ऊपर आ रही थी, ''कब से पानी माँग रहा हूँ, पर किसी को सुनाई ही नहीं पड़ता।''

माई बिना कुछ कहे नीचे उतरने लगीं, जैसे जल्दी से पहुँचकर इस बात को दबा देना चाहती हों। आजी बीरू के ऊपर बिगड़ती जा रही हैं, ''रोज एक चीज तोड़ देते हो, आज कहती हूँ रज्जू से!''

''जाओ कह दो अभी; नहीं तो देर हो जाएगी।''

''इसी कारन यह दशा है, ये बचवा!'' आजी हारकर उत्तर देती हैं।। रज्जू भरा हुआ है, यह बात जैसे उसके क्रोध की आग में घी डाल देती है। वह उठता है, ''इसी तरह चारपाई पर पड़े-पड़े सड़कर मर जाएँगे। कोई बात नहीं पूछेगा।''

वह जीने से नीचे उतरता जा रहा है, ''एक हम लोग भी लड़के थे कि सिर में दर्द होते ही सारा घर हाथों पर ले लेता था।''

वह आँगन पार कर रहा है, ''न किसी का डर, न लिहाज। ऐसे लड़के के रहने न रहने से फायदा ही क्या!''

वह दहलीज में पहुँच गया है, चार कदम और चल बाहर जा सकता है, पर जैसे वह गड़ गया है। उसी जगह माई आँगन में गरज रही हैं, पर यह सूखी गरज नहीं। लगता है, उनकी आँखें भी साथ-साब बरस रही हों, ''जो पढ़-लिख लेगा, साहब-सूबा हो जाएगा उसे तो सब लोग पूछेंगे, लेकिन जो रोगी है, बुरा है, उसके लिए तो मैं ही हूँ न। कोई किसी को कुछ दे नहीं देगा। लोग अपनी पढ़ाई-लिखाई लेकर अपने घर बैठें, आज से मुझसे किसी से कोई मतलब नहीं। मैं मरूँगी उसे लेकर। मैं देश-देश छानूँगी उसकी दवा के लिए...।''

रानी माँ का चबूतरा

मन्नू भंडारी

आज रात को जब चबूतरे पर बैठक लगी तो औरतों की चर्चा का विषय पूर्णिमा को होनेवाला आयोजन था। कौन क्या पहनेगी, पूजा की थाली में क्या ले जाएगी, क्या मनौती मानेगी, आदि बातों पर चर्चा हो रही थी कि रामी अपनी छोटी बहन धन्नी को लेकर पहुँची। बूढ़े काका ने अपनी चिलम दूसरे के हाथ में थमाते हुए कहा, ''बड़ी देर कर दी रामी। शायद बहन की खातिर में लगी थी।''

''खातिर हम क्या करेंगे काका, बच्चों को सुलाते-सुलाते देर हो गई।'' फिर बूढ़ी काकी की ओर घूमकर बोली, ''काकी, कल धन्नी को भी रानी माँ के चबूतरे पर दीया जलाने के लिए ले जाना है।''

''यह रानी माँ का चबूतरा क्या है?'' धन्नी ने कुछ कौतूहल से पूछा।

खरबूजे के सूखे बीज छीलते हुए काकी बोली, ''वाह, कल से तुम यहाँ आई हो और रामी ने तुम्हें चबूतरे की बात भी नहीं बताई? क्या बताएँ बेटी, हम भागवान हैं जो रानी माँ के नगर में बसते हैं। बड़ी भागवंती नारी थी। आज भी मुझे वह दिन याद आता है तो आँखों में आँसू आ जाते हैं,'' और श्रद्धा से गद्गद हो बूढ़ी काकी ने काम को बीच में छोड़कर स्वर्ग में बसनेवाली रानी माँ को प्रणाम किया। बस्तीवालों के लिए यह कथा कोई नई नहीं थी; फिर भी दत्तचित्त होकर उस कथा को ऐसे सुनने लगे जैसे पहली बार ही सुन रहे हों। स्त्रियों का तो ऐसा विश्वास था कि जितनी बार इस कथा को कहेंगी या सुनेंगी, उनका पुण्य बढ़ेगा। हाथों को माथे पर छुआकर फिर अपना छोड़ा हुआ काम सँभाला और काकी बोली,

''यही कोई तीस साल पहले की बात होगी, हमारे नगर-सेठ के बेटे पर शीतला माई का कोप हुआ। पानी की तरह पैसा बहाया; पर शीतला माई तो कोई और ही खेल खेलने आई थीं। वे इन

दवाइयों से क्यों शान्त होतीं भला? सब हार गए, और शीतला माई बच्चे पर ऐसी जमकर बैठीं कि न उसे मरने दें, न जीने दें। माँ तो सेवा करते-करते सूखकर काँटा हो गई। न खाने की सुध, न सोने की। भाग से एक साधू द्वार पर आया। रानी माँ की सूरत देखकर ही सारी बात समझ गया। वह कोई ऐसा-वैसा साधू भी नहीं, शीतला माई का भेजा हुआ साधू ही था। बोला, 'बेटी, तेरा बच्चा मौत के मुँह में है, पर तेरे प्रताप से ही बचेगा। सात दिन तू अन्न-जल का त्याग कर दे, तेरा बच्चा उठ खड़ा होगा।' रानी माँ के प्राण तो पहले ही आँखों में आए थे, उस पर सात दिन अन्न-जल का त्याग! सबने बहुत समझाया कि साधू की बातों में मत आओ, पर वह नहीं मानी। सात दिन बाद बच्चा तो उठ खड़ा हुआ, पर रानी माँ जाती रहीं।'' काकी का गला भर्रा गया, पास बैठी फूलो ने आँचल से आँसू पोंछ डाले। धन्नी ने अभी तक बच्चे की सूरत नहीं देखी थी; उसके मन में जाने कैसा शूल चुभने लगा। काकी ने टूटा सूत्र जोड़ते हुए कहा,

''सारा गाँव इकट्ठा हुआ उस देवी के दर्शन करने को, अरथी ऐसे उठी कि राजा-महाराजाओं की भी क्या उठेगी! नगर-सेठ ने बहू...''

बीच में ही बात काटकर फूलो बोली, ''केसर के छींटे की बात तो कही ही नहीं।'' फिर उसने कुछ इस भाव से धन्नी को देखा, मानो कह रही हो, इस घटना की राई-रत्ती बात केवल काकी ही नहीं, वह भी जानती है।

''हाँ बेटी, जब उसकी अरथी उठी तो आसमान से केसर की बूँदें बरसी थीं। और तमाशा देखो, इतनी भीड़ में से क्या मजाल जो एक छींटा भी दूसरे पर पड़ जाए; बस खाली अरथी पर ही पड़ रहे थे छींटे...।

''फिर सेठजी ने अपने बगीचे में रानी माँ की याद में एक चबूतरा बनवाया। हर पूरनमासी को नगर की औरतें वहाँ दीया जलाने जाती हैं, अपने बच्चों के लिए मनौती मनाती हैं।''

रामी ने जरा काकी की ओर झुककर फुसफुसाते स्वर में कहा, ''धन्नी को भी इसीलिए बुलाया है काकी, कि कल इससे दीया जलवा दूँ। ब्याह को चार साल होने को आए, पर अभी तक कोख नहीं फली। एक-दो साल और बीत गया तो वह किसी और को घर में डाल लेगा।''

''जरूर दीया जलवा, भगवान करेगा तो साल बीतते-न-बीतते गोद में बाल-गोपाल खेलने लगेगा। रानी माँ का अशीर्वाद कभी अकारथ नहीं जाने का।''

धन्नी लजा गई, साथ ही उसने यह भी महसूस किया कि यहाँ आकर उसने अच्छा ही किया।

काकी से जरा दूर बैठा गोपाल, जो बस्ती का सबसे मसखरा जवान था, बोल उठा, ''काकी, मैं तो तुम्हारी रानी माँ का कमाल तब मानूँ जब तुम गुलाबी को रास्ते पर लगा दो।''

"नाम मत ले उस चुड़ैल का मेरे सामने! वह कोई माँ है? कसाइन है कसाइन! नहीं तो रानी माँ के चबूतरे में तो वह ताकत है कि पत्थर में भी ममता उपज आए। पर वह तो हेकड़ीवाली ऐसी कि कभी उधर मुँह भी नहीं करती। भगवान करे उसका सत्यानाश हो जाए। सारी बस्ती पर किसी दिन पाप ला देगी।"

काका ने स्वर को जरा कोमल बनाकर कहा, "क्यों कोस रही है जेठा की माँ? बेचारी मुसीबत की मारी है।"

"तुम्हारा तो दूध ही झरता रहता है उसके लिए। बड़ी मुसीबत-मारी है!" गुलाबी के प्रति काका की इस सहानुभूति से चिढ़कर काकी बोली, "मुसीबत की मारी है तो सारी बस्ती मदद करने को तैयार है; पर वह तो हेकड़ीवाली ऐसी कि अपना ठेंगा ऊपर रखेगी। अरे, मैं तो कहूँ, जो अपने आदमी को झाड़ू मारकर निकाल दे, वह किसकी सगी होगी?"

"अब आदमी तो उसका था ही ऐसा कि मारकर निकाल दिया जाए। वह पसीना बहाकर कमाती और वह घर में बैठा दारू पीता। आखिर उसे दो बच्चे भी तो पालने थे।" काका ने फिर गुलाबी का पक्ष लिया। काकी तैश में आ गई। बात रानी माँ से सरककर गुलाबी पर आ लगी।

"बड़े बच्चे पाल रही है मुँह-झौंसी! सवेरे उस काल-कोठरी में बन्द करके जाती है तो शाम को आकर खोलती है।"

गुलाबी के बगल की कोठरी में रहनेवाली रामी बोली, "काकी, धन्नी तो आज ही कह रही थी कि जीजी मुझे दिला दो एक बच्चा; मैं पाल लूँगी।"

"वह क्यों देने लगी? वह तो उनको कोठरी में बन्द करके मारेगी..." काकी अपना वाक्य पूरा भी नहीं कर पाई थी कि दूर खड़ी एक छायाकृति पास आई और बोली, "मारूँगी तो अपने बच्चे को मारूँगी, तेरे बच्चे को तो नहीं मारूँगी...तू क्यों मेरे बच्चों की चिन्ता में सूख रही है? खबरदार जो आगे से नाम लिया मेरे बच्चों का! बड़ी धरमात्मा बनी बैठी है!"

गुलाबी की उपस्थिति से क्या स्त्री-वर्ग और क्या पुरुष-वर्ग-दोनों ही जरा चौंक पड़े। काका ने बात सँभालते हुए कहा, "क्यों बिगड़ रही है गुलाबी? हम तो तेरे भले की ही बात कह रहे हैं। बन्द करके जाती है, कभी गर्मी में अन्दर-के-अन्दर ही घुटकर मर गए तो?"

"मर गए तो पाँच पैसे का प्रसाद चढ़ाऊँगी, पर मरें भी तो। मेरी जान को लगे हुए हैं निगोड़े।"

"तू तो प्रसाद चढ़ाएगी, पर सारी बस्ती को तो हत्या लगेगी। हमें क्यों पाप में सान रही है?"

"आ हाऽऽ, बड़े आए बस्तीवाले! पहले कोठरी खोलकर जाती थी तो मेरा छोरा सरकते-सरकते मोरी में आकर गिर गया। किसी ने उठाया तक नहीं। बड़े

अपने बनते हैं! छोरा भी तो जाने किस माटी का बना हुआ है, सारे दिन मोरी के कीचड़ में सड़ता रहा; पर मरा नहीं; मर जाता तो पाप कटता।'' गुलाबी क्रोध में बड़बड़ाती गली के नल पर चली गई।

''कहो काकी, कैसी रही?'' गोपाल ने छेड़ते हुए पूछा।

''कौन मुँह लगे इस चुड़ैल के!'' पर काकी का मन इतना खिन्न हो उठा कि वे अपने बीजों की पोटली उठाकर चल दीं। धीरे-धीरे सभी उठ गए और चबूतरे की सभा विसर्जित हो गई।

सवेरे सात बजे की सीटी बजी तो गुलाबी ने एक झटके के साथ अपनी कोठरी का दरवाजा बन्द किया। उसे बगल की कोठरी में से रामी-धन्नी की फुसफुसाहट सुनाई दी। बिना पूरी बात सुने ही वह भभक उठी, ''जितनी बातें बना सको, बना लो चुड़ैलो! मैं तुम्हारी दबैल नहीं जो डर जाऊँगी।''

रामी ने वहीं बैठे-बैठे हाँक लगाई, ''अपने रस्ते लग गुलाबी। किसका हिया फूटा है जो सवेरे-सवेरे तुझ नासपीटी का नाम लेगा?'' गुलाबी कुछ कहती, उसके पहले ही उसके दो साल के बच्चे का क्रन्दन कोठरी की दीवारों को चीरकर गली के सुनसान वातावरण में फैलने लगा। झल्लाकर उसने कोठरी खोली और अपनी नौ साल की लड़की मेवा की पीठ पर एक धौल जमाते हुए बोली, ''नौ बरस की धींग हो गई, एक बच्चा नहीं रखा जाता। चल, उसे गोदी में उठाकर रख!'' और उसी झल्लाहट में उसने कोठरी बन्द कर दी और दौड़ पड़ी। सात की सीटी बज चुकी थी और वह जानती थी कि अब यदि वह सारा रास्ता दौड़कर ही पार नहीं करेगी तो ठेकेदार वहाँ बैठे अनेक उम्मीदवारों में से किसी को भी काम दे देगा और वह आज की मजदूरी से जाती रहेगी; फिर वह सत्तू नहीं ला सकेगी, दाल नहीं ला सकेगी...उसने गति और बढ़ा दी, उस समय वह भूल गई कि रामी ने उसे नासपीटी कहा है या कि उसका बच्चा रो रहा है।

शाम को वह लौटी तो क्लान्त हाथों से उसने अपनी कोठरी का दरवाजा खोला। देखा, मेवा एक कोने में लुढ़की पड़ी सो रही है और दो साल का वह मांस का लोथड़ा मैले में सना हुआ मिमिया रहा था। रोने की ताकत तो उसमें शायद रही भी नहीं थी। गुलाबी ने एक पूरे हाथ की धौल कोने में सोती हुई छोरी की पीठ पर जमाई, ''पड़ी-पड़ी सो रही है चुड़ैल। चल, उठकर चूल्हा जला!'' और वह उस मैल में सने बच्चे को उठाकर गली के नल पर चली। बराबर उसके मुँह से गालियाँ बरस रही थीं। चबूतरे पर उस समय काका अकेले बैठे थे, गुलाबी को बड़बड़ाते हुए जाते देखा तो टोक दिया, ''किसे कोस रही है गुलाबी? अरे, कभी तो तू भी हँस-बोल लिया कर।''

"हँस-बोलकर मुझे किसी को रिझाना नहीं है? बड़े आए हैं सीख देनेवाले! तुम्हें तो नहीं कोस रही? कोस रही हूँ उस दारूखोर को जो मेरी जान को ये कीड़े-मकोड़े छोड़ गया।"

"अरे, मैं तो तेरे भले की बात कह रहा हूँ। चार जनों के बीच आकर बैठा कर तो तेरा भी मन बहल जाए, पर तू तो सबको काटने को दौड़ती है।"

"हाँ-हाँ, मैं तो कटखनी हूँ, क्यों मेरे मुँह लगते हो? ज्यादा बकवास की तो दो-चार तुम्हें भी सुना दूँगी। बड़े आए हैं दरद दिखानेवाले।" और वह भन्नाती हुई नल पर चली गई। छोकरे को धोया, कपड़ा धोया, और बड़बड़ाती अपनी कोठरी की ओर चल पड़ी। काका ने फिर उसे नहीं टोका।

चूल्हे पर दाल चढ़ाकर, बच्चे को गोदी में लेकर वह सुस्ताने लगी। सारे दिन की कैद भोगकर मौका पाते ही मेवा कोठरी से बाहर भाग गई। जब दाल-सत्तू तैयार हो गया तो गुलाबी ने मेवा को खाने के लिए आवाज दी। मेवा आई तो उसके हाथों में काँच की हरी चूड़ियाँ चमक रही थीं। गुलाबी की नजर पड़ते ही उसने पूछा, "ये चूड़ियाँ कहाँ से लाई री?"

मेवा चुप।

"मैं पूछती हूँ, ये चूड़ियाँ कहाँ से लाई?"

मेवा चुप।

"सुनाई नहीं देता क्या, बहरी हो गई है?" और तड़ातड़ चाँटे पड़ गए उसके गाल पर, "चोरी करके लाई है न? आज सब तो चबूतरे पर दीया जलाने गए हैं, किसी के घर में से चुरा लाई, क्यों? चोट्टी, हरामजादी!" मुँह से गालियाँ और हाथों से चाँटे पड़ने लगे।

मेवा ने चीख-चीखकर सारी गली को सिर पर उठा लिया। तभी दीया जलाकर लौटी हुई रामी-धन्नी आ पहुँचीं, "अरे-अरे, छोरी के प्राण लेगी क्या?" मेवा को अपनी तरफ खींचती हुई रामी बोली।

"मैं इसकी खाल खींचकर रख दूँगी। तू बीच में मत बोल रामी, नहीं तो सच कहती हूँ, दो हाथ तेरे भी पड़ जाएँगे। मेरी छोरी चोरी करे...चोरी करे...!" और उसका स्वर भिंच गया।

देखते-देखते काफी भीड़ जमा हो गई। जरा सा अवसर मिलते ही गुलाबी फिर एक चाँटा जड़ देती। बूढ़े काका मेवा को दूर ले गए, तब गुलाबी चिल्लाई, "छोड़ दो काका, मेरी छोरी को ले गए तो ठीक नहीं होगा। आज तुम बचाने आए हो, कल तुम लोग ही उसे चोट्टी कहते फिरोगे।"

किसी ने स्थिति को सँभालने के लिए कहा , "चोरी नहीं की है उसने, वह तो रामेसुर ने उसे दी हैं। नाहक मार दिया बच्ची को।"

"दी हैं, तो क्यों दी हैं? हम क्या भिखमंगे हैं जो किसी का दिया पहनेंगे? आज मेरे घर में कोई मूँछोंवाला नहीं बैठा है तो सब लोग भीख देने चले हैं। थू है उन पर! बड़े आए हैं दया दिखानेवाले!"

मेवा को काका के पास सुरक्षित समझकर सबने सोचा कि अब इस गुलाबी से बहस करना बेकार है, एक की चार सुनने को मिलेगी, सो सब चुपचाप खिसक गए। धन्नी, जो आज रानी माँ के चबूतरे पर दीया जलाकर जाने कैसी-कैसी आशाएँ मन में सँजोकर आई थी, बोली, "जब यह किसी की बात सुनती ही नहीं, तो तुम लोग क्यों इसके पचड़ों में पड़ती हो, जीजी?"

"लड़ाई-झगड़ा तो चलता ही रहता है। सवेरे नल पर देखा है न, कैसी गाली-गलौज होती है, सिर फुटौवल की नौबत आ जाती है; पर साँझ को सब जैसे के तैसे। चार जने रहते हैं तो कहना-सुनना तो चलता ही रहता है, बहन!"

गुलाबी ने काँच की चूड़ियों के टुकड़े बटोरकर अपने लिए जगह बनाई और बच्चे को लेकर सो गई। उस रात उसके यहाँ खाना-पीना नहीं हुआ। काका मेवा को लाकर जब छोड़ गए तब उसे मालूम पड़ गया; पर वह फिर कुछ बोली नहीं। एक बात ही उसके मन में घूम रही थी कि उसकी लड़की ने चोरी की...चोरी की।

पिछले दो दिनों से चबूतरे की बैठक का विषय है, सरकार की ओर से खोला हुआ 'शिशु-सुरक्षा केन्द्र'। काका ने कहा, "भगवान भला करें इस सरकार का। सरकारी स्कूल खोल दिए, जहाँ बच्चे मुफ्त में पढ़ लेते हैं। छोटे बच्चों के लिए यह केन्द्र खोल दिया। अब औरतें भले ही काम करें। पाँच रुपए महीने में दवाई-दारू भी कर देते हैं।"

"हाँ, काका, मैं देखकर आई हूँ। छोटे-छोटे पालने बने हैं, ढेर सारे खिलौने हैं, दाइयाँ हैं; बच्चों को शीशी से दूध पिलाया जाता है, पालनों में सुलाया जाता है। बड़े आराम से रखते हैं।"

धन्नी ने सोचा, उसको बच्चा होगा तब वह यहीं आकर रह जाएगी। उसके गाँव में तो ऐसा होगा नहीं। अपने बच्चे को पालने में सुलाने और शीशी से दूध पिलाने का सपना उसकी आँखों में साकार होने लगा।

गोपाल बोला, "गुलाबी से कहो काका, कि अपने बच्चे को वहाँ भरती करवा दे।"

"तू ही कह न। बड़ा आया है गुलाबी का हितू! याद नहीं है, जब मेवा को स्कूल में डालने को कहा था तो कैसी गुर्राई थी!"

"तुम लोग तो बावलों जैसी बातें करते हो। मेवा को वह स्कूल में डाल देती तो उसके छोरे को कौन रखता?"

"तो अच्छी तरह मना करती। वह तो बस काटने को दौड़ती है।"

"अरे धीरे बोल काकी, नहीं तो अभी कहीं से निकलकर बम गिराने लगेगी। जब उसकी बात करो तभी टपक पड़ती है।"

पर उस दिन गुलाबी नहीं टपकी।

दूसरे दिन जब चबूतरे पर बैठक लगी, तब भी इसी तरह की चर्चा चल रही थी। गुलाबी अपनी लड़की मेवा को ढूँढ़ती हुई आई तो काका ने बात चलाई, "अरे गुलाबी, देख तेरे छोरे के लिए सरकार ने केन्द्र खोल दिया है। वहाँ नाम लिखा दे अपने बच्चे का।"

"सरकार मेरी खसम है न, जो केन्द्र खोल देगी मेरे लिए। ये सब तो पैसेवालों के चोंचले हैं। मेरा कौन मरद कमानेवाला बैठा है जो पाँच रुपए महीने दे दिया करेगा!"

"बस्तीवाले चन्दा कर देंगे री। तू जाकर नाम लिखा आ।"

"किसी के दान-पुन्न पर पलनेवाली नहीं है गुलाबी, थूकती है तुम्हारे चन्दे पर।" और अपनी लड़की को घसीटती हुई गुलाबी वहाँ से चली गई।

"लो और खाओ लड्डू," काकी ने चिढ़ाते हुए कहा, "बिना गुलाबी से दो-चार झिड़कियाँ सुने इन्हें चैन नहीं।"

"आज रामी नहीं आई?" बात का प्रसंग बदलने के लिए काका ने पूछा।

"धन्नी को विदा करने गई है।" और इधर-उधर की बातें करके सभा समाप्त हुई।

दूसरे दिन गुलाबी ने उठकर अपनी कोठरी की दीवार पर लगाए हुए सुरक्षा-केन्द्र के विज्ञापन को फाड़ फेंका। जहाँ कहीं भी उसे विज्ञापन दिखाई देता, वह उसे फाड़ डालती। लोग देखते तो हँसते।

भरी दुपहरी में गुलाबी रेत की तगारियाँ उठा-उठाकर पकड़ा रही थी। कुछ औरतें एक देहाती गीत गा रही थीं और छत कूट रही थीं। ठेकेदार रह-रहकर कुछ आदेश देता जा रहा था। गुलाबी का ध्यान अपने काम में था, पर अचानक ठेकेदार का स्वर उसके कान में पड़ा। पूरी बात तो वह नहीं सुन पाई, बस इतना सुना , "इसी तरह तो जरा से आँधी-पानी से घरों की छतें टूट जाती हैं। जरा अच्छी तरह..." उसने आसमान की तरफ देखा। कहीं बादल नहीं थे; फिर भी उसका हाथ रुक गया और उसके सामने उसकी कोठरी की टूटी-फूटी छत घूम गई। यदि किसी दिन छत गिर जाए तो...?

"हाथ चला न?" कड़ककर बगलवाली औरत ने कहा। वह कब से रेत की तगारी लिये खड़ी थी। एकाएक गुलाबी को होश आया, "चला तो रही हूँ। कौन तेरे बाप की नौकर हूँ जो हुकुम चला रही है?"

शाम को गुलाबी जब घर लौटी तो ठेकेदार से थोड़ी-सी सीमेंट और चूना माँग लाई। खा-पीकर जब सब सो गए; गुलाबी के घर से खटर-पटर की आवाज शुरू हुई। गली में सोए हुए गोपाल ने पूछा, "आधी रात को क्या कर रही है गुलाबी?"

"तेरी कबर खोद रही हूँ। जाने कैसे लोग हैं इस बस्ती के कि गुलाबी के काम में टाँग अड़ाए बिना इन ससुरों की रोटी हजम नहीं होती।"

"मर चुड़ैल।" और गोपाल सो गया। उस दिन सारी रात कोठरी में कुछ-न-कुछ काम होता ही रहा।

दूसरे दिन रामी ने आकर चबूतरे की बैठक पर सूचना दी कि गुलाबी काम से लौटी, खाया-पीया और फिर बच्चों को बन्द करके कहीं चली गई। जब रामी ने पूछा तो गुर्राकर बोली, "जा रही हूँ अपने खसम से याराना करने। तू भी चलेगी क्या?" साथ ही, रामी ने यह भी बताया कि इस बात को घंटा-भर हो गया है; पर अभी तक गुलाबी नहीं लौटी। बच्चे दोनों बन्द पड़े हैं। कुछ कौतूहल और कुछ उपेक्षा-मिश्रित क्रोध से सारी बैठक गूँजने लगी। "क्यों गई, कहाँ गई, इस तरह तो बच्चे मर जाएँगे, ये कैसी माँ है" आदि अनेक बातें उठीं और खतम हो गईं। जानने की इच्छा सबके मन में थी; पर किसी में साहस नहीं था जो आने पर उससे पूछ सके।

गुलाबी का यह क्रम जब दैनिक हो गया तब तो कौतूहल का निवारण परम आवश्यक हो गया। बिना उस बात को जाने सबका जीना जैसे दूभर हो गया। काका ने अनुमान से कहा, "कहीं चौका-बरतन का काम करने जाती होगी। और कहाँ जाएगी बेचारी?"

"तुम्हारे लिए होगी बेचारी।" काकी ने गुर्राते हुए कहा, "हत्यारिन कहीं की! क्यों जाती है चौका-बरतन करने? मजदूरी में क्या गुजर नहीं होती? मुझे तो इसके लच्छन अच्छे नहीं नजर आते। बच्चों की जान ले-लेकर धन कमाएगी। क्या करना है उसे पैसे का?"

"क्यों परनिन्दा करती हो? उसकी वह जाने।" बाहर से आते हुए गोपाल ने कहा, "काकी, चलो, तुम्हें सिनेमा दिखा लाऊँ।" पर काकी को इस समय यह मजाक नहीं भाया। वह गुलाबी की ही बात सोच रही थी। उसने धीरे-से रामी से कहा, "तू तो उसके पासवाली कोठरी में रहती है। जरा नजर रखा कर न उधर। दस-बारह दिन हो गए और यह पता नहीं लगा कि आखिर वह चुड़ैल बच्चों को बन्द करके जाती कहाँ है?"

"कोशिश तो करती हूँ काकी, पर पता ही नहीं लगता। एक दिन तो मन हुआ कि पीछे-पीछे जाऊँ, पर उस मुँह-झौंसी का क्या भरोसा, पलट कर हाथ ही चला दे।"

पन्द्रह दिन और बीत गए, पर कोई नहीं जान सका कि गुलाबी कहाँ जाती है। कुछ तो रहस्य का उद्घाटन न होने के कारण और कुछ बच्चों की यातना देखकर सबका आक्रोश बढ़ता जा रहा था। पर गुलाबी से पूछने का साहस किसी को नहीं होता। उस दिन भी बैठक में यही बातें हो रही थीं कि रामी ने आते ही खुशखबरी सुनाई, "देखा काकी, रानी माँ के चबूतरे पर जलाया दीया कभी अकारथ नहीं जा सकता। धन्नी के गाँव से चिट्ठी आई है, उसका बाँझपन आखिर दूर हुआ।"

काकी ने श्रद्धावश रानी माँ के आगे हाथ जोड़ दिए। गोपाल जब भी काकी को इस मुद्रा में देखता है, मजाक करने के लिए उसका मन मचलने लगता है। बोला, "काकी, सारी बस्ती पर तेरा इतना रौब है, तू गुलाबी से दीया नहीं जलवा सकती? कल पूनो है, दीया जलवा दे तो तेरा रौब मानूँ।"

"वह जाए ही नहीं तो मैं क्या करूँ?" झल्लाकर काकी ने कहा।

"तू कहे तो मैं कन्धे पर उठाकर ले जाऊँ?" हँसते हुए गोपाल ने कहा।

जाने कब से गुलाबी वहाँ खड़ी थी। यह बात सुनी तो आग बरसाने लगी, "आया है बड़ा गुलाबी को ले जानेवाला! हाथ तो लगाकर देख! असल मरद का बच्चा हो तो आ जाना कल।" फिर औरतों को लक्ष्य करके बोली, "तुम्हीं माँ बन-बनकर लाड़ लड़ाओ अपने बच्चों के और दीया जलाओ चबूतरे पर। मैं तो कसाइन हूँ, हत्यारिन हूँ। जब ये नासपीटे मर जाएँगे, उस दिन इकट्ठा ही दीया जलाऊँगी। बड़ी सब गुलाबी की चिन्ता कर-करके मरी जा रही हैं चुड़ैल!" और वह अँधेरे में ही गायब हो गई।

दूसरे दिन जब सब घरों में चबूतरे पर जाने की तैयारियाँ हो रही थीं, गुलाबी अपनी कोठरी में बैठकर बच्चों के लिए सत्तू घोल रही थी। सत्तू घोलकर उसने मेवा के सामने सरका दिया। मेवा ने पूछा, "तू क्या खाएगी?"

"मुझे भूख नहीं है, चुपचाप खा ले।"

"कल भी तो तूने कुछ नहीं खाया था, माँ?"

"कह रही हूँ, खा ले चुपचाप, सो नहीं होता। जीभ लड़ाए जा रही है बैठी-बैठी।"

"तू तो आजकल जरा-सी ही सत्तू लाती है माँ। अपने लिए नहीं लाती?"

गुलाबी ने आँसू-भरी आँखों से मेवा की ओर देखा और खींचकर उसे अपनी छाती से चिपका लिया।

दोनों बच्चे जब खाना-पीना समाप्त कर चुके तो गुलाबी ने हँडिया से पैसे निकाले। बड़ी सावधानी से उन्हें आँचल में बाँधा, और जैसे ही मुड़ी तो देखा, रामी दरवाजे पर खड़ी उधर ही देख रही है। बिना एक शब्द बोले उसने दरवाजा बन्द किया और चली गई।

जब सब औरतें वहाँ इकट्ठी हो गईं तो रामी बोली, "दैया रे, आज गुलाबी ढेर सारे पैसे आँचल में बाँधकर गई है। वापस लौट आए तो समझना।"

"पैसे बाँधकर?"

"हाँ-हाँ, मैंने अपनी आँखों से देखा है। मुझे तो लगता है, चौका-बरतन की आड़ में कोई और ही लीला चल रही है।"

"कौन उस पर नीयत बिगाड़ेगा? सूखा छुहारा तो है।"

"मरदों का कोई भरोसा नहीं, जो न कर गुजरें, सो थोड़ा।" रामी मुस्कुराई।

जब दीया जलाकर औरतें लौटीं तो देखा कि गुलाबी की कोठरी वैसे ही बन्द थी। जल्दी-जल्दी कपड़े उतारकर चबूतरे पर बैठक हुई। सारी बातें बढ़ा-चढ़ाकर बताई गईं, ''रोज कब तक लौट आती थी?'' काका ने पूछा।

''इस समय तक तो लौट आती थी।'' रामी ने कहा।

''आज तो वह नहीं लौटने की, सारी बस्ती का काला मुँह कर गई चुड़ैल।''

''उसके बच्चों को कौन पालेगा अब?''

''चूल्हे में जाएँ उसके बच्चे! माँ होकर जब उसे ही दरद नहीं आया तो हमें ही क्या पड़ी है?''

गोपाल ने कहा, ''चाहे जो भी खरच हो जाए, कल ही जाकर रानी माँ के चबूतरे के पास ही गुलाबी का एक चबूतरा बनवाऊँगा। जब वहाँ दीया जलाने जाओ, तो लगे हाथ ही गिन-गिनकर दस जूते इसके चबूतरे पर भी मार आया करना।''

तभी काका ने सबका ध्यान गली के मोड़ की ओर खींचा। चाँदनी के प्रकाश में सबने देखा कि गली के ही दो आदमी गुलाबी के अचेत शरीर को उठाकर ला रहे हैं। चबूतरे की सारी भीड़ उस ओर दौड़ पड़ी।

'क्या हुआ', 'कहाँ थी', 'बेहोश कैसे हो गई'–प्रश्नों की झड़ी-सी लग गई। सबको वहीं छोड़कर काकी और रामी ने उसके अचेत शरीर को सँभाला और रामी की कोठरी में लिटा दिया। काका अन्दर आ गए, बाकी भीड़ को बाहर ही रखा।

''पानी के छींटे डालो और हवा करो,'' काका ने कहा। रामी उठकर पानी लाई और काकी हवा करने लगी, उसका आँचल हटाया तो बोली ''हाय राम, इसका पेट तो पीठ से चिपक रहा है! लगता है, मानो दो-तीन दिन से कुछ खाया ही नहीं है। रामी, थोड़ा सत्तू हो तो घोलकर ला।''

''देख रही हो,'' काका ने अपनी नजर गुलाबी के सूखे-मुर्झाए चेहरे पर टिकाए हुए कहा, ''एक महीने में क्या से क्या हो गई! जैसे बुढ़ापा आ गया हो। एक महीने से मैंने इसे पास से ही नहीं देखा था। और देखो, इसके कपड़े ढीले कर दो, उमस भी तो कितनी है!''

काकी ने अँगिया के बन्द ढीले कर दिए तो अँगिया में से कागज की एक पुड़िया सरककर जमीन पर गिर गई। काका ने कहा,

''देखूँ, क्या है?''

काकी ने पुड़िया पकड़ा दी। काका ने दीये के धीमे प्रकाश में पुड़िया को खोला तो देखा, काँच की छोटी-छोटी हरी चूड़ियाँ और 'शिशु-सुरक्षा केन्द्र' की पाँच रुपए की रसीद थी।

त्रास

रवीन्द्र कालिया

माँ मोढ़े पर गुपचुप बैठी उसकी स्वैटर बुन रही थी। अकेली। पापा कमरे में नहीं थे। उनका कोट टँगा था, जिसमें से नैप्थलिन की बास आ रही थी। उसने कमरे को नए रूप में देखा तो वह अस्त-व्यस्त हो गया, अपने को समेटते हुए उसने माँ से कहा कि वह आ गया है।

उसे उम्मीद थी कि माँ उसके इन्तजार में फाटक पर खड़ी होगी और इसी सम्भावना में उसने स्कूटर गली के मोड़ पर ही छोड़ दिया था। लेकिन कमरे का वातावरण देखकर उसे लगा कि जिस बात का उसे खतरा था, वह हो चुकी है। वार्डरोब अपनी जगह पर नहीं थी। रैक में जूते पड़े थे और किताबें अलमारी में पहुँच गई थीं और माँ फाटक पर इन्तजार करने की बजाय बिना चश्मे के मशीन की तरह स्वैटर बुन रही थी।

''मैं तुम्हारा इन्तजार कर रही थी। तुम रोज इसी वक्त आते हो?'' माँ ने पूछा।

उसने बताया कि वह लगभग रोज ही इस वक्त आता है और आकर माउथ ऑर्गन बजाया करता है। फिर सो जाता है।

''तुम्हारी किसी भी बात पर विश्वास नहीं रहा।'' माँ ने कहा, ''पड़ोसिन बता रही थी कि तुम रात को बहुत देर से आते हो और कई बार नहीं भी आते। कई बार दिन-रात कमरे में ही बन्द रहते हो।''

उसने कहा, उसने पड़ोसिन को कभी नहीं देखा। वह उससे बात नहीं करता। उसे यह भी नहीं पता कि उसके कितने बच्चे हैं। पिछली गर्मियों में उनके यहाँ बच्चा हुआ था और उन्होंने वार्डरोब उसे दी थी। उसके पति ने कहा था, उनके पास जगह बहुत कम है। उनके पास जगह निरन्तर कम होती जा रही है।

वह शायद इस बात से माँ का ध्यान हटाना चाहता था।

''तुम उनसे बात क्यों नहीं करते? तुम्हारा इस शहर में कौन है? तुम्हें दुआ-सलाम तो रखनी ही चाहिए।'' माँ गम्भीर थी।

उसने कहा, उसे इन तमाम बातों का पता है और कभी-कभी दुआ-सलाम भी किया करता है।

माँ ने स्टोव पर दूध चढ़ा दिया और पूछा, ''दूध के साथ क्या लोगे?''

उसने कहा कि वह दूध नहीं पीता। वह काफी के साथ 'जिंजर बिस्किट' लेगा।

''वे कड़वे बिस्किट?'' माँ ने कहा, ''तुम मुझे दुखी क्यों करते हो? तुम सेहत का खयाल क्यों नहीं रखते? तुम्हारा रंग कितना काला हो गया है।''

उसने कहा कि वह सेहत का बहुत खयाल रखता है और उसका रंग जन्म से ही काला है।

उसकी बात का माँ पर कोई असर नहीं हुआ। माँ ने दूध का गिलास उसके हाथ में थमा दिया, जैसे वह दूध ही पिएगा। माँ ने कहा, ''तुम्हारे पापा बहुत खुश थे कि तुम्हारे कमरे से सिगरेट की राख नहीं मिली।''

उसने कहा कि वह अब सिगरेट नहीं पीता। उसे खुशी हो रही थी कि वह इतनी कुशलता से सफाई कर सकता है। उसने वार्डरोब और रैक की ओर देखा तो उसे अपनी मूर्खता पर खेद होने लगा। उसने नाम चीजें फेंक दी होतीं परन्तु वह रद्दी वाले का इन्तजार करता रहा था।

दूध का घूँट लेते हुए उसने माँ की ओर देखा। उसे लगा, उसकी माँ बूढ़ी हो रही है। पिछली बार जब उसने माँ को देखा था, माँ की गर्दन पर झुर्रियाँ नहीं थीं। वह माँ के सामने परास्त नहीं होना चाहता था। उसने कहा कि जब वह इस मकान में आया था तो कमरे में सिगरेट के ढेरों टुकड़े थे और राख और खाली बोतलें। बीयर और व्हिस्की की खाली बोतलें। उसने निहायत सादगी से बच्चों की तरह आश्चर्य प्रकट करते हुए माँ की ओर देखा। उसने दूध का गिलास वहीं मोढ़े के पास रख दिया और मोढ़े पर चढ़कर माँ को बोतलें दिखाने लगा जो वार्डरोब की छत पर रद्दी के नीचे दबी पड़ी थीं।

माँ ने बोतलें देखीं तो चौंकी नहीं। बल्कि रहस्य खुलने की एक हलकी सी खुशी उनकी झुर्रियों में फिसलने लगी। माँ ने पूछा, ''ये बोतलें तुम्हारी नहीं?''

वह हँसा। उसने कहा कि उसकी होती तो वह फेंक न देता?

माँ हँसी, न आश्वस्त हुई। वह उसे पूरी तरह टटोल लेना चाहती थी। माँ ने कहा, ''तुम्हारे पापा ने देखीं तो बहुत उदास हो गए। वह वापिस चलने के लिए कह रहे थे। वे मामूली-मामूली बातों को लेकर परेशान हो जाते हैं।''

उसने पूछ चाहा कि पापा कहाँ हैं, मगर एक अपराध के अधीन वह पूछ नहीं पाया। उसे उम्मीद नहीं थी कि वे लोग आते ही इस तरह घर की सफाई करने लगेंगे। रैक में जूते पड़े थे। उसने जूतों को टटोलकर देखा। वहाँ कुछ नहीं था। माँ रसोई में चली गई तो उसने अलमारी खोलकर किताबों के पीछे कुछ टटोला और बिना देखे एक पैकेट उठाकर जेब में रख लिया। उसने ये तमाम चीजें फेंक क्यों नहीं दीं? वह शायद इस तरह चीजें नहीं फेंका करता। वह पड़ोसी को दे देता लेकिन उसे मालूम है कि उसके पड़ोसी का इसमें विश्वास नहीं, ईश्वर में विश्वास है। इसकी मौजूदगी से दोनों विस्मित हुए होंगे। वह लज्जित-सा खड़ा रहा। यह वह अकसर अपने पापा की अलमारी में भी देखा करता था। छिपाने की जगह भी उसने पापा से ही सीखी है या उत्तराधिकार में प्राप्त की है। सर्वप्रथम इसे देखकर वह भी विस्मित हुआ था लेकिन वह कभी पूछताछ नहीं कर पाया था, क्योंकि वह जानता था, पापा किताबों के पीछे वही चीजें रखा करते हैं, जिनके उत्तर नहीं होते या जिनका कोई अर्थ नहीं होता। होता होगा मगर उसके लिए नहीं। पापा अपने सर्टिफिकेट, जीवन बीमा की पॉलिसी, मकान की रजिस्ट्री भी लोहे के गोल डिब्बे में रोल करके वहीं रखते थे, बैंक की पासबुक भी। वह अवकाश के क्षणों में पापा का बैंक-बैलेंस जरूर देखा करता था।

वह अनिश्चय की स्थिति में कुछ देर वहीं खड़ा रहा। फिर उसने कमीज के बटन खोलकर कुछ विदेशी पत्रिकाएँ बनियाइन के नीचे छिपा लीं और बटन बन्द करके मोढ़े पर बैठकर बूटों के फीते खोलने लगा, खिन्न मन से। सुबह भी वह इसी खिन्नता के साथ उठा था। वर्षों बाद उसने इस शहर की सुबह देखी थी और उसे बहुत हैरानी हुई कि बसें इतनी सुबह चलने लगती हैं, दूध के डिपो पर लोगों की इतनी लम्बी कतार होती है और अखबार इतनी देर पहले से बिकते हैं। मैं गलत कह गया, उसे शायद इन तमाम बातों का पता था, लेकिन वह यह नहीं सोच सकता था कि वह इतनी देर से उठनेवाला जीव है। स्टेशन पर जाने से पहले तक उसे यह एहसास भी नहीं था कि वह अपने घरवालों को रिसीव करने जा रहा है। उत्सुकता-विहीन वह प्लेटफॉर्म पर सिगरेट फूँकता रहा और गाड़ी आते देख उसने सिगरेट फेंक दी थी और हाथ धो लिये थे, क्योंकि वह भूला नहीं था कि उसके पापा सिगरेट को अत्यन्त गम्भीरता से लेते हैं। इसमें कुछ उसका भी दोष था। उसी की लापरवाही से एक बार उसकी खाट और बिस्तर जल गए थे। उसकी छोटी बहन ने केवल इतना बताया था कि जब वह कॉलेज से लौटी थी तो पापा बाल्टियाँ भर-भर आग बुझाने में व्यस्त थे। इस सिलसिले में उसकी पापा से आज तक कोई बात नहीं हुई थी।

इतना जरूर हुआ था कि उस दिन के बाद उसने पापा के सामने सिगरेट का विज्ञापन तक नहीं पढ़ा था, बल्कि जब रेडियो पर सिगरेट का विज्ञापन आता था तो वह स्टेशन बदलने पर मजबूर हो जाता था।

घरवाले डिब्बे से उतरे तो उसे बहुत ही पहचाने हुए लगे। न जाने क्यों उसे आशा नहीं थी कि वह इतनी सरलता से उन्हें पहचान लेगा और चेहरे इतने पहचाने हुए भी हो सकते हैं। उन्हें नमस्कार करते ही उसे विश्वास हो गया कि उसकी भी माँ है, जिसकी गर्दन के नीचे झुर्रियाँ पड़ गई हैं और जिसका एक दाँत टूट गया है और जो उसके सिर पर, इस तरह इतने अधिकार से हाथ रख सकती है और उसका एक बाप है, दूसरों के बाप जैसा ही या 'बाप' की कल्पना जैसा—जिसके सर के तमाम बाल सफेद हो गए हैं और जो बार-बार थूक रहा है। उन्हें देखते ही उसे लगा था जैसे वे खिलौने हों और घर जाते ही वह उन्हें कार्निश पर सजा देगा। उससे फिर गलती हो गई, उसके घर में कार्निश नहीं, मेज भी नहीं। माँ नाराज होगी, झाड़ू भी नहीं। उनसे बात करते हुए उसे विश्वास नहीं हो रहा था कि वह इन्हें ही पत्र लिखा करता है और इनके पत्र पढ़कर वह कितनी लापरवाही से जेब में ठूँस लिया करता है। इन्हें तो शायद वह बहुत कुछ लिख सकता था, जो उसने कभी नहीं लिखा। उसने कुछ रटी-रटाई पंक्तियाँ ही हमेशा लिखी हैं जिन्हें लेकर उसकी छोटी बहन बहुत चिढ़ा करती थी। एक ही इबारत के खत और फिर काली स्याही से लिखे हुए। वह अकसर शिकायत करती। उसकी शिकायत जायज थी। उसकी छोटी बहन की शादी न हो गई होती तो उनका इकट्ठे समुद्र देखने का इरादा था।

वह मोढ़े से उठने लगा तो उसका पैर दूध के गिलास से टकरा गया। गिलास टूट गया और गिलास में कैद दूध के खरगोश फर्श पर लोटने लगे।

"तुम्हें दूध नहीं पीना था, नहीं पिया"। माँ ने कमरे में आकर कहा।

वह अपने पैर बचाता हुआ, खाट की ओर बढ़ गया, खिड़की से बाहर गली की ओर देखने लगा। सामने गली में बैठी बुढ़िया उसी तरह प्रतीक्षा की मुद्रा में बैठी जबड़े हिला रही थी। उसने खिड़की की तरफ पीठ कर ली।

"तुम्हारा किसी से झगड़ा हो गया है?" माँ ने पूछा, "तुम इतने उदास क्यों हो?"

उसने कहा कि उसका किसी से झगड़ा नहीं हुआ और वह उदास नहीं है। वह शायद थक गया है।

"मुझे लगता है, हमारे आने से तुम्हें असुविधा हो रही है।"

उसने कहा कि उनके आने से वह बहुत खुश है और उसे बहुत अच्छा लग रहा है।

"पड़ोसिन बता रही थी कि उसने तुम्हें कभी हँसते हुए नहीं देखा।" माँ ने कहा।

उसने कहा कि पड़ोसिन की ओर देखकर उसे कभी हँसी नहीं आई।

"मुझे लगता है, तुम्हें कोई बात कचोट रही है और तुम उसे निरन्तर टाले जा रहे हो। किसी लड़की-वड़की की बात तो नहीं?" माँ उत्सुकता से उसकी ओर देखने लगी।

उसने कहा कि लड़कियों को लेकर वह कभी परेशान नहीं रहा। उसे इस बात की खुशी है।

"पी कौन है?" माँ ने कहा, "किशोर कुछ बता रहा था।"

उसने कहा किशोर बरसों पुरानी बात करता होगा।

"तुमने उसे यह भी लिखा था कि तुम बहुत अकेलापन महसूस करते रहे हो। वह आया था और बता रहा था। उसके घर फिर जुड़वाँ बच्चे हुए हैं।" माँ ने बताया।

उसने कहा कि वह किशोर को चिढ़ाने के लिए तमाम बातें लिखा करता है, मगर उसने यह नहीं सोचा था कि किशोर अब भी बच्चों की तरह बातें करता होगा। उसे दुख हुआ कि अब वह किशोर को भी नहीं लिख पाएगा। किशोर को वह इसलिए लिखता रहा है कि किशोर उससे सैकड़ों मील दूर है और उसे अच्छा लगता था कि वह आस-पास नहीं टूटता, उल्कापात की तरह हजारों मील दूर जाकर बिखरता है।

माँ ने सुराही का पानी कमरे में बहा दिया और फिर कपड़े से फर्श पोंछ दिया। पानी उसकी जुराबों में भी चला गया था। माँ ने जुराबें बाहर फेंक दीं, उसके बूट रैक में रख दिए और उसके पास ही खाट पर बैठ गई और उसके सर पर हाथ फेरने लगी।

उसे लगा, वह रो पड़ेगा।

"तुम्हें क्या हो गया है, तुम्हें क्या कष्ट है?"

वह कहना चाहता था कि उस पर विश्वास करना चाहिए, उसे कुछ नहीं हुआ और उसे कोई कष्ट नहीं है, परन्तु वह चुप रहा। गीली आवाज में बातचीत करना उसे सदा गलत लगा है। वह सर नीचा किए बैठा रहा। उससे बर्दाश्त नहीं हो रहा था कि माँ उसे जानना चाह रही है और उसे लेकर चिन्तित हो रही है, जबकि वह अच्छी तरह से है।

"यह तुम्हारी कमीज के अन्दर क्या है?" माँ ने उसकी कमीज छूते हुए कहा।

उसने कहा कि ये किताबें हैं और उसे किताबें हाथ में पकड़कर घूमने की आदत नहीं।

"दिखाओ, कौन-सी किताबें हैं!" माँ ने कहा।

उसने कहा कि ये अंग्रेजी की किताबें हैं और वह जल्दी ही माँ के लिए गीता लाएगा। उसके एक दोस्त की किताबों की दुकान है।

उसने किताबें निकालकर बड़ी लापरवाही से अलमारी में फेंक दीं। उसने कल ही किताबों पर अखबार के कवर चढ़ाए थे।

"मुझे बड़ी अक्षरों वाली रामायण चाहिए। पहले वाली रामायण अब पढ़ी नहीं जाती। उसके अक्षर बहुत छोटे हैं।" माँ ने कहा और अपनी धोती से चश्मा साफ करने लगी।

"चश्मा पहनकर भी नहीं पढ़ा जाता?" उसने शायद पहली बार माँ से कुछ पूछा।

"नहीं। बाईं आँख तो बेकार हो रही है।" माँ ने कहा।

उसने कहा कि वह कल छुट्टी लेकर माँ को अपने साथ नजर टेस्ट करवाने ले जाएगा।

"तुम्हें तो छुट्टी लेने का बहाना चाहिए।" माँ ने कहा।

वह हँसा। माँ आखिर उसकी माँ है। माँ ने उसका हाथ चूम लिया। हाथ से जरूर सिगरेट की बास आ रही होगी, लेकिन माँ ने कुछ नहीं कहा। उसने इन लोगों के आने से पहले अपने को सन्तुलित और व्यवस्थित क्यों नहीं कर लिया, वह सोचने लगा, मगर इससे पहले किसी प्रकार के असन्तुलन या अव्यवस्था का अनुभव भी उसने नहीं किया था।

माँ बाहर गई तो उसने महसूस किया कि स्नायविक तनाव से उसका सर भारी हो गया है। 'ट्रेंकुलाइजर' की शीशी उसने कल रात छिपा दी थी। उसने दबे पाँव वार्डरोब पर चढ़कर रोशनदान से शीशी निकालकर जेब में रख ली। सुराही में पानी नहीं था, गोली निगलने से पूर्व वह रसोई से गिलास उठाकर नल की ओर चल दिया। उसने गोली मुँह में रखी और पानी का लम्बा घूँट लिया।

"यह तुमने क्या खाया है?"

उसने पीछे मुड़कर देखा, माँ खुफिया सिपाही की तरह उसके पीछे खड़ी थी।

"क्या खाया है, बोलो!" माँ भय और क्रोध से काँप रही थी।

उसने कहा कि उसके सर में दर्द हो रहा था, उसने एनासिन ली है।

वह काँच का गिलास मजबूती से पकड़े हुआ था। माँ ने उसके हाथ से गिलास ले लिया और आँखें मूँदकर दवा की तरह पानी पिया। फिर नल के नीचे सुराही रख

दी, जो वह अपने साथ लाई थी। वह अभियुक्त की तरह कुछ देर वहाँ खड़ा रहा, फिर माँ के पीछे-पीछे कमरे में आ गया।

माँ ने अपने पर्स में से कुछ गोलियाँ निकालकर उसके सामने रख दीं और पूछा, ''ये कैसी गोलियाँ हैं?''

ये गोलियाँ उसकी चिरपरिचित गोलियाँ थीं।

''जानते हो तुम्हारे बिस्तर में क्या-क्या मिला? ये गोलियाँ, पत्र और पिनें। तुमने कभी अपना बिस्तर झाड़ा है!'' माँ के होंठ फड़फड़ा रहे थे।

उसने कहा कि वह बिस्तर नहीं, कभी-कभी चादर झाड़ा करता है और उसने आज सुबह ही नई शीट बिछाई थी।

''ये कौन-सी गोलियाँ हैं?'' माँ ने कहा, ''तुम, नहीं बताओगे तो मैं खुद खाकर देख लूँगी।''

उसने माँ की हथेली से गोलियाँ उठा लीं और बोला कि ये वे गोलियाँ नहीं हैं जिन्हें खाकर उसके मित्र ने आत्महत्या की थी। ये थकान की गोलियाँ हैं और उसे एक सरकारी डॉक्टर ने ही लिखकर दी हैं। उसे अब थकान नहीं रहती, अब वह अपनी सेहत का पूरा-पूरा खयाल रखता है और दोनों वक्त भोजन करता है। दूध उसे कभी अच्छा नहीं लगा, परन्तु उसे उम्मीद है कि वह ओवलटीन मिलाकर पिएगा तो जरूर पसन्द करेगा...

वह बोलता जा रहा था और माँ बहुत ही निरीहता से उसकी ओर ताक रही थी, जैसे अपनी आँखों के सामने अपने पुत्र की मृत्यु देख रही हो।

माँ

ममता कालिया

दादी का कहना था कि माँ बहुत गलतियाँ करती थी, हरदम, हर वक्त। कभी तरकारी पतली बना देती, कभी दाल गाढ़ी कर देती। कभी उनसे मसाला मोटा पिस जाता, कभी कमरे में जाले लगे रह जाते। और तो और, कभी यकायक बारिश होती और वे आँगन में सुखाए कपड़े उठाने में देर कर देतीं।

और तब शुरू हो जाता दादी–उवाच!

दादी हाथ नचा–नचाकर उन्हें उनकी लापरवाहियाँ गिनातीं और कहतीं, ''देखो, कैसी घुन्नी बनी बैठी है, न काम से मतलब न काज से। एक हम थे। हमारी सास की नजर जरा उठी नहीं कि उनके चरणों पर लोटने लगते थे।''

रात माँ की आँख झपते ही दादी उन्हें झँझोड़कर उठा देतीं, ''रसोई में बिल्ली खड़-खड़ कर रही है और यह यहाँ पसरी पड़ी हैं। अरे, यों तो न उजाड़ो अपने भरतार का घर!''

बाबा दुकान से देर में लौटते। उनकी खातिर चौका पड़ा रहता।

माँ सुनती रहतीं, सहती रहतीं। निःशब्द वे काम करती जातीं। उसी काम को बार–बार, दादी की तसल्ली तक। मुझे घंटों हो जाते माँ की आवाज सुने। कई बार लगता, वे रोती भी निःशब्द हैं। उनके गाल अकसर गीले हो जाते—पसीने से या आँसुओं से, यह समझने के लिए मैं बहुत छोटी थी। बेवकूफ थी।

एक बार माँ नल पर कपड़े धो रही थीं। बालटी भर कपड़े रहे होंगे। मैं लेमनचूस के लिए माँ से पैसे माँग रही थी। माँ बार–बार मेरा हाथ छुटाकर झुंझला पड़तीं, ''हट जा, काम करने दे मुझे।''

मैं उनके कन्धे पर झूल गई, ''माँ, लेमनचूस खाएँगे, पैसा दो।''

माँ ने खीझकर निचुड़ी हुई गीली धोती दन्न-से मेरी पीठ पर दे मारी, "ले लेमनचूस, ले। पैदा होते ही मर क्यों न गई, चैन तो आता। बड़ा तेरा बाप कमाई करके धर गया है। जा माँग उसी से।"

मैं बुक्का फाड़कर रोने लगी, "बाबूजी तो आगरे पढ़ते हैं, मैं कैसे जाऊँ?"

दादी पूजा की कोठरी से दौड़ी आईं, "इस पर जब देखो चंडी चढ़ी रहती है।"

फिर उन्होंने मुझे घपची में भरकर पूछा, "बता, कितने लेमनचूस खाएगी?"

मैं मार-वार सब भूल गई। दादी की गोद में चढ़कर बोली, "दस।"

दादी ने दस लेमनचूस खरीद दिए। मैं सारा दिन लेमनचूस खाती रही, मैंने खाना नहीं खाया। मीठी गोली के आगे फीकी रोटी कौन खाए?

माँ ने एक बार भी मेरी ओर नहीं देखा।

रात माँ ने सबको खिलाकर चौका उठा दिया।

दादी ने कहा, "ये चलित्तर किसी और को दिखइयो। ज्यादा रिसानी है तो रोटी न खाएगी, और का?"

दादी जब माँ से क्रुद्ध होतीं, यही कहतीं, "बहुत गुस्सा आय रहा हो तो दो रोटी कम खाय लीजौ, गुस्सा आपै उतर जाएगौ।"

अब सोचती हूँ तो मन में अजीब तड़फड़ मचती है। दादी के राज में माँ का सारा संघर्ष रोटी से शुरू होता, रोटी पर आकर ही टूटता। किसी दिन दादी खुश हो गईं तो माँ को एक रोटी ज्यादा मिल गई या खरबूजे की एक पतली-सी फाँक या बालों में लगाने के लिए तेल। अन्यथा सुबह-शाम माँ की खुराक थी–मशक्कत और अपमान।

माँ में यह सब सहने की एक बेहया बहादुरी थी। शायद यह बहादुरी उन्होंने अपने बचपन से पाई थी। एक बार माँ ने मौसी से कहा था, "अरे, बचपन में हम हैजा, काली खाँसी, गर्दनतोड़ बुखार से लड़ लिये और बच गए तो जे डोकरी का चीज है?" लड़ी तो माँ और भी कई चीजों से। उनकी वह लड़ाई बड़ी अनूठी थी। उसमें उनकी सक्रियता की परख करनी मुश्किल थी। पर लड़ाई तो वह थी ही।

माँ का आधा जीवन प्रतीक्षा में बीत रहा था, आधा लड़ाई में। उन्हें बाबू की पढ़ाई पूरी हो जाने का इन्तजार था। वे जानती थीं, बाबू बड़ी मेहनत से पढ़ते और अव्वल आते हैं। वे सोचतीं–बाबू जब कमाने लगेंगे, उनके सारे दुख दूर हो जाएँगे।

एक बार बाबू आए हुए थे। बाबू मुश्किल से एक दिन को आते। शनिवार की रात को आए, सोमवार को भिनसारे चले गए। उस दिन दादी ने उनके खाने के लिए दुअन्नी का दही मँगाया। कुल्हड़ भर दही था। दादी ने चौके में कुल्हड़ रख दिया कि बड़का नहा-धोकर आएँगे तो गरम रोटी खाएँगे। माँ आँगन में नल के पास बर्तन माँज रही थी। मैं कुल्हड़ देखते ही चौके में घुसी। दही के ऊपर मलाई

की परत थी। मलाई चाटी और कुल्हड़ वापस जगह पर धर दिया। थोड़ी देर बाद बाबू जब खाना खाने बैठे, दादी अपने हाथ से परोसने लगीं। दादी ने कुल्हड़ खोलते ही पूछा, ''बहू, दही के ऊपर की मलाई कहाँ गई?''

''मुझे क्या पता?''

''क्यों तुझे क्यों नांय पतौ? और कौन को पतौ है?''

मैं आँगन में खेल रही थी। दादी के हाथ में कुल्हड़ देख मैं पत्ता तोड़ भागी बाहर। माँ रोटी फुलाते हुए बड़बड़ाई, ''तुम जानो तुम्हारी सन्तान जाने। हम दही न कभी चाखे न कभी खाए।''

दादी भड़क गईं, ''देखो बड़के, मुझे झूठा ठहरा रही है। ये जनम की चटोरी है। जो अपनी माँ का जायौ है तो लगा एक लात याके।''

बाबू ने माँ की आज्ञा का पालन किया और खाना नहीं खाया। सूखे मुँह निकल गए।

कभी-कभी माँ रात में कहानी सुनातीं। जब कौआ, तोता, बिल्ली और चोर की सब कहानियाँ एक-एक कर खत्म हो जातीं तो माँ कहती, ''अब तक तो सुनी तूने जगबीती, ले अब सुन एक आपबीती।''

इस़ कहानी की हीरो मैं थी। मुझे यह कहानी पसन्द थी। माँ कहतीं, ''जब तू इत्ती-सी थी, बस सैंतालिस दिन की, तब की बात है। सुबह-सुबह तुझे तेल लगाकर, दूध पिलाकर आँगन में खटोले पर लिटाया कि थोड़ी देर में नहला दूँगी। फिर मैं घर के कामों लग गई–बुहारी देना, बर्तन माँजना, पानी भरना।

''आधे काम से फारिग होकर मैंने सोचा–चलो बिटिया को नहवाय दें, धूप चढ़ रही है कि ये लो, खटोले पे बिटिया तो हइए नहीं। मुझे काटो तो खून नहीं। कहाँ जाऊँ, क्या करूँ!

''तेरी दादी गई हुई थीं जमुना नहाने। लौटीं तो देखा मैं पगलाई हुई कभी तख्त के नीचे, कभी खटोले के ऊपर, कभी अलमारी के अन्दर, कभी बक्से के पीछे तुझे ढूँढ़ रही हूँ।

''मैंने उन्हें देखकर बिसूरकर कहा, 'मुन्नी को जाने कौन ले गयौ? अभाल तेल लगाकर, दूध पिलाकर खटोले पे लिटायौ, अभाल लोप होय गई। सैंतालिस दिन की बिटिया न करवट लेय सकै न ठीक से आँखौ खोलै, गई तो कहाँ गई!

''तेरी दादी ने इधर देखा, उधर देखा, फिर बोलीं, 'जी को सँभार। बंसीवारे को यही मंजूर था। जिनने दी, बिनने ले ली।'

''पर मैं तो पगलाई। घर भर में डोल रही थी, 'हाय! उसके तन पे एकौ लत्ता न रहयौ!'

''तेरी दादी ने तभी देखा और चिहुँक पड़ीं, 'हाय राम! गजब हो गयौ।'

''मैंने भी तभी देखा। एक बन्दर तुझे उठा ले गया था। वह धीरे-धीरे सामने के तिमंजिले मकान की पतली मुँडेर पर से जा रहा था। तुझे उसने छाती से चिपका रखा था।

''मेरी रुलाई फूट पड़ी, 'हे हनुमानजी, यह कौन परीक्षा लीनी? जो जरा छूटी तो खम्म से गिरैगी तिखने से। हाय! कोई बचाओ मेरी मुन्नीए!'

''दादी ने घुड़का, 'साक्षात् भगवान आकर ले गया। याही जनम में तुझे मोच्छ मिलौ, और का चाहौ?'

''पर मेरा जी पत्ते की तरह काँपा जाए, 'नाहीं, मोच्छ का मैं का करौंगी, मोय मोरी मुन्नी दिवा दो। का पता बन्दर कब बुड़का मार दे, पटक दे या ओझल हो जायँ। हाय! मुन्नी अब गिरी, अब गिरी।'

''अचानक बन्दर कूदकर दो मंजिलों के बीच की पतली-सी पटिया पर चलने लगा। फिर वह कोने तक जाकर नुकीली जगह के मोड़ पर बैठ गया। तुझे उसने कलेजे से हटाकर वहीं लिटा दिया।

''घबराई हुई मैं छत पर चढ़ गई, 'मेरी मुन्नी को बन्दर ले गयौ, अरे कोई बचाओ, अरे कोई सुनौ।' सास पीछे-पीछे हा-हा करती भागीं, 'बहू तेरा दिमाग खराब है बिना घूँघट काढ़े तू छत पे नाच रही है। नीचे उतर।'

''मिनटों में आसपास की कई औरतें इकट्ठी हो गईं। लाल मुँहवाले बन्दर के लिए तरह-तरह के लालच सोचे गए। एक औरत बोली, 'कलाकन्द मँगाय के खटोलिया पे धर दो। हनुमानजी मुन्नी दे जाएँगे, दोना ले जाएँगे।'

''तेरी दादी बोलीं, 'जो मुन्नीए पटके कर भाजै तो?'

''हाँ, यह भी होय सकता है!'

''का पता कौन दसा करें!'

''एक औरत ने कहा, 'ऐसा करो, अपनी मटरमाला लाय के हनुमानजी को दिखाओ। बन्दरन को माला पहिरबे को बहुत सौख होता है। का पता, मुन्नी को छाती से चिपकाय के लेत आयँ, मटरमाला ले जायँ?'

''मैं अन्दर कोठरी में नई, बुकचे में से मटरमाला निकालने।

''तब तक छतों-छतों, मर्दों तक शोर पहुँच गया, 'लाला गिर्राजमल बूरेवाले की पोती को बन्दर ले भगा और तीन तिखने की मुँडेरिया पर बैठा है।'

''लोग इकट्ठे होने लगे।

''तो मुन्नी, करीब आठ छत पार दो छोरे सुबह से पतंग उड़ाने में लगे हुए थे। सयाने थे। लेकिन छोरन को कौन काम? सो, पतंगबाजी चल रही थी। शोर उन तक पहुँचा तो वे डोर-लटाई फेंक खड़े हुए। उनमें से एक लपककर अपने घर से केला ले आया। फिर दोनों छतों-छतों कूदते-फलाँगते यहाँ पहुँच गए। एक ने बन्दर को

केला दिखाया। बन्दर दाँत निपोरता हुआ आया। वह छोरा केला दिखाते हुए उसे वा कोने तक ले गया, तब दिया। बन्दर केला छीलकर खाने लगा। तुझे यहीं छोड़ गया था। दूसरा छोरा बाँस के सहारे छत पर से उतरा। मुँडेर के नीचे इत्ती भी जगह नहीं थी कि पैर टिका ले या हाथ अटकाए। बस, जान पर खेल गया छोरा। उसने मुँडेर की पतली जगह के दो कोनों पर बाँस टिकाया। टिकने के बाद भी बाँस थर-थर काँपे था। बिलकुल नट की तरह वह छोरा बाँस पर पैर धरकर गया और एक हाथ से तुझे उठा लाया। दूसरे हाथ की बाड़ साधे-साधे वह ऊपर चढ़ने का जतन करने लगा। भीड़ के लोगों ने छत पर आकर उसके हाथ से तुझे लपक लिया, फिर बगलई देकर छोरे को ऊपर उठाया। उसका संगी तब तक बन्दर को खदेड़ चुका था। लोगों ने छोरों की खूब ही वाहवाही की।

"आँगन में मेरे जी को चैन नहीं था। मैं सारी भीड़ को चीरती हुई आई और तुझे हृदय से लगा लिया। एक नजर उन छोरों को जरूर देखना चाहती थी, जो तेरे रक्षक बनकर आए थे। पर भीड़ बहुत थी। शायद छोरे हाथ झाड़ते हुए उसी दम वहाँ से चले गए।

"मैं तुझे छाती से चिपकाए-चिपकाए आँगन में उतर आई। छाती में दूध घुमड़ रहा था। औरतों की जमघट के बीच तेरी दादी बाल बिखेरे, विकराल मुद्रा में बैठी थीं, मुझे देखकर बोलीं, 'बहुत हो चुकी नौटंकी! अब चुप्पे से बैठ अन्दर। आने दे बड़के को आगरे से, बासै सब बताऊँगी। वो दो मुस्टंडे यों ही नहीं अपनी जान पर खेल गए। तेरे का लगते थे, ममेरे भाई या यार! जरूर कोई पुरानी आसनाई रही होगी, नहीं तो कौन किसी की खातिर जान पे खेलतौ है? वह तो एकदम्मे लटक गए। अरे, अपनौ आदमी जोखम नाँय उठावै तो पराए की तो बात का? बता, कौन थे वे छोरे?"

"मुझे उनका न नाम पता था न गाम। मैं का बताती?

"जे चुप-छिनाल लुगाई है। मेरे गऊ जैसे बेटे को तो भरे बाजार बेच आए। बता का नाम था न छोरों का?"

"मोय नाँय मालूम।"

"जिस पट्टे पर तुम्हारी दादी बैठती थीं, उसे ही निकालकर उन्होंने मुझ पर फेंका, 'बता सच-सच, नहीं तो तुझे जिन्दा न छोड़ूँगी।'

"यह मेरे माथे पे निशान तभी का है मुन्नी। खूब खून निकला। पर मैं का बताती? तू बच गई, किसने बचाई। मुझे का मालूम!"

मैंने माँ से चिपटते हुए पूछा, "माँ, आसनाई का चीज होती है?"

माँ ने ठंडी साँस भरी, "का मालूम!"

मैं समझ गई, जरूर यह कोई खराब ही चीज है, नहीं तो माँ क्यों पिटतीं!

माँ

संजीव

बहुत धीरे-धीरे हुआ था यह सब, जैसे कोई ढलान थी और सारा कुछ ढनमनाता चला गया था। अब न आगे कोई राह है न पीछे कोई विकल्प। यह भी नहीं कह सकता कि हमारी नियति हमें इस मुकाम तक ले आई है या हम अपनी नियति को...। माँ से जुड़ा कोई एक सन्दर्भ तो है नहीं, तमाम सन्दर्भ हैं। एक बार तो बड़ी ही उत्कट इच्छा होती है कि काश माँ बच जातीं, ऐसी माँ को जिन्दा रह जाना चाहिए वर्षों-वर्षों....लेकिन दूसरे ही पल हम उनकी मृत्युकामना करने लगते हैं, ऐसी माँ को अभी मर जाना चाहिए–अभी और इसी वक्त!

नहीं, पहेलियाँ नहीं बुझा रहा मैं, पहेलियाँ तो माँ ही बुझाया करती थीं–एक से बढ़कर एक अबूझ पहेली। एक तो अभी भी याद है–

पास है जितनी, दूर है उतनी,
दूर है जितनी, पास है उतनी।

याद इसलिए रह गई कि जब-जब हम इसे बूझने की कोशिश करते, यह और भी अटपटी हो उठती। थक-हारकर हम माँ से चिरौरी करते, "कोई झलकी दे दो माँ!" हँस पड़ती माँ, "देखो, किसी को देखना हो तो उसे तब देखो जब वह तुमसे दूर जा रहा हो और उसे बिलकुल साफ-साफ देखना चाहते हो तो तब देखो जब वह दिखाई ही न दे।

पहेली सुलझाने की बजाय और भी उलझा देती माँ। इना पहेलियों का कोई भी उत्तर माँ को सन्तुष्ट न कर पाता। कर भी कैसे पाता, सारी पहेलियों का जवाब तो माँ स्वयं ही थीं।

अगर शुरू से ही न बताऊँ तो बात साफ नहीं होगी–ठीक उन दिनों से जब परिचय का दूध गाढ़ा होने लगता है जिज्ञासा की मासूम बालियों में...।

मैं पाँच का था, अजय ढाई का और मुन्नी माँ की गोद में। यह वे दिन थे जब माँ से बढ़कर न

हमें कोई सुन्दर दिखता, न माँ से बढ़कर कोई प्यारा। चूजों की तरह किचिर-विचिर मचाते हुए हम उनके आगे-पीछे डोला करते कि कहीं माँ हमें छोड़कर चली न जाएँ।

रात को भी उनकी गोद में सोने के लिए हम तीनों में तकरार होती रहती। गर्मियों में माँ हमें अलग-अलग खटोलों पर सुलातीं ताकि हम फैलकर सो सकें मगर आधी रात तक सारे खटोले सूने हो जाते, हम सब माँ की उसी झिलँगी खाट पर लदे होते। जाड़ों में दालान में दूर तक पुआल बिछाकर कथरी, धोती डाल देतीं, मगर सुबह तक हम उनकी कथरी में घुसे मिलते; जैसे नींद में चलकर आते थे हम और बिना भटके माँ तक पहुँच जाते? इधर जब उनकी सहज-सार्थक बातें भी निरर्थक होने लगी थीं, उन दिनों उनकी 'अललल', 'मिल्लू-मिल्लू', 'तक्कू-तक्कू' जैसी ढेरों निरर्थक ध्वनियों का अर्थ भी बिना बताए हम समझ लेते।

बुझौवलों, गीतों और किस्सों का तो कभी खत्म न होनेवाला भंडार था माँ के पास। एक फूलते बैलून की तरह हमारी कल्पना का क्षितिज बड़ा होता जाता, तिलिस्मी आलोक-छाया के बीच से राजकुमार आते, राजकुमारियाँ आतीं और रंगीन नाजुक पंखोंवाली परियाँ और घोड़े और तरह-तरह के विभिन्न जीव-जन्तु, सरसब्ज बाग-बगीचे और कितना कुछ। नेकी क्या होती है, क्या होती है बदी, क्या फर्क होता है बुद्धिमानी, धूर्तता, बोदेपन और शराफत में—माँ सारा कुछ बतातीं; अकसर कहानियों के माध्यम से। अलबत्ता मौत, श्मशान, डरावनी या यौन विषयक अवांछित बातों को वे हमारे पास न फटकने देतीं, आ भी जाएँ तो गन्दी बात कहकर टाल जातीं या हमारे प्रबल पराक्रमी पुरखों के हैरतअंगेज कारनामों से हमारी नजर उतार दिया करतीं। ऐसे में ही हम धीरे-धीरे अपने पैरों पर चलने के काबिल हुए थे मगर उनके गिर्द मँडराने की आदत अभी बनी हुई थी। मुझे याद है, बाद के उन दिनों में हमारा ध्यान बँटाने के लिए वे यह गीत उठा लेतीं—

'लाली-लाली डोलिया में लाली दुलहिनिया
पिया की पियारी भोली-भाली दुलहिनिया...'

फिर कहतीं, "तुम्हारी भी एक दुल्हन आएगी, लाल-लाल।"

"ऊँ-ऊँ-ऊँ! हमें तो तुम्हारी जैसी दुल्हन चाहिए!" मैं कहता।

"सूप के लिटाए क्या सूप में ही रहते हैं (पैदा होने पर बच्चे सूप में लिटाए जाते थे उन दिनों), अरे पगले, वो मुझसे भी ज्यादा सुन्दर होगी।"

"तुमसे भी ज्यादा सुन्दर?" मुझे सहसा विश्वास नहीं आता।

"इतनी सुन्दर कि उसे पाकर भूल जाओगे मुझे।"

वह झुनझुना माँ हमें न पकड़ातीं तो हम उन्हें काम ही न करने देते—काम, जो आठों पहर पहाड़ बनकर सवार रहता उनकी पसलियों पर। बड़के बाबूजी रेणुकूट के किसी कारखाने में काम करते थे। उनका परिवार उनके साथ ही रहता था। बीस-

बीघे की खेती बाबूजी और काका के भरोसे थी। प्राय: हर दूसरे महीने गेहूँ, चावल, दाल, तेल, घी, खटाई-अचार आदि लेकर कोई-न-कोई रेणुकूट जाता, या वे खुद आकर ले जाते। इसके अलावे इलाहाबाद पढ़ रहे उनके बड़े बेटे शंकर के लिए भी राशन-पानी घर से ही जाता। इन सबकी तैयारी में जुती रहतीं माँ। फिर बाबूजी का जुगाड़ लगाकर उन्हें भी बुला लिया बड़के बाबू ने रेणुकूट। अब गृहस्थी का अतिरिक्त भार आ पड़ा माँ और काका के कन्धों पर, राशन की अतिरिक्त मात्रा का प्रबन्ध भी। माँ को अब ओखल, जाँत, ईंधन-पानी के अलावा खेत, खलिहान, माल-मवेशी भी देखने पड़ते।

पता नहीं लेन-देन का क्या तुक-ताल गड़बड़ाया कि बड़के बाबूजी ने अपना हिस्सा अलगा लिया और अपना खेत पट्टे पर दे डाला। घुटन और तनाव भरे माहौल में घर, आँगन, अगवाड़ा, पिछवाड़ा, खेत, पेड़-रूख से लेकर बर्तन-भाँड़े, बैल-गाय और लेख तक का बँटवारा हो गया। काका हमारे साथ रह गए थे। माँ ने उन्हें बड़े बेटे जैसा पाला था, शायद इसी ममत्व वश! फिर आया उनके ब्याह का दिन। हमारी जानकारी में बड़के बाबूजी का अलग होना घर का पहला बँटवारा था और काका का ब्याह घर की पहली शादी।

फिरकी की तरह नाचती रही थी माँ उस शादी में और देर रात तक मंगल गीत गा-गाकर गला खराब कर डाला था। काकी की डोली दरवाजे आ लगी तो परछन के बाद माँ ने हम तीनों भाई-बहन को डोली में ही सगुन के लिए काकी की गोद में डाल दिया, फिर उन्हें सँभालकर उतारा था? मुँह-दिखाई में उन्होंने अपनी इकलौती सोने की चेन दे डाली थी। बहुत खुश थीं माँ उन दिनों, चारों तरफ यह कहती फिरती थीं कि अब उनके चार-चार हाथ जोड़ हो गए हैं। मगर यह खुशी ज्यादा दिनों तक कायम न रह सकी। साल बीतते-न-बीतते देवरानी से खटपट होने लगी। वैशाख में जब अनाज खलिहान से बखार में ले जाने की तैयारी हुई तो अड़ गईं काकी, "हमारा हिस्सा अलग कर दो।" माँ ने उन्हें जितनी ही समझाने की कोशिश की, वे उतनी ही भड़कती गईं, काका ने अकेले में ले जाकर शान्त कराने की कोशिश की तो बोलीं, "जो सूअर की तरह ब्याई हो, वह खुद इन्तजाम करे अपने छौनों का। इनके लिए हमें बैल की तरह नहीं खटना।"

माँ को तब शायद कायदे से झगड़ना भी नहीं आता था, वे हतबुद्धि होकर रह गई थीं। न बोल रही थीं, न रो रही थीं, चुपचाप खड़ी थीं-काठ-सी। उनकी टाँगों से चिपककर हम भलर-भलर रोए जा रहे थे। आखिर रेणुकूट से बाबूजी और बड़के बाबूजी आए और अलगौवल की वही प्रक्रिया एक बार फिर दुहराई गई।

बाहर वाले चले गए तो घर एकदम से खाली-खाली लगने लगा। कल तक जिससे बातें हुआ करती थीं, आज बोलचाल बन्द हो गई। लगता, बगल में कोई

खौफनाक या घृणित आदमी रह रहा है जिसकी उपस्थिति का अहसास मात्र असहनीय है। न घर में जी लगता, न स्कूल में।

अगले कुछ दिनों तक घर का माहौल भारी-भारी बना रहा। उस दिन पत्थर पड़े थे, अमियाँ बिछ गई थीं, टूट-टूटकर। भूसा भीग गया था। रात में कँपकँपी बढ़ गई थी। हम सबों के साथ लेटी थीं माँ। अचानक बर्रा उठी थीं, "न कोई रहा है, न कोई रहेगा...।"

पहले तो हमने समझा, कोई गीत या बुझौवल है, मगर नहीं, वे छाजन की कड़ियों को देखती हुई अपनी रौ में बोले जा रही थीं, "आगे की सोची गई बातें, ये नाते, ये रिश्ते, ये तन के कपड़े, ये देह, ये आँख, कान, नाक...।"

"तुम्हारी नाक की छुच्छी भी?" अबोध मुन्नी की उँगलियाँ माँ की नाक की लौंग पर आ लगीं, जो उसके लिए उनकी देह में आकर्षण का सबसे तिलिस्मी बिन्दु था, जिसे देखकर वह अपनी हमजोलियों को बताया करती कि उसकी माँ ने छुच्छी में कोई जुगनू पाल रखा है।

"हाँ, यह भी...।"

'उड़ जाएगी?"

"हाँ।"

"कहाँ जाएगी?"

"आसमान में तारा बन जाएगी।" माँ शायद हँस रही थीं, "हजार-हजार तारों के मेले में इसे पहचान भी नहीं पाओगे तुम लोग।"

"हम ढूँढ़ लेंगे।" हम एक साथ बोल उठे थे।

"और ढूँढ़कर उसे लगाओगे कहाँ?"

"तुम्हारी नाक में।"

"मैं कहाँ रहूँगी तब?"

"हम तुम्हें भी ढूँढ़ लेंगे।" हम सब उनके गले से लिपट गए थे। पता नहीं माँ रो रही थीं या नहीं, मगर उनका बदन रह-रहकर हिलता रहा था देर रात तक।

वक्त गुजरा। हम और बड़े हुए। माँ की 'गन्दी बात' का मर्म बिना बताए ही हमारी समझ में आता गया। बड़के बाबूजी मरे, बड़ी माँ मरीं, और भी जाने कितने लोग। काका गठिया के मरीज हुए, काकी दमे की मरीज। ढेरों शादियाँ हुईं—हम सबों की भी। लाल-लाल दुल्हनों की भीड़ में फीकी पड़ती रहीं माँ। बाबूजी रिटायर्ड होकर गाँव आ गए। बड़के बाबूजी के लड़के शंकर और काका बँटाईदार बदलते-बदलते परेशान हो गए और एक बार फिर उनके खेत आ पड़े थे हमारे जिम्मे। नहीं 'हमारे जिम्मे' कहना अनुचित होगा, माँ के जिम्मे; कारण-हम तीनों भाई-बहन ने तब तक

परिवार से छिटककर अलग-अलग शहरों में अपनी-अपनी दुनिया बसा ली थी। माँ की लालसा थी कि हम तीनों, बारी-बारी से ही सही, उनके साथ रहें, मगर यह सम्भव न था। छुट्टियों या खुशी-गमी में ही हम शरीक हो पाते, वह भी एक तरह से रस्मी तौर पर ही।

हमने मन माफिक तर्क गढ़ लिये कि कोई बात नहीं, बाबूजी तो हैं ही माँ से बातें करने के लिए, फिर वर्षों प्राय: अलग-अलग रहते आए हैं दोनों। कम-से-कम अब उनके एकान्त में विघ्न नहीं डालना चाहिए हमें। उन दिनों अपने बड़े बेटे के मुंडन के सिलसिले में हम गाँव आए हुए थे। एक रात मेरी पत्नी ऋतु को चुहल सूझी, "जरा देखें तो वर्षों के बिछड़े पति-पत्नी में क्या खुसुर-फुसुर होती है?" और उसने कान टेक दिए...!

"अरहर तो नीलगाय चर गए, अब क्या होगा?" यह माँ का स्वर था।

"तुम्हारी जिद थी कि टेढ़के में अरहर ही बोएँगे, नौ महीने तक खेत फँसा दिया और बचा क्या रहा!" बाबूजी का स्वर।

"तुमने भी तो जिद करके आलू बुआ दी तीन बीघा, दाम भी निकल आएँ तो गनीमत जानो। अरे, माटी बदलनी पड़ती है, माटी! तुम खेती करना तो बिलकुल ही भूल गए हो। सोसायटी का पैसा कहाँ से देंगे? उन पैसों में बाहर से बीज ले आए होते तो...।"

"अच्छा, विजय के नन्हके का कान बहता है, क्या?"

"हाँ, बहता तो है। मैंने कहा, भँगरइया का रस गारकर डाल दे, ठीक हो जाएगा; लेकिन बहू शहराती, कहने लगी, "रहने दो अम्मा, शहर में एक से बढ़कर एक डॉक्टर है।" माँ के स्वर में तंज उभरने लगा था, "अब अजय का ही लो। ससुराल में पड़ा है, न नौकरी, न चाकरी, ऊपर से बहू के पाँव भारी..., पूछे क्यों भैया, घर क्या काटने को दौड़ता है! मुन्नी बेचारी के घर तक नहीं जाता, परग भर भुई है। देवरानी ताना मारती है, तुम्हारा है कोई...? ये गाँव, चुगुलखोरों का गाँव है, जब तक सबको फोड़-फाँसकर अलग-अलग नहीं कर दिया, चैन से नहीं बैठे लोग।"

"धत् तेरे की! क्या इन्हीं रसीले संवादों को सुनने के लिए हमने इतना वक्त जाया किया।" वहाँ से हटते ही ऋतु हँसते हुए स्वाँग करते हुए बताने लगी।

"यह हँसने की नहीं, फील करने की बात है।" मैं चिढ़ गया।

ऋतु ने मुझे घूरा, "तुम अपने मातृ-वलय से कब मुक्त हो पाओगे विजय?"

"तुम मुक्त हो पाई हो?"

"क्यों, सब कुछ छोड़कर यूँ ही चली आई तुम्हारे संग?"

"तो क्या इनकी तकलीफों को नजरअन्दाज कर मैं भी चल पड़ूँ तुम्हारे साथ दुनिया की सैर पर?"

"तकलीफों के समाधान हैं। ये हलवाहे रख लें, मजूर-मजूरनें रख लें, हम सब आते-जाते रहते ही हैं, छोड़ा तो नहीं न इन्हें। व्हाट मोर वी कैन डू फॉर देम ऐट देयर फैग एंड ऑफ लाइव्ज!"

वाकई इससे ज्यादा उस वक्त हम उनके लिए कुछ कर भी नहीं सकते थे और इसके बाद तो हालात ही कुछ ऐसे बिगड़ते चले गए कि कुछ भी कर पाना सम्भव न रहा।

बाबूजी के अन्दर पता नहीं कौन-सी सामन्ती कुंठा दमित रह गई थी जो इस उम्र में आकर भड़क उठी और वे हमारे हलवाहे सुमेर की जवान लड़की के मोह में जा पड़े। बात कब तक दबी रहती? धीरे-धीरे गन्धाने लगी। माँ ने पहले तो गाँववालों की उड़ाई कहकर इसे ढँकने की कोशिश की, लेकिन पानी में किया गया पाखाना उतराए बिना कहाँ मानता है और फिर जब बाबूजी ने ही धोती खोलकर उसे झंडा बनाने की ठान ली हो तो माँ उनके नंगेपन को कहाँ तक ढँक पाती? बाबूजी सीवान (सीमान्त) के खेत पर सरेआम मड़ई डालकर रहने लगे थे सुमेर को बेटी के साथ। अन्ततः माँ ने बाबूजी को तज ही दिया। बाद में बाबूजी शुगर के मरीज हुए और उनकी वह औरत भाग गई या भगा दी गई तो पस्त और परास्त बाबू जी एक शाम आकर खड़े हो गए घर की चौखट पर, भिखारी की तरह। उनकी तरफ से पूरा गाँव समझाने आया था माँ को, "जो हुआ जाइ-बहाइ दो।" मगर माँ नहीं पसीजीं तो नहीं ही पसीजीं। उन्होंने बाबूजी को घर में घुसने तक नहीं दिया। निरुपाय बाबूजी को अपनी उस बीमारी की हालत में अपनी उसी सीवान वाली मड़ई में कल्पवास लेना पड़ा। सबों की तरह उनका राशन-पानी भी पहुँचा दिया करतीं माँ!

माँ ज्यादा-से-ज्यादा निर्भर होती जा रही थीं 'मनई-मजूरों' पर, जिनका वैसे भी गाँव में अकाल रहने लगा था। ऐसे में, माँ को ज्यादा मजूरी देकर चिरौरी-मिनती कर लिवा आना पड़ता और एक सुमेर के सिवा, बाकी हथलपाकी से भी बाज न आते। सुमेर रात को भी खा-पीकर चला आता बाहर की मड़ई में सोने। खेत-खेतार, माल-मवेशी कोई एक काम तो होता नहीं, उससे जुड़े सैकड़ों काम होते हैं, बारहों महीने, तीसों दिन, चौबीसों घंटे...। माँ मजूरों के साथ क्या लू, क्या पाला, क्या बरखा, क्या आँधी, क्या रात, क्या दिन खेत-खेतार को डाकिनी की तरह धाँगती रहतीं। हम जब सुनते तो हमें बुरा लगता, मगर दूसरा उपाय भी तो नहीं था।

राशन चुकने पर हम रात-बिरात आते, महीने-दो-महीने का गेहूँ, चावल, दाल, तेल, घी आदि लेकर मुँह-अँधेरे ही शहर को निकल पड़ते। मेरे बाद शंकर भैया आते, फिर काका, फिर अजय, फिर दूसरे लोग! सबों का राशन तैयार कर अलग-अलग पहले से रख देतीं माँ। अपनी जरूरत भर रुकते हम। पारिवारिक कलंक की शर्म के चलते हम सभी अपने सामान लेकर मुँह-अँधेरे ही निकल पड़ते। पीछे-पीछे

माँ बँसवारी तक आतीं। हम उनके पाँव छूते, वे होंठों-ही-होंठों में कुछ बुदबुदातीं–शायद आशीर्वाद जैसा कुछ, और हमें धुँधलके में दूर जाते हुए देखतीं।

इस बीच कोढ़ में खाज की तरह यह सुनने को मिला कि माँ सुमेर से फँसी हैं।

"इस उम्र में? हाय राम!" ऋतु ने सिर पीट लिया, "अब क्या मुँह लेकर कोई जाएगा गाँव!"

हलवाहे से उनका हँस-हँसकर बोलना-बतियाना याद आया। याद आई बाबू जी को घर में न घुसने देने की जिद! याद आया कि हमने जब भी हलवाहा बदलने की बात की, माँ ने हमारी एक नहीं सुनी।

इस वाकये के बाद गाँव सचमुच काट खाने को दौड़ता मगर महँगाई और जरूरतें थीं कि जाना ही पड़ता। हाँ, अब हममें से कोई वहाँ रात भर भी न रुकता, सामान तौलवाया, गठरियाँ बाँधीं और चल पड़े उसी दम! माँ अब भी बँसवारी तक हमें पहुँचाने आतीं, मगर हम पलटकर उनकी ओर ताकते भी न पाते।

माँ से जी ऐसा उखड़ता गया कि उन्हें 'माँ' कहने में भी संकोच होता। कोई अन्य विकल्प होता तो उनसे सदा-सदा के लिए छुट्टी पा लेते हम। ऐसे में बाबू जी का अपराध हमें नगण्य लगने लगा था। पाँव का जख्म न भर पाने के कारण उनकी अवस्था भी शोचनीय थी। उन्हें गाँव से शहर लाकर एक अच्छे अस्पताल में भर्ती कराया गया। माँ को बताने की जरूरत नहीं थी, सो उस बार से हमने आदमी भेजकर अपना राशन मँगवाना ही ज्यादा उचित समझा! ऋतु को उनके नाम से ही चिढ़ हो गई थी।

ऐसे में एक दिन अजय आया बाबूजी को देखने! कुशलक्षेम के बाद मैंने पूछा, "बच्चे कहाँ हैं?"

"गाँव पर!"

"गाँव पर...?" मैं जैसे इन शब्दों को सुनकर चौंका।

"मैं एक बात कहने आया था भैया!"

"क्या?"

"पता नहीं यह मेरा वहम है या सच, माँ सूखती जा रही हैं।"

"सूखती जा रही हैं?" ऋतु ने व्यंग्य में शब्दों को टप्पे की तरह उछाल दिया, "क्यों, अब सुमेर वहाँ नहीं सोता?"

"सोता तो है।"

पत्नी चुप हो गई, मैं भी।

गाँव की जो भी खबरें हम तक आतीं, वे काफी उद्विग्न करनेवाली थीं। हमारे इस तरह सम्पर्क काट लेने से गाँव में माँ की स्थिति और भी हीन हो गई थी। अजय का

सपरिवार वहाँ आ जाने से भी अवस्था में कोई खास बदलाव नहीं आया था। बच्चों को छोड़कर अब उनसे शायद ही कोई सीधे मुँह बात करता। उनका चलना-फिरना वैसे तो अभी भी बन्द नहीं हुआ था, मगर चलते-चलते वे हठात् रुककर बैठ जाती थीं और अपनी साड़ी को तनिक उठाकर कुछ देखने लगती थीं। जिन लोगों ने उन्हें ऐसा करते देखा था, उनका कहना था कि उस वक्त उनका चेहरा तकलीफ से जर्द हो जाता था। हालाँकि सुमेर अब भी साए की तरह उनसे चिपका रहता। ऐसी सुनगुन थी कि उन्हें कोई गुप्त रोग हो गया है। मेरा मन एकबारगी घिना गया, क्या माँ जाते-जवाते हमारा रहा-सहा मान-सम्मान धो-पोंछकर ही जाएँगी!

माँ की इस बात से भी हम हैरान थे कि यूँ तो पचासों जगह इस अवस्था में भी आ-जा रही थीं, मगर बाबूजी को देखने एक बार भी नहीं आईं, जबकि उन्हें बखूबी पता था कि पाँव का जख्म न भर पाने के चलते बाबूजी प्रायः अचल होकर अस्पताल में पड़े हुए हैं। दुश्मन-से-दुश्मन तक आ-आकर देख गए, मगर वे...एक बार भी नहीं।

ऋतु से इस बाबत चर्चा हुई तो वह तुनक उठी, "यह तो खैर मनाओ कि अपने पापों की गठरी लेकर वे वहीं पड़ी हैं, यहाँ बाबूजी को देखने आनेवालों का खर्च ढोते-ढोते हम तो दोहरे हो गए। सारा शौक उड़ गया हमारा, मुर्दा हो गए हम मुर्दा! वैसे मुर्दे पर एक मन क्या, सौ मन क्या! रो-गाकर ढो ही लेंगे मगर उनके पापों का बोझ, ना भैया ना, वह हमसे नहीं ढोया जाएगा।"

इन दिनों लगता कि कहीं कुछ गलत हो रहा है, मगर 'वह' क्या है, मैं ठीक-ठाक आँक न पाता। एक और मानसिक विचलन आया था मुझमें। अकसर लगता, दरवाजे पर कोई रिरियाती आवाज दस्तक दे रही है, कोई हल्की-हल्की बदबू...जैसे कोई भिखारिन खड़ी हो दरवाजे पर। दरवाजा खोलकर देखता, कहीं कोई न होता।

लेकिन, नहीं, एक दिन सचमुच ही दरवाजे पर रिरियाहट साकार हो गई। पत्नी सुबह-सुबह स्नान कर पूजा करने जा रही थी कि बदबू का झोंका उसे फिर से नहला गया। पलटकर उसने देखा तो द्वार पर अजय था, गोद में किसी को उठाए हुए।

"यह बदबू कैसी है?" ऋतु ने पूछा।

"बदबू नहीं, माँ है।" अजय ने रुँधे गले से जवाब दिया।

मैं अवाक्, "क्या हुआ इन्हें।"

"गैंगरीन!"

हाँ, वह माँ थीं, माँ ही थीं। अजय उन्हें गोद में उठाए हुए था। अजय ने उन्हें लाकर बीच के कमरे की फर्श पर बिठा दिया। माँ, पता नहीं दर्द से या दर्द निवारक दवा के प्रभाव से, कुछ बोलने की हालत में नहीं थीं। अजय ने टखने पर से साड़ी हटा दी। माँ की गोरी टाँग स्याह हो रही थी, बीच-बीच में काली धारियाँ थीं।

"ये खून की शिराएँ हैं जो सूख गई हैं।" अजय ने बताया। ऋतु का चेहरा फूल आया, शायद इस स्थिति से जुड़ी तमाम बातों की कल्पना कर वह सहम गई एक-बारगी।

माँ को भी उसी अस्पताल में दाखिल कराना पड़ा, जिसमें बाबूजी थे—ऑपरेशन कॉम्प्लेक्स में, निचले तल पर बाबूजी, उसकी ऊपरी तल पर माँ, उसके ऊपर ऑपरेशन थियेटर्स, स्टर्लाइजर्स और एनेस्थीसिया के कक्ष और सबसे ऊपर आई.सी.यू. और आई.सी.सी.यू.।

जाँच के बाद डॉक्टर ने कहा, "सॉरी, पाँव एम्पुट करना पड़ेगा, जितनी जल्दी हो सके। खून का इन्तजाम भी कर लीजिए—दो बोतल! ग्रुप चेक करा लीजिए।"

"सर!" मैंने डरते-डरते पूछा, "क्या और कोई उपाय नहीं है...मेरा मतलब दवा वगैरह से?"

"होता, अगर आप इन्हें पहले ले आए होते।"

इस खबर की पहली प्रतिक्रिया पत्नी पर हुई। उसका चेहरा फक हो गया।

शाम को माँ से मिलने हम फिर आए। पता नहीं, दवाओं का असर था या और कुछ, माँ ने उठकर मेरा सिर चूम लिया। फिर वे रस ले-लेकर खेत-खलिहान, नौकरी, बच्चे, पास-पड़ोस की चर्चा करती रहीं। वह आवेग कुछ थमा तो तनिक गम्भीर हुईं, "बेटा, तुम्हें याद है, तुम बचपन में पूछा करते थे कि मौत क्या होती है, श्मशान क्या होता है?"

"अब भी क्या जानना शेष रह गया है माँ!" मैंने कहा—

"माँ...?" माँ को जैसे मेरे सम्बोधन पर आश्चर्य हुआ।

"क्या माँ?"

"नहीं, कुछ नहीं।" उनकी आँखें भर आईं।

"तुम कुछ और बोलना चाह रही थीं?"

"हाँ।" कहकर माँ एक पल को चुप हो गईं, फिर जैसे खुद में डूबते-उतराते बोल पड़ीं, "तुम अभी क्या जानोगे भैया, मैं खुद ही ठीक-ठीक कहाँ जान पाई थी कि...?"

"क्या?"

"कि श्मशान कुछ और नहीं होता, यह जिन्दगी ही श्मशान है। जनमते ही मौत की धारा हमें काटने लगती है, करार (कगार) गिरते रहते हैं। कभी अरराकर, कभी चुपचाप। आवाज तक नहीं होती। मौत और श्मशान कोई एक मुकाम नहीं, एक फैला हुआ सिलसिला है।" माँ ने वर्षों बाद मुँह खोला था, या वर्षों बाद हमें उन्हें सुनने की फुरसत मिली थी।

"तुम आराम करो माँ।" अजय ने दुख के उस गुबार से माँ को परे हटाने की गरज से कहा।

"आराम?" माँ ने एक गहरी साँस ली, "अब उसके सिवा कुछ और भी बचा है क्या? दौड़ने की पूँजी तो खर्च हो गई भैया!" रुक-रुककर बहुत कुछ बोलती रही थीं माँ, जिसका सार यह था कि एक वहम के तहत अपनी ही छूटी हुई परछाईं को पकड़ने की कोशिश में भागती रहीं वे—खेत-खेतार, पास-पड़ोस, गोरू-बछरू से नातों-रिश्तों तक, मगर क्या पकड़ पाईं...!

"अब यह परछाई और भी छोटी हो जाएगी—है न!" कहकर वे उदास हँसी हँस पड़ी। हँसते-हँसते ही उन्होंने झुककर अपनी दाईं टाँग को चूम लिया, "बहुत साथ दिया, बहुत! जब सबने साथ तज दिया, तब भी...! हमीं साथ न दे पाए तुम्हारा!"

और दूसरे दिन माँ की परछाईं सचमुच छोटी हो गई। जाँघ की सन्धि से तनिक नीचे दायाँ पाँव काट दिया गया। ब्लीडिंग बिलकुल नहीं हुई। होश आने पर माँ पर क्या गुजरी होगी—हम इसकी कल्पना से ही थर्रा गए। शुकर था, वे इंटेंसिव केयर यूनिट में थीं, हमें मिलने नहीं दिया गया, वरना हमें पकड़कर कितना रोतीं वे और उन्हें क्या ढाढ़स बँधाते हम!

"चलो कोई बात नहीं, एक टाँग तो बची है अभी, बैसाखी से चल लेंगी।" हमने एक-दूजे को आश्वासन दिया। मगर यह आश्वासन भी ज्यादा देर न टिक पाया। दूसरे ही दिन बाईं टाँग में दर्द उभर आया। वही झाँवाँ होता गोरा चमड़ा, वही काली-काली धारियाँ! डॉक्टर ने टखना उघाड़कर देखा तो सिर पकड़ लिया, "माई गॉड! ये टाँग भी एफेक्टेड हो गई! बदबू शुरू हो गई है!"

मेडिकल बोर्ड बैठा। गहन जाँच-पड़ताल और सम्बन्धित सभी पहलुओं पर विचार-विमर्श के बाद हमें सूचित किया गया, "गंगरीन एबडोमेन में लोकेटेड है। पेशेंट को बचाना है तो दूसरी टाँग भी एम्पुट करनी पड़ेगी।"

एक-एक कर फिर वे ही प्रक्रियाएँ दुहराई जाने लगीं। और माँ की परछाईं और भी छोटी हो गई।

अब हाथ! पहले दायाँ, फिर बायाँ! जहर की तरह फैल रही थीं काली धारियाँ, मौत के अँधेरे की तरह फैल रही थीं झाँइयाँ! और इन सबके साथ एक भीनी-भीनी-सी बदबू! डॉक्टर्स परेशान! हमें डायरेक्टर ने बुलाकर कहा, "अब तो हाथ काटने रह गए हैं, मान लीजिए हमने काट ही दिया, मगर उसके बाद काटने को क्या बचेगा? ऐसा कीजिए, इन्हें दिल्ली, बम्बई, वेलोर—जहाँ ले जाना चाहें आप ले जाएँ...और नहीं तो घर ही ले जाएँ, लेकिन यहाँ हम इन्हें नहीं रख सकते। सारे वार्ड्स बदबू से भर गए हैं।"

"सर ऐसी हालत में, जबकि आप नहीं रख पा रहे हैं, हम भला घर में कैसे रख पाएँगे! कहीं बाहर ले जाने की भी सामर्थ्य नहीं अपनी। मेरे फादर भी यहीं हैं निचले वार्ड में। किस-किसको सँभाल पाएँगे हम?"

'हूँऽऽऽ!'' सोच में पड़ गए डायरेक्टर।

''माँ की तकलीफ अब हमसे नहीं देखी जा रही है। कहाँ तक हम मौत का पल-पल इन्तजार करते रहें? यह कितना त्रासद है माँ के लिए भी और हमारे लिए भी! हम तो यहाँ तक कह रहे हैं कि अगर सम्भव हो तो मर्सी किलिंग...''

''नो! वी कांट!'' काट दी मेरी बात डायरेक्टर ने, ''वैसे भी कितने दिन और खींच पाएँगी। बच पाना मुश्किल है।''

मगर माँ...? जितनी भी बची थीं, अद्‌भुत रूप से प्राणवन्त हो उठी थीं–जिन्दादिल, जोशीली, निडर, दुस्साहसी।

इस अनहोनी पर डॉक्टर्स हैरान थे। घर में रोना-पीटना मच गया। बाबूजी को माँ के बारे में अभी तक कुछ भी नहीं बताया गया था। यूँ इधर-उधर से उन्हें यह तो मालूम हो गया था कि ऊपर जनाना-वार्ड में कोई बूढ़ी औरत है जिसके पाँव और हाथ काटे जा चुके हैं और यह जो भीनी-भीनी बदबू है उसी की है। मगर वह कौन है–यह उन्हें मालूम नहीं था। उस अनजान औरत की मर्मान्तक नियति पर घंटे भर तक रोते रहे थे बाबूजी। हमने चाहा कि अब वक्त आ गया है जबकि बाबूजी को सब कुछ साफ-साफ बताकर माँ से मिला दिया जाए, मगर डायरेक्टर ने मना कर दिया, ''दोनों में से कोई भी इसे बर्दाश्त नहीं कर पाएगा।''

दिन चिन्न-चिन्न उड़े जा रहे थे–ह्रासमान और अवक्षय के दिन। इस बीच काकी का निधन हो गया। पता नहीं, माँ को कैसे खबर हो गई और वे जिद करने लगीं कि उन्हें उनके अन्तिम दर्शन करा दिए जाएँ। आश्चर्य, माँ ने एक बार भी बाबूजी से मिलने की जिद नहीं की, जबकि उन्हें पता था कि वे उनके ठीक नीचे हैं, और अचल हैं। खैर, हमने डॉक्टर्स से पूछा तो न जाने क्या सोचकर उन्होंने अनुमति दे दी। माँ को स्ट्रेचर पर लिटाकर जीप द्वारा घर लाया गया। जीप से उतारकर स्ट्रेचर हाथों में लिया गया तो लगा, जैसे वे स्ट्रेचर पर नहीं किसी खुले डोले पर सवार हों। खेत-खलिहान, बाग-बँसवारी, पास-पड़ोस–उन्होंने जहाँ-जहाँ कहा, वहाँ-वहाँ उन्हें ले जाया गया। उन्हें देखने को गाँव के काफी लोग अपने-अपने घरों से निकल आए थे। किसी-किसी को बुलाकर उन्होंने बातें भी कीं, सुमेर से भी...!

काकी की लाश के पास स्ट्रेचर रख दिया गया। माँ की गर्दन तिरछी हुई, आँखें जितनी दूर फैल सकती थीं, फैलाकर उन्होंने काकी को देखा, फिर कहा, ''भूल-चूक छिमा! चलो हम भी आ रहे हैं, लेकिन वहाँ झगड़ना नहीं, हाथ जोड़ते हैं।...'' कहकर अटपटा गईं, ''अरे, मेरे तो हाथ भी नहीं हैं।''

पास ही बाग में काकी की चिता सजाई जा रही थी। आँधी में गिरा आम का पेड़ माँ ही कटवाकर रखवा गई थीं। चिता की लकड़ियाँ वहीं से ला रहे थे लोग।

हठात् उनकी नजर मुड़ी, ''रुको! सारी लकड़ियाँ क्या छोटकी में ही फूँक दोगे? और किसी को जरूरत नहीं पड़ सकती है?''

हमने सिर झुका लिया, मगर माँ का चेहरा निर्विकार बना रहा।

अजय ने बताया कि यह वही पेड़ था, जिसकी दावेदारी के लिए माँ और काकी में अकसर झगड़ा होता आया था। अब चिता के लिए भी हिस्सेदारी में झगड़ा। अगर यह दावा था तो भी कठिन दावा, और अगर यह विनोद था तो भी क्रूर विनोद!

दो बजे तक सज गई चिता। अब सिर्फ काकी को ले जाकर उस पर रखा जाना भर रह गया था, मगर माँ ने रोक दिया, ''अभी नहीं!'' उन्हें यहाँ ले आए हुए चार घंटे से ऊपर हो रहे थे। दर्द फिर शुरू हो गया था। उनकी आँखें बीच-बीच में बन्द हो जातीं, मगर जल्दी ही खुल जातीं और वे इधर-उधर देखने लगतीं, अचकचाकर।

तीन बजे उनके प्रतिरोध को अनसुना कर चिता पर रख दिया गया काकी को। चिता की परिक्रमा कर आग लगा दी काका ने। तभी हमारा ध्यान सुमेर पर गया। वह धब्बेदार मरहम-पट्टियों में लिपटी कुछ चीज़ें ले आया था।

''भौजी! भौजी!!'' सुमेर का रुँधा कंठ।

माँ ने पलकें खोलीं, ''ले आए?''

''हाँ!''

''अपने हाथ से चिता में डाल दो।''

हम जब तक सुमेर को रोक पाते, वह उसे चिता में डाल चुका था। पूरा गाँव जमा था। शंकर भैया गुस्से से भड़क उठे, ''यह क्या चीज डाली तूने?''

''मेरे गोड़-हाथ!'' जवाब माँ की ओर से आया, ''जिसे जो कहना है, हमसे कहे, सामने, पीठ पीछे नहीं।'' माँ का स्वर निष्कम्प था। पूरा गाँव सन्न! कुछ औरतें रोने लगीं। कुछ को लगा, मिरगी आ गई है। तमाम अफवाहों के बावजूद माँ से सुमेर के अवैध सम्बन्धों पर सन्देह की गुंजाइश हमारे मनों में अभी भी बनी हुई थी। तो क्या आज माँ ने सारे गाँव के सामने सुमेर को एकमात्र विश्वासपात्र बनाकर ललकारा है कि जो समझना है समझ लो, जो करना है कर लो! चटख-चटखकर जल रही थी चिता, जल रही थी चुनौती।

अजय और मैं आमने-सामने थे, एक-सी दंश की अनुभूति लिये हुए। डर माँ को नहीं था, यह उन्होंने सरेआम जता भी दिया; डर हमें था। उस नाजुक बिन्दु को छूने से हम दोनों भाई डरते रहे इतने दिन। हमारी बाँहें फैलीं। हम एक-दूजे के कन्धों पर सिर रखकर बिलख-बिलखकर रो पड़े। माँ हमें शिकस्त-पर-शिकस्त दिए जा रही थीं। हमें कयास भी न था कि अपने कटे हुए अंगों का यह उपयोग भी कर सकती हैं। कितनी डिग्निटी से जलती चिता को देख रही थीं माँ।

अस्पताल दोबारा लाया गया माँ को। शाम को मुन्नी आ गई माँ को देखने। माँ का चेहरा फिर जस-का-तस, जैसे कुछ हुआ ही नहीं हो उनके साथ। माँ को देखते ही खिल गई। बदबू से निजात पाने के लिए मैंने अगरबत्ती सुलगाई तो तीली से मेरा हाथ जल गया, मैंने हाथ झटका तो हँस पड़ीं माँ, "आग से इत्ता डरते हो भैया, तो मुझे जलाओगे कैसे?" मैं सन्न रह गया। फिर वही मुन्नी के बच्चों, फसलों और दूसरी तमाम बातें।

माँ का इतना ऊर्जस्वित रूप हमने वर्षों से नहीं देखा था। जैसे फिर लौट आए थे वे पीछे छूट गए बचपन के दिन। नाक की लौंग जुगनू की तरह आज फिर दिपदिपा रही थी–सितारा बन जाने की तैयारी में मानो! मुन्नी की डबडबाई नजर उसी पर थी।

"ऐसे क्या देखते हो?" लगा, माँ ने हँसकर मीठी तिरछी चितवन से फिर से तरेरा हो, "देखो, किसी को देखना हो तो उसे तब देखो, जब वह तुमसे दूर जा रहा हो...और उसे बिलकुल साफ-साफ देखना चाहते हो तो तब देखो, जब वह दिखाई ही न दे।"

लेकिन नहीं, माँ कुछ बोल कहाँ रही थीं, वे तो एक पुलक भरी चितवन से अपने बच्चों को निहारे जा रही थीं।

ऐसी मर्मान्तक अवस्था में भी माँ इतनी प्राणवन्त कैसे रह सकती हैं–मुन्नी यकायक इतनी डर गई कि जैसे किसी भी क्षण माँ का बचा-खुचा शरीर प्रेत बनकर उड़ जाएगा। उसे गश आ गया।

हमने डायरेक्टर से भेंट की तो वह हाथों की उँगलियाँ उलझाए देर तक शून्य में ताकते रह गए। फिर इंटरकॉम पर कोई जरूरी निर्देश देते हुए बोले, "अब आप अपनी माँ को अपने फादर से मिलवा दीजिए। मैंने जरूरी इंस्ट्रक्शन दे दिया है।"

हम बाबूजी के वार्ड में आए। उन्हें एक व्हील चेयर पर बिठाकर लिफ्ट से ऊपर लाया गया, फिर व्हील चेयर को माँ के बेड के सामने कर दिया गया।

थोड़ी देर तक अपरिचय की धुन्ध! फिर धुन्ध छँटने लगी। "हमारे-तुम्हारे बीच सिर्फ एक छत का अन्तर था, इस अन्तर को पाटने में इतने दिन लगा दिए मुन्नी के बाबू?" पहल माँ ने ही की।

"मुन्नी की माँ...?" बाबूजी ने शायद अब पहचाना और वर्षों के अपरिचय के लम्बे गलियारे एक पल में रोशन हो गए। उनका फटे बाँस-सा स्वर उन्हें ही चिढ़ा रहा था। अभी कुछ दिनों पहले जिस अनजानी औरत की नियति पर रोए थे, वह नियति दिल को दहला दनेवाले मंजर की तरह उनके सामने पड़ी थी।

"मर्द होकर रोते ही? छी!" माँ उन्हें पुचकार रही थीं, "बहुत भोग लिये, है न! अब देखो, ठीक होते ही गाँव चले जाना। घर देखनेवाला कोई नहीं है। फिर अब तो तुम्हें घर में घुसने से कोई रोकने-टोकने वाला भी नहीं है। अपना और बच्चों का खयाल रखना। कजरी गाभिन है, ब्याएगी तो बेचना नहीं, तुम्हें दूध की जरूरत

है।'' माँ ने रुक-रुककर कहा था यह सब और सबसे आखिर में बहुत ही अपनेपन से, बहुत ही खुले मन से पूछा था, ''सब तो ले गए सब, गठरियाँ बाँध-बाँधकर देती रही सबको, अब इतना भर बचा है। अपनी इस गठरी को अपने सिर पर रखकर ले जा सकती हूँ न?'' बाबूजी के हटते ही माँ दर्द से चीत्कार करने लगीं। सारा वार्ड गूँज उठा। नर्सें दौड़ पड़ीं, डॉक्टर्स आए। हम सभी भी आ गए।

डायरेक्टर ने हमें आई.सी.यू. के विजिलेंस कक्ष में बलाया। वह एक चौकोर कक्ष था जहाँ अलग-अलग पेशेंट के दिल, गुर्दे और दूसरी स्थितियों के लिए अलग-अलग मॉनिटर्स थे जिनके वीडियो पर कम्पमान लहरें और आँकड़े बिछल रहे थे। उन्होंने एक मॉनीटर की ओर इशारा किया कि यह आपकी माता जी का हार्ट है।

हमने देखा, साँप की गुंजलक जैसी कोई चीज फूल और पिचक रही थी।

''गौर से देखने पर आप देख पाएँगे कि हार्ट में एक क्लॉटिंग है। क्या कभी धक्का या किसी किस्म की चोट लगी थी इन्हें यहाँ?'' हमारे बीच चुप्पी पसर गई।

''एनी वे!'' डायरेक्टर ने कहा, ''दिल के पम्प करते रहने से यह क्लॉटिंग टूटती है और वह टूटा अंश जिस-जिस शिरा या धमनी में जाकर फँसता है, वहाँ-वहाँ का ब्लड सर्कुलेशन, क्या कहते हैं, हाँ, रक्त प्रवाह बाधित होता है। उस अंग को ऑक्सीजन नहीं मिल पाता, नॉरिशमेंट नहीं मिल पाता, एक्सक्रीशन नहीं होता। वह सूखता जाता है, सड़ता जाता है, बदबू फैलने लगती है। इसीलिए वे-वे अंग काट देने पड़े...।'' वे तनिक रुके, फिर मॉनीटर को री-एडजस्ट करने के बाद बोले, ''इसका दूसरा प्रभाव यह है कि जो बाकी अंग हैं, उनकी नलिकाएँ अगर अभी खुली हुई हैं तो उन्हें ज्यादा रक्त मिलने लगा है ज्यादा ब्लड, यानी ज्यादा ऑक्सीजन। ऐज बिकॉज, ब्रेन को भी अपेक्षाकृत ज्यादा ब्लड मिल रहा है, इसलिए उनकी वाइटलिटी, क्या कहते हैं, जीवन्तता बढ़ गई है। लेकिन...'' उन्होंने 'लेकिन' पर जोर दिया, ''यह एक अस्थायी परिघटना है। जिस दिन पम्प के जरिए क्लॉटिंग का कोई टुकड़ा इनके मस्तिष्क की शिरा में जा फँसा, उसी दिन हार्ट अटैक! हम उसी अनिवार्य हादसे का इन्तजार कर रहे हैं।''

बीसियों मॉनीटर्स पर जीवन की तरंगें लहरों की तरह ऊपर-नीचे कर्व बनाती बढ़ी जा रही थीं। ये सभी मौत से जूझते रोगी हैं। इन्हीं में एक जीवन तरंग माँ की भी है।

''डॉक्टर प्लीज! मैं इस अवस्था में भी माँ को सँभाल लूँगी, बस वे जिन्दा रहें ऐसे ही सही...।'' ऋतु फफक पड़ी।

''सारे सवाल, सारी कोशिशें बेमानी हैं अब!'' डाइरेक्टर ने कहा, फिर पलटकर खड़े हो गए, ''मगर एक सवाल मेरा है आप सबसे—इस अवस्था तक आने ही क्यों दिया गया आपकी माता जी को...? एंड हू आर द ऐक्चुअल क्रिमिनल्स रेस्पांसिबल फॉर दिस स्टेज, इफ नॉट यू पीपुल?''

मार्च, माँ और साकुरा

गीतांजलि श्री

जब मेरी माँ जापान आई तो साकुरा खिल उठा।

मुझे उसी दिन कुछ लग गया था जिस दिन मैं उसे लेने हवाई अड्डे गया। मैं अराइवल-लाउंज में खड़ा था और आदत के विपरीत एयर इंडिया का विमान वक्त से पहुँच गया था। मैं बेहद घबराया हुआ भीड़ को देखने लगा। एयर इंडिया के यात्री निकलने लगे। कहीं वह इधर-उधर चल दी तो न जाने लाउंज के किस कोने में डरती खड़ी रहेगी। हर चेहरे को मैं घूर रहा था। भारी-भरकम सामान लिये लोग बढ़ रहे थे। दिल्ली में घरवालों ने बिठला दिया होगा, सामान-वामान चेक-इन करा दिया होगा पर यहाँ तो उसे खुद ही अपना सूटकेस कनवेयर बेल्ट से उठाना होगा। उठा पाएगी? निरे बक्सों में अपना पहचान पाएगी? बुढ़ापे में यह सब अचानक दीखने थोड़े लग जाएगा? उसे तो शायद हमारी गाड़ी का रंग और नम्बर भी नहीं पता होगा क्योंकि उसे पिताजी या भाई साहब चलाते रहे हैं।

तभी एक जवान लड़के के साथ मेरी माँ लाउंज में आती नजर आई। लड़का ट्रॉली लिये चल रहा था जिस पर माँ का भी सामान था और माँ एक छोटा एयरबैग कन्धे पर लटकाए चली आ रही थी। मैं लपक कर उसकी नाक की सीध में खड़ा हो गया कि वह हर हालत में मुझे देख ले। उसने देखा और शरमाई-सी मुस्कान, जो मेरे पास आने तक शरमाई-सी किलकारी बन गई, लिए आगे आई। मैंने झुककर उसके पैर छुए और वह बोली कि यह भी पहली बार जापान आया है और बहुत घबरा रहा है। मैंने कहा-मेरा बेटा एयरपोर्ट आएगा। वह वहीं रहता है। उससे सब पूछा लेना।

तभी मुझे लगा था।

पर यह मैं आज कह रहा हूँ।

तभी मुझे लगना चाहिए था।

कि माँ आ गई है इस साल साकुरा खिलेगा।

जब मार्च आ गया, माँ ने मुझे परेशान कर दिया। पर मार्च बाद में आया।

एकदम शुरू के महीनों में मैं ऑफिस से उसे बीसियों बार फोन करता–माँ, क्या कर रही हो? और वह वही गिने-चुने जवाब देती: बेटे, तुम्हारे कुर्ते में बटन टाँका है। अब नहाने जा रही हूँ या बेटे तुम्हारे लिए गाजर का हलुवा बनाया है, अब वॉशिंग मशीन चलाऊँगी। लाख मैंने कहा–अरे माँ, इतना अच्छा दिन है। बाहर निकलो। घर के सामने ही चक्कर मार लो। मगर हर बार वह कहती–और उसकी आवाज से मैं जान जाता, वही नन्ही बच्ची-सा मुँह बनाया होगा–नहीं, मैं खो जाऊँगी। कमाल है माँ–पर मेरी डाँट का उस पर कोई असर नहीं पड़ता–दूर जाने को कौन कह रहा है और रोज शाम को मेरे साथ उस रास्ते से जाती हो। ऊँ हूँ, वह फुलाए मुँह से कहती। मैं और डाँटता कि सुपर मार्केट तक बार-बार गए हैं। वहीं जाकर दूध, दही, जूस लेती आओ। अरे, मैं वापसी का रास्ता पूछ भी नहीं पाऊँगी। जैसे गई वैसे आओगी बुद्धू माँ, पर इतना डरती हो तो मेरा कार्ड साथ रख लो। पता दिखा देना। कोई भी बता देगा। बताएगा ही नहीं दरवाजे तक छोड़ जाएगा। कहीं ताला न खुले मुझसे पता नहीं कैसा तो है क्या दाएँ फिर बाएँ कैसे घुमाना पड़ता है, वह मिनकती।

माँ, जाओ बाहर–मैं कस के डपटता।

ना रे–वह ठनी आवाज में कहती। मैं घर में ठीक हूँ। तुम आओगे तभी निकलूँगी।

जब कभी शाम को मैंने ब्लैकमेल आजमाया कि तुम्हारी वजह से दफ्तर से दौड़ा आता हूँ और कहीं नहीं जाता कि दिन भर घर में पड़ी हो बाहर नहीं निकली हो, जरा तुम खुद निकलने लगो, आसपास ही...तो वह आँखें तरेर देती और हाथ मेरी तरफ उठाकर फटकार में हिलाती : देखो। बेटा, अब मुझे यह सब न बताओ, याद रखो, मेरी उम्र क्या है। और उसकी चूड़ियों में अटका सेफ्टी पिन आवेश में हिलने लगता।

लेकिन फरवरी खत्म होने लगा तो सारी डालियों पर नई-नई फुनगियाँ फूटने लगीं। माँ ने मछली की दुकानवाले लड़के से टूटी-फूटी अंग्रेजी में बात करनी शुरू कर दी। जापानी लड़का टूटी-फूटी अंग्रेजी में माँ से पूछे कि मछली कैसे बनाओगी और हिन्दुस्तानी माँ टूटी-फूटी अंग्रेजी में बताए इसका ऐसे अचार डालूँगी फिर तुम्हें भी दूँगी। ऐसी अंग्रेजी कि अंग्रेज को इतनी मिर्ची लग जाए, वही अचार बन जाए! फिर एक से ज्यादा नहीं तो एक दिन तो जरूर ही मैंने देखा कि मछलीवाला लड़का माँ की खरीदारी लिये घर चला आ रहा है और माँ आगे-आगे हैंडबैग डुलाती चाभी निकालकर दरवाजा खोल रही है।

एक दिन लौटकर आया तो देखा, पड़ोसी का जवान बेटा माँ के हाथ का खाना खा रहा है। 'यू लव इनदो फूड' उसने मुझे बताया और यह केवल उसकी अंग्रेजी का नमूना था कि वह 'आई' की जगह 'यू' कह रहा था। जब माँ ने हँसते-हँसते उसके गाल पर हाथ रखा और रखे रही तब मुझे भान हुआ कि किसी ने कोई मजाक किया है।

कुछ था माँ के यों हाथ रखने में-शायद औसतन से एक क्षतांश ज्यादा देर के लिए रखे रही या औसतन से ज्यादा दबाव से रखे थी-कि मैंने नजर फेर ली।

तब!

जब लड़का चला गया मैंने कहा: माँ, यहाँ दूर से झुक जाते हैं, देखा तो है तुमने। नहीं तो अंग्रेजी कायदे के मुताबिक़ हाथ मिला लो। फिर मैं ही शरमा कर चुप हो गया।

क्या टोकता? जो बातें पहले कही नहीं क्या कहूँ, कैसे कहूँ?

कुछेक कही थीं पर इस तरह उसका उन पर अमल करना और अमल करते-करते कुछ और ही कर जाना मेरी बोलती बन्द कर रहा था। मैंने ही कहा था-ठंड है, साड़ी-नाइटी नहीं चलेगी, मेरा कुर्ता-पाजामा पहनो आराम मिलेगा, पर सोते वक्त। यानी यह कहना नहीं पड़ा था क्योंकि उसी की बात हो रही थी। मगर माँ ने दिन में भी, उस लड़के के आगे भी, मेरे अच्छे रेशमी कुर्ते, अलीगढ़ी पजामे, ऊँचे सी कर, मेरी ऊनी बंडी के साथ पहनने शुरू कर डाले।

बाहर? शायद मैं मुँह से यह सवाल निकाल नहीं पाया था कि माँ ने करीने से अपने पश्मीना शॉल का छोर अपने कुर्ते-यानी मेरे कुर्ते-पर सजाया और दरवाजे से निकल कर बोलने लगी: यह बेफिक्री अच्छी है, कोई नहीं बतानेवाला कि क्या पहनो क्या नहीं। कहने लगी, कोई जानता ही नहीं हमारा लिबास क्या होता है?

मैं तो जानता हूँ!

पर यह भी मैं मुँह से निकाल नहीं पाया। अब देखता हूँ कि माँ मेरे साथ है तो स्टेशनों का रट्टा लगाती है। उनके नक्शे खींचती है। अच्छा, तो यहाँ एक ही रास्ता है निकलने का। यह बढ़िया है, खोया नहीं जा सकता। डेगुची यानी एक्जिट। वह मुझे घमंड से बताती है। यह है नाकानो शिम्बाशी। इधर बैठो। अब है नाकानो साकाउए। उतरो। उस तरफ शिंजुकू के लिए गाड़ी खड़ी है। बस उसमें बैठ जाओ, कहती है, और फिर चाहे आका साका मित्सुके, चाहे गिंजा, चाहे टोकियो, चाहे ओतेमाची, चाहे ओ-चा-नो-मिजू-यह वह रुक-रुक के बोलती क्योंकि उसने कह दिया था आचोनामाजू और मैंने झिड़क दिया था हालाँकि क्या मैं उसे उसके उच्चारण पर झिड़क रहा था?-चाहे पूरे रास्ते इकेबुकुरो तक जाओ। वाह, वह उमंग से कहती जैसे मैंने पूछा हो और उसे बताना हो कि इसमें मुश्किल क्या है? और उसी ने बताया कि शिन्जुकू ग्योएन जाना है तो शिन्जुकू नहीं, उसके दो बाद शिन्जुकू ग्योएनमए स्टेशन पर उतरो।

मैं शिन्जुकू ग्योएन जा रही हूँ, उसने एक दिन मुझे फोन किया। जो लड़का मेरे संग हिन्दुस्तान से आया था उसके साथ, घबराओ नहीं।

मैं इस पर घबरा गया। मतलब, इस पर और घबरा गया! माँ ये लड़के कहाँ से बटोरती है? माँ इन लड़कों को हलकी चपत क्यों मारती रहती है? मेरे कानों की लवें गर्म होने लगीं। तुम ही कहती हो माँ, तुम्हारी उम्र न भूलूँ, मैंने अपने कागजों पर झुककर सोचा।

मार्च आने लगा था।

मार्च छाने लगा तो शाम को शान से कहती है: मैंने साकुरा देखा।

क्या बात करती हो, मैं चिढ़ा। अभी साकुरा नहीं खिलता।

अभी कैसे खिलेगा? उसने मुझसे ज्यादा हिकारत से कहा। आँखों में ऐसी लहक कि जब वह जाएगी, उस लहक को साकुरा के पेड़ों पर फेरेगी, तब न खिल पाएगा साकुरा!

यह साकुरा की धुन तुम्हें कहाँ से लग गई, मैं जरा कुछ हँसा।

तुम्हारे इस मोहल्ले में तो दूर तक एक ही पेड़ है, उसने बताया। पड़ोसी के लड़के ने उसे बताया था। दिखाया था।

चलो, देख तो लें क्या हाल हैं उसके, वह कहती। हर बार बिना नागा खम्बे पर लगा पेडेस्ट्रियन स्विच दबाने के शौक में। मैं इतनी वी.आई.पी. कि एक अकेले मेरे लिए बत्ती हरी हो जाएगी और गाड़ियाँ रुक जाएँगी? दबा देती बटन और खरगोश की तरह सड़क पार करती। साकुरा के तेवर देख तो लें, वह मेरे तेवर पर झेंप कर कहती और हम अपने मोहल्ले के अकेले पेड़ का मुआइना करते।

मार्च का महीना सिर पर आ ही गया आखिर। हवा ने पागल होना शुरू कर दिया। टेलिविजन ब्रॉडकास्ट बड़ी-बड़ी खबरों में रोजाना खबर देने लगा कि साकुरा की डालों पर कैसी सरसराहट हो रही है, फूटती कलियों में कितनी मचलाहट खनक रही है।

होकायडो में अभी नहीं खिल पाएँगे, माँ उतावलेपन से टी.वी. पर तस्वीरें देखती। उसकी आँखों में कलियाँ नाचतीं।

मैं हँसा, तुम तो ऐसे कह रही हो कि तुम वहाँ नहीं तो साकुरा कैसे खिलेगा?

मुझे सब जगह जाना है, सब कुछ देखना है, होकायडो भी जाना है—माँ ने बाँहें आसमान की तरफ फैलाईं। मुझे लगा कि उसे दया आ रही है उन कलियों पर, जो उसके न पहुँच पाने के कारण खिल नहीं पाएँगी।

तुम छोटी-सी बच्ची लग रही हो, अम्मा! मैंने वात्सल्य से कहा।

मैं सत्तर की हूँ बेटे, मुझे अब क्या डर। माँ ने हाथ उसी तरह उठाए-उठाए हवा में झटके। मेरे कुर्ते की ढीली बाँह उसके कन्धों की तरफ खिसक आई और कोहनी के ऊपर उसका माँस झूलने लगा। मेरी माँ सत्तर की हो गई थी और मेरे बाप को

पहले जैसी सुध नहीं रही थी कि वह पास है कि दूर और वह जीवन में पहली बार बेरोक-टोक, सबको छोड़कर यहाँ घूमने चली आई थी।

अकेली आई हो? मैं उसे अपने दफ्तर के बाहर खड़ा पाकर सकपकाया।

सब-वे में भी मैं उसे डाँटता रहा पर वह स्टेशनों के नाम रटने में जुटी थी। हाराजुकू पर सिल्वर सीट से वह अचानक जवानों की फुर्ती से खड़ी हो गई और मेरा हाथ पकड़ कर दरवाजे की तरफ उछली जो बस बन्द होने जा रहा था। क्या-क्या, मैं कर भी नहीं पाया और न मालूम कैसे यह नहीं हुआ कि वह बाहर, मैं अन्दर, हमारे हाथ दरवाजे के बीच रह गए! मुझे खींचती हुई वह योयोगी पार्क के फाटक पर आ खड़ी हो गई।

दाएँ कि बाएँ, वह होंठों में बुदबुदाई फिर बाईं तरफ बढ़ गई।

मैं जानता हूँ मैं जानता हूँ, मेरे अन्दर हताश बूढ़ा सिर घुटनों में छिपाकर बोला, यह यहाँ आ चुकी है किसी युवक के साथ।

शाम ढल रही थी। आकाश घिरा हुआ था। सामने साकुरा के तमाम पेड़ों पर टप-टप बूँदें पड़ने लगीं। माँ उधर ही देख रही थी और मुझे दिखा रही थी। उसी वक्त कलियों ने कसमसाना शुरू किया होगा। झीनी-झीनी बरसात की उस शाम में साकुरा की शुरुआत थी जो चाँदनी रात में रेत के गुलाबी कणों जैसे चमकने लगे।

मैंने छाता खोला और हम दोनों कुछ देर वहीं खड़े रहे।

फिर तो मैं कुछ नहीं कर सकता था। माँ मेरे हाथों के बीच से फिसल गई, रेत के चमचम कणों की ही तरह। दिल्ली से फोन आता तो मैं घबराता। उस दौरान माँ घर पर न हुई तो क्या बताऊँगा?

मार्च का महीना। खत्म होने की तरफ। और मेरी माँ की देखादेखी पूरा टोकियो पगलाने लगा। उसी की तरह जिसे देखो वही साकुरा-साकुरा गाने लगा। अगले हफ्ते देखना! चार दिन बाद बस! इतवार तक पूरी बहार होगी...! और जैसा होता है कि शुरू में बड़े सयाने और सन्तुलित बननेवाले लोग भी ज्यादा देर मस्त माहौल में सीधे खड़े नहीं रह पाते, मैं भी क्या सुनता हूँ कि मैं भी माँ की तरह गा रहा हूँ, जो राग उसने सारे टोकियो में छेड़ दिया है उसी में बहा चला जा रहा हूँ।

फिर साकुरा खिल गया। समुन्दर की तरह उमड़ पड़ा। मेरी माँ और सारे टोकियोवासी सिर पीछे फेंक, नजर ऊपर किए, चलने लगे। जहाँ बस सफेद फूलों की उफनती लहरें थीं। चलती चली जा रही थीं। चलती ही चली जा रही थीं।

इस तरह आँखें ऊपर किए जब सब चलने लगे तो जाहिर है, सब के सब डगमगाने लगे। साकुरा का नशा बरस कर हम सबकी चाल में झूमने लगा। पेड़ों के नीचे रखी खाने की चीजों और साके की बोतलों में साकुरा चढ़ गया।

जितने ऊपर फूल उतने नीचे लोग थे चिदोरीगाफुची पार्क में, जहाँ माँ मुझे ले आई थी। कोई क्लोज-अप में फोटो खींच रहा था, कोई खुद फोटो खिंचा रहा था। कोई चित्र बना रहा था, कोई खा रहा था, कोई गा रहा था, कोई उछल-कूद मचा रहा था। माँ मुझे चलाती, फिर रोक देती, फिर चलाती, फिर रोक देती। नीचे नदी थी, उस तरफ भी साकुरा और उनकी ओट में इमारतें।

वह क्या है, माँ ने पूछा, उस ऊँची इमारत को दिखाते।

फेयरमौंट होटल, मैंने जवाब दिया।

माँ रुक गई, एक ढलवे पत्थर पर चढ़ कर। उसके सामने साकुरा की डाली उसके होंठों पर झुकी चली आई।

चूम सकती हूँ, माँ ने कहा।

शायद चूम भी लिया।

वहीं जंगले पर हाथ टिकाए हम दोनों खड़े हो गए। ऊपर-नीचे आगे-पीछे-मस्त मदमाते समन्दर के बीच।

काश, वह मेरा घर होता और मैं वहाँ रहती और हरदम साकुरा को देखती, माँ ने होटल के ऊँचे कमरे की तरफ इशारा किया।

तब कुछ होने लगा। साकुरा कल्लोलें भरने लगा। समन्दर हिलोरें लेने लगा। और मुझे लगा, हम उधर होटल-जो माँ का घर है, होटल नहीं-की खिड़की से इधर हमारी तरफ झाँक रहे हैं और हम वहाँ हैं यहाँ नहीं और माँ साकुरा की पंखुड़ी की तरह उड़ रही है।

मेरे हाथ के पास माँ का हाथ था। रेलिंग से बँधा हुआ, झुर्रियों से घिरा। पीछे एक घेरे में किसी गुट ने काराओके छेड़ दिया था। मैंने हिप-फ्लास्क से साके निकाली। माँ ने कप होंठों तक छुला लिया। फिर मैंने कप उठाया, फ्लास्क गर्दन से उतारा और माँ को देखकर जो साकुरा खिल उठे थे उनके नाम 'कम्पाई' करता हाथ माँ की तरफ बढ़ा दिया। तालियों की गड़गड़ाहट हुई, साकुरा की शफ्फाफ चमक में माँ के चेहरे पर रंग उजला गए। फिर उसने मेरा हाथ अपने हाथ में ले लिया और नाचने लगी। साकुरा की पंखुड़ियाँ तितलियों की तरह उड़ने लगीं। और उस पार फेयरमौंट होटल, जो होटल नहीं किसी और जमाने का माँ का घर था, की एक खिड़की खुल गई और वहाँ से माँ जो सत्तर की नहीं, एक तरुणी थी, साकुरा के नीचे मस्त-मस्त फुदकते नाचते हमें देखती गई...देखती गई...देखती गई...।

माँ पढ़ती है

एस.आर. हरनोट

कई महीनों बाद गाँव आया हूँ। माँ वहाँ अकेली रहती है। आज घर का दरवाजा खुला है, वरना ऐन तड़के दरवाजा ओट कर माँ बाहर का काम निपटाने चली जाती है। सुबह का सारा वक्त गोशाला में बीतता है, पशुओं को घास-पत्ती देते। गाय दुहते। गोबर फेंकते।

इस समय भी माँ भीतर नहीं है। मैं उसके कमरे में चला आया हूँ। सूरज निकलते ही पहली किरण माँ के कमरे में पड़ती है। आज किरणों के साथ मैं हूँ। कमरा जितना अपना लगता है, उतना ही अकेला भी है–तरह-तरह की चीजों से भरा हुआ। उसी तरह जैसे उजास भीतर भर जाया करता है। ऊपर लकड़ी की छत में जगह-जगह मकड़ी के जाले हैं, नीचे की ओर झूलते। उनमें कई मरी हुई मक्खियाँ उलझी–फँसी हैं। यही हाल दीवारों का भी है। कई जगह जालों पर कीरा जमा हुआ है।

जगह-जगह सामान बिखरा पड़ा है। एक भी चीज तरतीब से नहीं है। दरवाजे से भीतर आते दाईं ओर दूध बिलोने का घड़ा रखा है। और उस पर एक मैला-सा कपड़ा है। माँ जब चूल्हे के पास से दूध बिलो कर फारिग होती है तो इसे यहाँ ले आती है। बाईं तरफ एक टोकरा है। उसमें भेड़ की अनकती ऊन भरी है। उसकी तहों के ऊपर कुछ थींगे हुए ऊन के फाहे हैं। एक किनारे तकली रखी है। एक कोने में खजूर की पत्तियाँ बिखरी पड़ी हैं। बीच में कई बुनी हुई खजूर की पट्टियाँ हैं। दूसरे कोने में छोटी-सी पुरानी मेज। उस पर टेलीविजन रखा है। सिरहाने के साथ मैले-से कपड़े में ढका एक कनस्तर, जिस पर टेलीफोन है। बिजली के बल्ब का रंग बदरंग हो गया है। उस पर धूल ने पूरी तरह अधिकार जमा लिया है।

माँ के सिरहाने ऊपर की ओर भीत पर एक कील में लकड़ी का चकौटा टँगा है। उस पर

ढिबरी रखी है। छत तक धुएँ ने एक लम्बी लकीर बना दी है। बिजली चली जाने पर माँ इसे जला लिया करती होगी। कमरे में बीड़ी की बास पसरी है। चारपाई के नीचे देखता हूँ तो वहाँ भी कई कुछ चीजें बिखरी हैं। अधबुझी बीड़ी के टुकड़े। दियासिलाई की जली तिल्लियाँ। एक खजूर के पटड़े पर सूखा अनारदाना। कुछ आँवले। आठ-दस अखरोट। पाँच अनछीली पकी हुई मक्कियाँ। एक दूसरे में उनके सिरे एक डोरी से बँधे हैं। नई फसल की मक्कियाँ देवता के लिए रखी होंगी। दो-चार गठड़ियाँ, जिनमें कई किस्म की दालें हैं।...इतनी चीजें माँ के साथ रहती हैं। उससे जुड़ी हैं। उसकी साथी-संगी हैं, लेकिन मैं इन सबके बीच उस कमरे में पखला-सा अकेला बैठा हूँ। वे जैसे मुझे पहचानने का प्रयास कर रही हों। कभी लगता है कि वे सभी मेरा उपहास उड़ा रही हों। माँ-घर-आँगन-द्वार-खेत-खलिहान-जमीन-जायदाद-सब मेरे हैं, पर मैं आज इनसे कितना दूर चला गया हूँ...!

सूरज घर की छत के कोने से कुछ आगे सरक गया है। किरणें सिमटती हुई आँगन में चली गई हैं। कमरे के उजाले को अपने साथ लेती हुई...सुबह की बेला में ही अन्धकार का एहसास होने लगा है। यह अँधेरा बाहर से कहीं ज्यादा मेरे भीतर पसरा है। हालाँकि मैं माँ के कमरे में हूँ। उनके बिस्तर पर बैठा स्नेह की गन्ध में भीग गया हूँ, लेकिन बरसों घर से बाहर रहने का एहसास उस स्नेह को मन तक नहीं पहुँचने देता।

याद ही नहीं रहा कि मेरे हाथों में किताबों का एक पैकेट भी है। इन नई पुस्तकों को मैं माँ को भेंट करने लाया हूँ। आज तक एक भी पुस्तक छपने के बाद उन्हें नहीं दे पाया न ही उन्हें कभी पुस्तक विमोचन समारोहों में ही बुला पाया। जब भी कोई किताब आई है, मैंने उसे राज्यपाल या मुख्यमंत्री से ही रिलीज करवाया है, यह जानते हुए भी कि उन लोगों का साहित्य से कुछ लेना-देना नहीं। बिलकुल उसी तरह जैसे मंचों से गरीबी हटाने के नारे लगानेवालों का गरीबों से कोई लेना-देना नहीं होता। कागजों पर गाँव और उसके परिवेश की सोंधी खुशबू बिखरनेवाले हम लेखकों का जैसे वहाँ की गोबर-मिट्टी से कोई वास्ता नहीं होता यानी पल भर के लिए एक औपचारिक-सा छलावा। एक दिखावा भर। इससे ज्यादा और कुछ नहीं।

ऐसा भी न था कि माँ को बुलाना नहीं चाहता था या उनकी यादें उस समय मेरे साथ न होतीं लेकिन कई डर मन में घर किए रहते। सोचा करता कि आज का माहौल बिलकुल अलग तरह का है। माँ कैसे इन बड़े लोगों के बीच अपने को एडजस्ट कर पाएगी?

सबसे पहले तो उनका बस में बैठना ही किसी मुसीबत से कम नहीं। बैठते ही उसकी तबीयत खराब हो जाएगी। उल्टियाँ करने लगेगी। थोड़ा आराम मिलेगा तो

महज कनखियों से इधर-उधर देख झपटपट जेब से बीड़ी-माचिस निकाल लेगी और शॉल की ओट में सुलगाकर पीने लग जाएगी। एक-दो दम लेते ही खाँसी ऐसे शुरू होगी कि प्राण अभी गए कि अभी।

जैसे-कैसे समारोह में पहुँचेगी तो लोगों की नजरें उन पर बराबर लगी रहेंगी। बिना प्रेस किए कपड़े, प्लास्टिक के जूते उपहास का सबब बनने लगेंगे। फिर उनके मुँह से बीड़ी की बास आती रहेगी। उनके बाल भी ठीक तरह से नहीं होंगे। हालाँकि शॉल सिर पर ओढ़ी होगी, पर काले-सफेद बालों की आपस में उलझी लड़ियाँ नीचे तक लटकी दिखाई देती रहेंगी। उनमें घास के तिनके और सूखी पत्तियाँ फँसी नजर आएँगी ही। जैसे ही लोगों को मालूम होगा कि मेरी माँ आई हैं तो वे बार-बार उनके पास बधाई देने जाएँगे। उनसे बातें करना चाहेंगे। कई-कुछ पूछने लगेंगे। लेखक और पत्रकार बन्धु तो अपनी जिज्ञासु बातों से माँ को कुरेदेंगे भी। फिर पता नहीं माँ उनसे किस तरह बतियाएगी? क्या-कुछ उलटा-सीधा बोल देगी? बातें करते-करते उसे खाँसी आ गई तो सब कुछ किरकिरा जाएगा। और अगर कहीं उसे बीड़ी की तलब हो आई तो झट से सुलगाकर वहीं पीनी शुरू कर देगी।...जलपान शुरू होगा तो छुरी-काँटे से तो माँ खा नहीं सकेगी। खाएगी भी तो सभी का ध्यान उनके हाथों पर अवश्य जाएगा। गाँव में घास-पत्ती काटते, गोबर फेंकते, दूध बिलोते, लकड़ियाँ काटते, चूल्हे में रोटी सेंकते, हाथ बवाइयों से भरे होंगे...उनसे गोबर-मिट्टी की बास आएगी...भले ही लोग मुँह पर कुछ न बोलें, पर बातें तो बनाएँगे ही...कि इतने बड़े लेखक की माँ ऐसी है। निपट गँवार। यह सब कुछ सहन भी कर लूँगा फिर बच्चों की खरी-खोटी सुनने पड़ेगी।

इन स्मृतियों में खोए-खोए माँ के बिस्तर पर लेट जाता हूँ। ऐसा लगता है कि मेरा बचपन लौट आया है। उस चारपाई पर मुझे यूँ लगने लगा है जैसे माँ की गोद में सोया हूँ।...पालने में माँ मुझे झुला रही है...यह सुख और स्नेह बरसों बाद मिला है। मन कर रहा है कि यहीं सोया रहूँ...कभी उठूँ ही नहीं।

अपने ऊपर आश्चर्य हो रहा है कि मेरी रचनाओं में गाँव है, वहाँ का पूरा अंचल है। गरीब लोग हैं। खेत-खलिहान हैं। माँ है। उसका स्नेह है...लेकिन उन वास्तविकताओं से खुद कितना दूर चला गया हूँ....कोसों दूर...। माँ के बिस्तर पर लेटा अपने भीतर के लेखक को ढूँढ़ने लगता हूँ, पर वह कहीं नहीं है। उसके कई चेहरे हैं या उन चेहरों पर कई तरह के मुखौटों की तहें चिपकी पड़ी हैं–अपने को उस शहरी परिवेश और अलीट सोसाइटी में ऊँचा दिखाई देने के लिए। नाम, प्रतिष्ठा कमाने के लिए...लोगों की वाह-वाह लूटने के लिए, पर उस उत्कर्ष का सही मायनों में मेरे भीतर के आदमी से जैसे कोई सम्बन्ध ही न रहा हो। अनायास फिर एक ओर रखी अपनी किताबों पर हाथ जाता है। उनका स्पर्श पुनः उसी उत्कर्ष पर ले जाता है। क्या हुआ माँ को

नहीं बुलाया तो...? चलता है, सब कुछ चलता है। हम इक्कीसवीं सदी में जी रहे हैं, फिर क्यों उन रूढ़ियों का बोझ अपने कन्धों पर ढोए चलें? गाँव-पहाड़, गोबर-मिट्टी, खेत-खलिहान कागजों की पीठ पर उगते अच्छे लगते हैं, पर वास्तविक जीवन में तो नरक हैं...नरक...। फिर मैं तो माँ का सम्मान करने ही आया हूँ, इधर तो ऐसे भी लेखक हैं जो या तो माँ-बाप से अलग हो गए हैं या उन्होंने उन्हें किसी वृद्धाश्रम के हवाले कर दिया है। मैं माँ के चरणों में इन पुस्तकों को रखकर उनसे आशीर्वाद लूँगा...पश्चात्ताप करूँगा...वे खुश होंगी कि उनका बेटा कितना बड़ा आदमी बन गया है। लेखक है। वे पुस्तकें जैसे मेरे अहं को और भी भव्य बनाए जा रही हों।

यही सब सोचते-विचारते सहसा माँ के सिरहाने पर हाथ जाता है। कुछ चुभता हुआ-सा महसूस होता है। मैं लेटे-लेटे दायाँ हाथ पीछे करके सिरहाने के नीचे डालता हूँ। चौंक जाता हूँ। हड़बड़ी में उठता हूँ और सिरहाने को एक तरफ हटा देता हूँ। कोई किताब है। बाहर खींचता हूँ तो स्तब्ध रह जाता हूँ। आँखें उसके आवरण पर धँसती चली जाती हैं। मेरी साँस रुकने लगी है। जिस्म का सारा खून जैसे शिराओं में जम गया है।...यह मेरी ही नई पुस्तक है। पागलों की तरह सिरहाने की तरफ के खिंदड़ों की तहों को हटाता हूँ और उसके नीचे पड़ी सभी किताबों को बाहर खींच लेता हूँ...सभी मेरी हैं।...भ्रम होता है कि कहीं अतीत में विचरते हुए मैंने ही अपना पैकेट वहाँ तो नहीं रख दिया था, पर वह पूर्ववत् था मेरे ही पास पड़ा हुआ। उसे खोलता हूँ। जो पुस्तकें मैं लाया हूँ, वे सभी उसी में हैं। माँ के सिरहाने तो दूसरी प्रतियाँ हैं।

पहली पुस्तक हाथ में लेता हूँ। उसे उलटता-पलटता हूँ। उसके भीतर पृष्ठों में जगह-जगह घास के तिनके और कुम्बर फँसे हैं। पतझड़ का मौसम कमरे में समाने लगता है।

सोचता हूँ कि माँ जब घास काटने घासणी में जाती होगी तो वहाँ बैठकर उसके पन्नों को उलटा-पलटा करती होगी।

दूसरी पुस्तक उठाता हूँ। उसे देखने लगता हूँ। उसके पन्नों से सरसों के फूलों की भीनी-भीनी खुशबू आने लगती है।...पन्नों को उलटता-पलटता हूँ...कई जगह नन्हे-पीले फूलों की पँखुरियाँ चिपकी हैं...एक-आध गेहूँ की बाली भी है। मेरा मन बसन्त हो जाता है।

माँ जब खेतों में साग चुगने जाती होगी तो बैठकर पहले बीड़ी सुलगाकर अपनी थकान मिटाती होगी और उसके बाद किताब के वर्कों को देखती-बदलती रहती होगी।

अब तीसरी किताब हाथ में लेता हूँ। यह मेरा उपन्यास है। उसके भीतर से रात की रानी की खुशबू आ रही है और कमरे में फैलने लगी है। अनायास ही नजर

आँगन के उस पार चली जाती है। वहाँ रात की रानी का पौधा है। कितना बड़ा हो गया है। उसकी टहनियाँ चारों तरफ बिखरी हैं। मन बहुत पीछे चला जाता है। गर्मियों की रातें जब चाँदनी से नहाई होतीं तो माँ अकसर मुझे गोद में लिये यहाँ बैठा करती। कई कहानियाँ सुनाती।...किताब के पृष्ठों के बीच रात की रानी के फूल पड़े हैं।

...माँ इस किताब को चाँदनी रातों में वहाँ बैठकर देखा करती होगी।

चौथी पुस्तक में आटे और लस्सी की सुगन्ध रची-बसी है। पृष्ठों पर जगह-जगह आटे सने हाथों की उँगलियों के निशान हैं। कहीं-कहीं मक्खन की चिल्हट ने अक्षरों को मिटा दिया है।

...माँ रोटियाँ पकाते या फिर दूध बिलोते इसे निहारती-अवलोकती रहती होगी।

पाँचवीं कृति अब मेरे हाथ में है। उसके पन्नों से घने अँधेरे की गन्ध आने लगती है। उसमें बीड़ी की बास घुल-मिल गई है। पुस्तक के वर्कों को देखता-पलटता हूँ। कई जगह अक्षर धुल गए हैं। बीच-बीच में जली हुई बीड़ी की राख भी लगी है। एक जगह मरा हुआ जुगनू चिपक गया है।

...शायद उसे माँ घनी रात को बिस्तर पर हाथ में लिये बाँचती होगी। मेरी याद आने पर रो लेती होगी और फिर देर रात तक यूँ ही बैठी बीड़ी पीती रहती होगी।

अब छठी पुस्तक सिरहाने के नीचे से खींचता हूँ। मन अस्थिर होने लगा है। भीतर बौखलाहट होने लगी है। माथे से पसीना चू रहा है। उस किताब के भीतर पिता की कई पुरानी तस्वीरें हैं। उनमें कहीं माँ है तो कहीं मैं हूँ।

...माँ अपने इस लेखक बेटे के वैभव और उत्कर्ष को पिता के साथ स्मृतियों में बाँट लिया करती होगी।

उसे किनारे रखकर सिरहाने में फिर कुछ ढूँढ़ने लगता हूँ। बिस्तर की तहों में एक और किताब मिलती है। उसे निकालता हूँ। वह सातवीं पुस्तक है। देखता हूँ तो आश्चर्य की सीमा नहीं रहती। यह नई किताब है जिसका विमोचन सप्ताह पूर्व ही हुआ है। उसके वर्कों से गोबर की गन्ध आ रही है। बाहर-भीतर कई जगह गोबर सने हाथों के निशान पड़े हैं। एक-दो जगह भेड़ की सफेद ऊन के रेशे भी चिपके हैं।

...माँ उसे गोशाला के आँगन में पशुओं के बीच बैठकर देख लिया करती होगी।

आँखों से आँसुओं की झड़ी लग गई है। याद नहीं आता कि अपने जीवन में कभी इतना रोया होऊँ। मेरे भीतर का समस्त वैभव, उत्कर्ष, बड़े बने रहने का दम्भ बूँद-बूँद माँ के बिस्तर पर झरने लगा है। मैं जैसे उस बिस्तर की तहों में खटमल की रह

घुसता–धँसता चला जा रहा हूँ। मेरा रोआँ–रोआँ अचरज और शर्मिन्दगी से भर गया है। सिर टाँगों के बीच धँसता जा रहा है। इस दीनता–हीनता की स्थिति के बावजूद उस रोने का कोई सुख मुझे अधिक गिरने नहीं देता। ऐसा लगने लगता है कि माँ के कमरे की वे सभी चीजें मेरे अन्तस् में अगाध स्नेह और ममता का सागर उड़ेलती चली जा रही हों। सामान्य और सहज होने में मेरी भरपूर मदद करती चली जा रही हों। मैं अपने को सँभालता हूँ। अचरज होता है कि मन अब हलका हो गया है बिलकुल उसी तरह जैसे बचपन में किसी जिद में रोते–रोते माँ की गोद में सो जाया करता और जब उठता तो बिलकुल सहज होता।

तभी किसी की आवाज भीतर के सन्नाटे को तोड़ देती है।

"दादी! दादी! ...अखबार।"

माँ इस समय गोबर फेंक रही है। आवाज सुनते ही झटपट टोकरा नीचे रख देती है। डाकिए के हाथ से अखबार छीन लिया है। मैं बिस्तर पर से उठकर दरवाजे की ओट से सब कुछ देखने लगता हूँ। वह अमरू डाकिया है। उसका घर हमारे घर से कुछ दूरी पर है। वह बराबर माँ के पास आता–जाता रहता है।

सारी बातें समझ आने लगी हैं। माँ अखबार देख रही है और डाकिया बीच के पृष्ठों में कुछ माँ को दिखा रहा है। माँ उस अखबार को भीतर ले जाकर कहीं गोशाला में छुपा देती है और पूर्ववत् गोबर फेंकने लग जाती है।

मैं माँ के बिस्तर पर बिखरी किताबों को समेटने लगता हूँ और उसी तरह उनके सिरहाने रख देता हूँ। अपनी किताबों का पैकेट उठाकर बाहर निकल जाता हूँ। लग रहा है कि कई मनों बोझ किसी ने मेरे सिर पर लाद दिया हो।

...माँ अब बाहर का काम निपटाकर भीतर आ रही है। मैं बिल्ली के पाँवों वहाँ से खिसक लेता हूँ।

माँ रसोई में रहती है

कुमार अम्बुज

रात करीब तीन बजे मेरी नींद खुली।

कुछ खटर-पटर की आवाज आई। जाकर देखा तो माँ रसोई में कोई बर्तन निकाल रही थी। मुझे देखकर वह चौंक गई। फिर हँसकर कहने लगी, "अभी सुबह होने में देर है, तुम सो जाओ।" उसकी दन्त-पंक्ति बहुत लुभावनी थी।

मैंने अपनी अलसाई हालत में पूछा, "तुम इतनी रात में क्या कर रही हो? क्या सोई नहीं??"

"अरे, सोई क्यों नहीं! अभी तो उठी हूँ।"

"तुम रात में ग्यारह बजे तक तो जाग रही थीं।" मैंने कुछ अचरज से कहा।

"हाँ, तो क्या हुआ? मैं इतना ही सोती हूँ। तुम जाकर सो जाओ।"

कुछ दिनों बाद मैं यकायक रात में एक-डेढ़ बजे उठ बैठा। कोई सपना टूटा था या कहीं से कोई आवाज आई थी। थोड़ी देर में लगा कि रसोई में कोई है। लाइट जल रही थी। जाकर देखा, माँ स्टूल पर बैठकर अखबार पढ़ रही थी। मुझे देखकर कुछ घबरा गई लेकिन तुरन्त ही संयत होकर पूछने लगी, "पानी पीना है?" और जवाब का इन्तजार किए बिना ही उलीचना लेकर गिलास में पानी डालने लगी। पानी पीकर मैंने पूछा, "माँ, तुम अभी तक सोई क्यों नहीं?"

"बस, नींद नहीं आ रही थी तो यहाँ बैठकर अखबार पढ़ने लगी। सो जाऊँगी।"

"यह कोई बात हुई! जब देखो तब, आधी रात में भी किचन में बैठी रहती हो।"

"क्यों! क्या रसोईघर में नहीं बैठा जा सकता? मुझे यहीं बैठना अच्छा लगता है।"

"ठीक है।" मैंने हारकर कहा, "चलो, अब सो जाओ।"

"तुम जाकर सोओ। मैं यह आखिरी पेज पढ़कर आती हूँ।"

फिर ऐसा अनेक बार हुआ। जब कभी रात में मेरी नींद खुलती–बारह बजे, दो बजे, चार बजे या सुबह-सुबह पाँच बजे, वह मुझे किचन में मिलती। कभी कहती कि दही जमाने के लिए दूध रखना भूल गई थी। अभी पाँच मिनट में सोने जा रही हूँ। कभी बताती कि अरे, ध्यान आया कि घर में सब्जी नहीं है, सुबह के लिए चने भिगो रही हूँ। या यह कि आटा फ्रिज में रखना भूल गई थी। एक रात देखा कि बारह बजे, रसोई की दीवार पर लगे कैलेंडर पर दूध का हिसाब लिख रही थी। पूछने पर जवाब दिया कि रोज लिखती हूँ, कितना दूध लिया। आज भूल गई थी, अभी याद आया तो लिख रही हूँ। कभी गुस्सा जताती, "मैं जैसे ही रात में किसी काम से उठती हूँ, तू पीछे-पीछे चला आता है।"

यह तो अकसर ही कहती कि बस, पानी पीने के लिए उठी थी, ठंडी हवा आ रही थी तो यहाँ खिड़की के पास खड़ी हो गई।

रसोई में दक्षिण दिशा की तरफ एक छोटी-सी खिड़की थी।

एक बार मैं घबरा ही गया। रात कोई दो-ढाई बजे का वक्त होगा। माँ अपने कमरे में नहीं थी। केवल पिताजी चित पड़े हुए खर्राटे ले रहे थे। बाथरूम में भी नहीं थी। किचन में और बैठक में अँधेरा था। बाहर का दरवाजा अन्दर से बन्द था। मैं चिल्लाया, "माँ, कहाँ हो तुम!"

माँ किचन के अँधेरे में से बाहर निकलकर आई। "क्यों, क्या बात है? इतनी जोर से आवाज क्यों दे रहे हो? मैं डर गई। जरा धीरे बोलो, सब लोग जाग जाएँगे।"

"ओफ्फो माँ! डर तो मैं गया था कि तुम न जाने कहाँ चली गईं।"

"मैं कहाँ जाऊँगी! यहीं रसोई में थी।"

"मैंने सब जगह देख लिया था। रसोई में घुप्प अँधेरा था।"

"तुम्हें लगता होगा अँधेरा। मुझे सब दिखता है। मैं पानी पीने आई थी। खिड़की से बाहर देखने लगी। आज शायद सप्तमी है।"

मुझे गुस्सा आया। लेकिन मैं क्या कर सकता था? जाकर सो गया।

बाहर से लौटकर आओ तो अकसर माँ ही दरवाजा खोलने आती लेकिन सीधे रसोई में से आना और वापस रसोई में चले जाना। कभी अचानक उमगकर कहती, "तू अच्छा आ गया। जरा स्टूल पर चढ़कर पापड़ का डिब्बा उठा दे।" उसके सारे काम

रसोई से सम्बन्धित होते हैं। और उसके अपने सभी काम भी रसोई में ही सम्पन्न होते हैं–ब्लाउज के हुक टाँकने से लेकर गेहूँ फटकने तक के सारे काम। साल में एकाध बार मौसी या बुआ को पत्र लिखती है तो वहीं रसोई में बैठकर, गोद में कोई किताब रखकर, कॉपी के पन्ने पर। बगल की चाची जी या पड़ोस की लड़कियाँ अकसर ही घर में आती हैं, उन्हें भी वह रसोई में ही बैठाती है। एक छोटी-सी चटाई है, जो कभी टूटती-फटती ही नहीं है। चाची जी, अलका या मधु कई बार माँ से कह चुकी हैं कि माँ की रसोई बहुत अच्छी है। मोहल्ले भर में सबको खबर है। करीने से जमी हुई और साफ-सुथरी।

माँ फुरसत में कभी अकेली बैठी दिखेगी भी तो अपने प्रिय एक फुट ऊँचे स्टूल पर, वहीं रसोई में। यह स्टूल मेरे जन्म से भी पहले का है। या फिर थोड़ी देर के लिए खिड़की पर खड़ी दिखेगी। कहीं खोई हुई, खिड़की के पार न जाने क्या देखती हुई। मुझे लगता है, दक्षिण दिशा का पूरा आकाश उसे पता है। उधर कितने तारे हैं, कौन से नक्षत्र, कितने ग्रह। सूरज वहाँ से किस मौसम में कब गुजरता है और चाँद कितनी कलाओं में खिलता है, उसे मालूम है। उस दिशा के आसमान के रंग और बादलों के रूप–वह सब जानती है। हवा से, आकाश से मौसम का अन्दाजा लगा सकती है। या क्या पता वह यह सब देखती ही न हो। केवल दूर दिखते उन तीन-चार पेड़ों की पत्तियों को देखती हो या फिर सिर्फ साँस लेने के लिए ही खड़ी होती हो। उससे उसके बारे में कोई बात मालूम करना हमेशा कठिन होता है। वह बहला सकती है और इस तरह कि आपको लगेगा नहीं कि बहला रही है।

उसे रसोई से बाहर बुलाने की कवायद अकसर ही बेकार जाती है। आवाज लगाकर पूछो कि बेल्ट, मोजे या घड़ी कहाँ है, इस उम्मीद में कि वह इसी बहाने इधर आएगी लेकिन वह रसोई से ही हर चीज बता देगी। बीच के दराज में पीछे की तरफ देखो या कहेगी तकिए के नीचे या उधर दरवाजे के पीछे की कील पर। उसकी पसन्द का कोई गाना रेडियो पर आ रहा होगा तो वहीं से कहेगी, "रेडियो की आवाज थोड़ा तेज करो, यहाँ रसोई तक आवाज नहीं आ रही है।"

छुट्टी का दिन था। मैं दोपहर डेढ़ बजे खाना खाकर सोने चला गया। छोटा भाई क्रिकेट का मैच खेलने गया था। साढ़े तीन बजे सोकर उठा तो देखा माँ किचन में बैठी चावल बीन रही थी। मैं उसके गले से लिपट गया और लाड़ में भरकर कहने लगा, "यह क्या! दिन-रात काम-ही-काम। कुछ-न-कुछ करते रहना। कभी आटा छान रही हो, कभी पानी, कभी दूध। कभी यह गरम कर रही हो, कभी उसे ठंडा कर रही हो। कभी बीनती हो, कभी फटकती हो। कुछ काम नहीं रहता तो नारियल

कसने लगती हो या मसालों के डिब्बे बदलती रहोगी। पकाना, बघारना तो करती ही हो। सब्जी काटकर ढेर लगा देती हो। अब ये चावल लेकर बैठ गई हो। अखबार पढ़ने, चिट्ठी लिखने तक का काम यहीं बैठकर करती हो। मुझे यह सब अच्छा नहीं लगता। बाई बर्तन माँजती है, तब भी तुम यहीं किचन में रहीं हो। अपने कमरे में जाकर आराम क्यों नहीं करती? वह कहने को तुम्हारा और पिताजी का कमरा है लेकिन उसमें तुम कभी नहीं रहती। बैठक में ही आराम कर लिया करो।''

''देख, तू कुछ नहीं समझेगा। ये सारे काम पहले से करके रखना पड़ते हैं। एकदम से कोई दाल-चावल-सब्जी कैसे बना देगा? जब भूख लगती है तो एकदम से लगती है। बाई से मैं बातें कर लेती हूँ। उसको कुछ बचा-खुचा देती हूँ। कभी उसे चाय भी बनानी पड़ती है। ये थोड़े-बहुत काम करने ही पड़ते हैं। कौन करेगा इन्हें? और फिर मैं सोती तो हमारे कमरे में ही हूँ। बैठक में बैठना-लेटना मुझे बिलकुल पसन्द नहीं। इतना आना-जाना होता है कि वहाँ दो मिनट भी आराम नहीं किया जा सकता। मेरा काम रसोई में ही चल जाता है। यहाँ मुझे शान्ति रहती है।'' मेरे सिर पर हाथ फेरते हुए, बालों को सहलाते, दुलारते हुए उसने जवाब दिया। इस उम्र में भी उसके केश काले और लम्बे हैं।

वह इस तरह बात करेगी कि जैसे मैं चार-पाँच साल का बच्चा हूँ और कुछ समझने लायक नहीं हूँ। हर एक जिरह के बाद, मुझे भी लगता है कि वाकई मैं उसके आगे नासमझ हूँ।

एक दिन शाम को देखा कि स्टूल दीवार से सटा है। माँ स्टूल पर बैठी है। उसकी गोद में थाली है, जिसमें आधी लौकी छीली हुई रखी है और वहीं चाकू पड़ा है। माँ का सिर कुछ पीछे होकर दीवार से लग गया है और माँ सो रही है। उसके चेहरे पर विश्रान्ति थी और वह गहरी साँसें ले रही थी। मैं कुछ देर खड़ा सोचता रहा कि माँ को जगाऊँ या नहीं। पलटकर जाने ही वाला था कि माँ ने एकदम से आँखें खोल लीं और पूछने लगी, ''क्यों, क्या चाहिए?''

मैंने माँ को गौर से देखते हुए कहा, ''माँ, तुम इतना थक जाती हो लेकिन यहीं रसोई में बनी रहती हो। उधर अपने कमरे में बिस्तर पर कुछ देर आराम क्यों नहीं करती? देखो, तुम अभी-अभी यहाँ थककर सो गई थी।''

''नहीं, मैं सोई नहीं थी। मुझे कभी-कभी दीवार से सिर टिकाकर आँख बन्द करना अच्छा लगता है। मैं बिलकुल नहीं थकी हूँ। क्या चाहिए तुझे?''

''आजकल स्त्रियाँ क्या-क्या काम नहीं करतीं। तुम कभी-कभार बाहर भी घूम आया करो। यहाँ इस पिंजरे में क्यों बन्द रहती हो?'' मैंने बिलबिलाकर कहा।

''मैं घूम आती हूँ। तू ध्यान नहीं देता सब जगह जाती हूँ, उधर बाहर बगीचे में भी। तुम लोग जब घर में नहीं होते, मैं बहुत घूमती-फिरती हूँ। कई बार गई हूँ, दूर-दूर तक।'' उसकी आवाज जैसे रसोई के कोने में रखी गेहूँ की टंकी में से आ रही थी।

मुझे उसकी बात कुछ समझ में आई, कुछ नहीं आई। फिर वह हँसकर कहने लगी, ''शुरू में बेचैनी होती थी मगर अब मुझे घर का काम करना ही अच्छा लगता है। घर में ही इतना घूमना-फिरना हो जाता है कि कहीं और जाने की जरूरत नहीं लगती। कहते हैं कि मैं अपनी माँ पर गई हूँ। उसे भी यही सब अच्छा लगता था।''

''तुम्हारी बेटी होती तो तुम उसे भी अपने जैसा ही बना देती।''

''सबको सब मिलकर बनाते हैं। हम सब। बेटियाँ भी इसी तरह बन जाती हैं। लेकिन आज के जमाने में क्या कह सकते हैं! शायद वह कुछ अलग होती। कुछ अलग बन जाती।'' वह खुश थी या उदास या नाराज, कुछ पता नहीं चला।

मैं चुपचाप अपने कमरे में चला गया।

थोड़ी देर बाद किचन के सामने से गुजरा। देखा कि माँ किचन के प्लेटफॉर्म पर चढ़ी हुई है और टाँड़ पर से कोई डिब्बा उठाने की कोशिश कर रही है।

''माँ, हद करती हो तुम। मैं घर में हूँ न! मुझसे कहो, क्या उठाना है।'' मैं चिल्लाया।

''दिन भर में कई बार चीजें उठाना-रखना पड़ती हैं। तुझसे कहाँ तक कहूँ?''

फिर वह प्लेटफॉर्म से जमीन पर लगभग कूद ही गई और एकदम दर्द से अपने बाएँ पैर की एड़ी पकड़कर कराहने लगी। मैंने उसे सँभालकर वहीं स्टूल पर बैठाया। बोली, ''लगता है, एड़ी में मोच आ गई।''

''हाँ, इस तरह कूदोगी तो और क्या होगा! मैं उतार देता न!''

''थोड़ी-सी मोच होगी। पाँव मुड़ गया। होता रहता है। चल, उधर से मसालेदानी उठाकर मुझे दे।''

फिर वह वहीं स्टूल पर बैठकर हल्दी की पुलटिस तैयार करने लगी।

उसी रात बीच में जब मेरी नींद खुली तो मैंने दूर से ही देखा कि खिड़की से रसोई में चाँदनी आ रही थी और उस दूधिया रोशनी में माँ खिड़की पर खड़ी थी-एकदम सीधी, तनी हुई। उसके पाँव में किसी मोच या चोट का असर नहीं था। वह खिड़की के पार देख रही थी। शायद चाँद, शायद पेड़। शायद कुछ नहीं। फिर वह धीरे-से मुड़ी और स्टूल पर बैठ गई। उसने दीवार से सिर टिका लिया और आँखें बन्द कर लीं।

पचास साल के बाद दोनों तरफ के लोगों को यह बताया गया कि तब के एक-दूसरे से छूट गए लोगों को पहचानने की आजादी दी जाएगी। शासन ने लोगों को चिह्नित करने में जरूरत भर मदद करने का आश्वासन भी दिया। यह भी कहा गया कि आर-पार आने-जाने की भी आजादी दी जाएगी। उनकी माँ थी उस पार। इस पार वह थीं। उनके पिता थे। तो जब से उनके पिता ने दूसरी शादी कर ली थी, तब से—

नकार

चन्दन पांडेय

तब से मेरे पिताजी को माँ की कोई जरूरत नहीं रह गई थी, ऐसा उन्होंने बताया था। मेरे सौतेले भाई रामकिशन ने जरूर कहा कि हमें एक तफ्तीश करनी चाहिए। वह चंडीगढ़ विश्वविद्यालय में राजनीति शास्त्र पढ़ाता है और बताया था कि पूरी मदद करेगा। मेरे पति को माँ में कम, माँ की कमी से उपजे मेरे दुखों और दु:स्वप्नों की ज्यादा फिक्र थी। उन्होंने कहा, ''माँ और तुम्हारे बीच का बहुत लम्बा समय बीत चुका है। अगर वह जीवित भी होंगी, तो स्मृतियाँ शायद ही साथ दे रही होंगी। कम-से-कम बहत्तर-पचहत्तर की उम्र होगी, शायद ही तुम्हें पहचान पाएँ। समय का तकाजा भी ऐसा है और अपने परिवेश का दबाव भी तो होता है।''

मैंने उनकी बात काट दी। मैं जानती थी कि यह उनके खुद का बुढ़ापा और अकेले हो जाने का डर बोल रहा था। छप्पन की मैं भी हो रही थी पर मैंने प्राइवेट स्कूल की मास्टरी छोड़ दी और माँ को ढूँढ़ने में लग गई।

माँ को मैंने देखा जरूर था। मेरे छह साल के होने के तो माँ हम लोगों के साथ ही रही थी। माँ या माँ से जुड़ा कुछ भी सोचने से मुझ पर कैसी तो उल्लास मिली बेचैनी छा जाया करती थी और एक पोस्टकार्ड याद आ जाता था।

"चंडीगढ़, रसूलपुर में मिले श्री अवधेश सिंह को। वहाँ भी अब कुछ नहीं बचा होगा। आपने घर में ही साँप पाल रखा था। अब गाँठ साँप से ही बाँधी तो वह भली। माँ बनने को हूँ। अगर ये आपको देखें तो क्या सोचेंगे? कोई अच्छी-भली मिले तो आप भी शादी कर लीजिए, वरना कभी इस तरफ आना हुआ तो मैं आपका इन्तजार करती मिलूँगी। जरूर। और रागिनी मेरी बच्ची।...यहाँ जहर भी तो नहीं मिलता। बस, बाकी शुभ बीते। आपकी–जुबैदा (कुसुम, अब नहीं), रावलपिंडी।"

माँ का बड़ा बिन्दी लगा गोरा ललाट मुझे याद है। ललाट के अलावा मेरे सोचने की तमाम कोशिशों के बावजूद मेरे पास माँ का कोई चेहरा नहीं है। माँ सोचते ही कितनी देखी न देखी औरतों का चेहरा एक-दूसरे पर आरोपित होने लगता है। आरोपित चेहरों की भीड़ इतनी बढ़ जाती है, इतनी बढ़ जाती है कि मैं बेचैन होकर माँ की कुछ और ही बातें सोचने लगती हूँ।

जिस साड़ी में माँ खुद को लपेटे हुए दिखती है वह हल्दी और गेंदे के फूल के मिले-जुले रंग की है, जिसका आँचल अथाह हरे, नीले और बैंगनी फूलों से भरा हुआ है। बचपन में मैं रोज तब तक उस साड़ी से खेलती रहती जब तक माँ मुझे नहला न देती। माँ के खुले बाल भीगे होते थे। ऐसा मुझे तब लगता, जब नहलाने के बाद मेरी जिद पर तौलिए को साड़ी की तरह पहनाकर मुझे अपने कन्धे पर उठा लेती थी। माँ मुझे मेरी नमी के साथ पूजा की चटाई पर बैठाती। अगरबत्ती के धुएँ और केवड़े की गन्ध से मैं ऊभ-चूभ होने लगती थी। माँ जब बगुलामुखी चालीसा पढ़ती तो मैं चौपाई के आखिर के शब्दों की लय पर ऊँऽऽऽ आँऽऽऽ करती रहती थी।

माँ का बिन्दी लगा ललाट मुझे तब भी याद आता है जब भीतरी दालान वाले खँभिए के आर-पार से खेला जानेवाला 'आ-ताँ' वाले खेल की याद आती है। खँभिए के एक तरफ माँ और दूसरी तरफ मैं हुआ करती थी। दोनों ही खँभिए के ठीक पीछे छुपकर झटके से दाईं या बाईं तरफ देखते और कहते, "आ ताँऽ" मतलब, क्या आपने मुझे देखा? एक लय में कहना होता यह आऽऽऽ ताँऽऽऽ। ताँऽऽऽ के खिंचने के साथ गर्दन भी झुकती चली जाती थी। दूसरे खिलाड़ी को चौकन्ना रहकर अपना सिर उधर ही रखना होता, जिधर पहला खिलाड़ी अपना सिर करनेवाला होता और फिर पूछता, "आ ताँ?" खेल के दरम्यान माँ कुछ-न-कुछ करती रहती थी–जैसे, सब्जी काटना, दाल छाँटना, चावल बीनना या फिर कुछ सिलते-बुनते रहना। एक-दो बार 'आ ताँ' कहकर माँ अपने काम में लग जाती। मैं बार-बार 'आ आँ' करती रहती थी।

उस दिन 'आ ताँ' खेलने के साथ माँ मेरा गुलूबन्द टाँक रही थी, जिसके छोटे-छोटे टुकड़ों से बने झालरदार फूलों को मैंने चबाकर ढीला कर दिया था। माँ मेरे सिर के दाएँ या बाएँ करने की प्रक्रिया को पकड़ नहीं पा रही थी। अपनी लगातार

जीत पर खूब खुश होती हुई मैं माँ को और हराना चाहती थी। उसी दरम्यान खँभिए के पीछे खुद को छिपाए हुए अचानक जब सिर निकाला और कहा था, "आँऽऽऽ...।" 'ताँ' कहीं खो गया था, मैं 'ताँ' कह नहीं पाई थी, पर मेरा सिर डर की एक खास लय पर पीछे ढुलकता गया था।

कुछ लोगों ने माँ का मुँह दाब रखा था और माँ को पीछे की ओर घसीटे लिये जा रहे थे। माँ के साथ गुलूबन्द, सुई और ऊन का गोला भी घिटसता जा रहा था। उन लोगों के साथ सागर अंकल थे। मैं खँभिए की पकड़े बैठी रही थी। पिता अपने कमरे से बाहर आए पर सागर अंकल की उठी उँगली ने उन्हें वहीं रोक दिया था। दरवाजे तक जाते-जाते माँ एक बार चीखी थी। सागर अंकल ने अपनी उँगलियों के पोरों से मेरी आँखों को सहलाकर बन्द कर दिया था।

मुझे और पिताजी को वह चीख हरदम सुनाई देती रहती है। दूसरी शादी करने तक पिताजी को तो माँ की वो उँगलियाँ भी दिखती रही थीं जो उनकी तरफ उस वक्त उठी रही थीं। वह गुलूबन्द, सुई-धागा, घर की धूल-सब कुछ माँ के साथ घिसटता चला गया था।

हमारा घर बाहर से बन्द कर दिया गया था, जो कई दिनों बाद खुला था। अनिश्चित अन्तराल पर चीखती, धूल में लिपटी भीड़ का गुजरना छोड़कर, गली उन दिनों सूनी रहने लगी थी। घर छोड़ने के बाद ही माँ की चीख से हमारा पीछा छूटा था। तो भी कभी-कभी साल-दो साल पर मैं उसे सुनने आती हूँ। अब वह चीख असंख्य कबूतरों की फड़फड़ाहट में कहीं खो गई लगती है। खँभिया अब भी खड़ा है।

इतने वर्षों बाद सरकार की छोटी-सी घोषणा से उद्वेलित होकर माँ की तलाश में निकल जाने के बाद मुझे लग रहा था कि मैं किसी चक्रव्यूह के भीतर चली आई हूँ। एक बार फिर मैं स्वयं को उन्हीं जगहों पर पा रही थी जहाँ वर्षों पहले मैं पिताजी के साथ आया करती थी। छूट गए लोगों से सम्बन्धित सारे क्रियाकलापों के लिए हर बार, लगता था, यही जगहें निर्धारित थीं। पिताजी मुझे तब तक साथ लाते रहे थे, जब तक मैं अकेले ही घर में रहने लायक नहीं हो गई थी।

पिताजी मुझे अपने साथ ही तैयार कराते और मुझे लेकर इन जगहों पर चले आते। यहाँ मुझे कोने में बेंच पर बैठाकर खूब देर तक के लिए अँधेरे में कहीं खो जाते थे। उन जगहों पर भीड़ बहुत ज्यादा होती थी। छत बहुत ऊँची थी। पंखे बहुत ऊपर दिखते थे और धीरे-धीरे हिलते रहते थे। दरवाजे से भीतर आते ही धूल की अजीब तरह की गन्धवाली सीलन फैल जाती। न समझ में आनेवाली और एक-दूसरे पर बिछलती आवाजों के थक्कों ने मेरे सिर में टीस पैदा कर दी थी। सिरदर्द मुझे यहीं से शुरू हुआ था, जो हमेशा बना रहा। जालियों के उस पार बैठे लोगों के ठहाके इस नीम शोर को गाढ़ा कर देते और एकबारगी सभी को चौंका देते थे।

यह सब वर्षों तक चलता रहा। पिताजी का मुझे साथ लेकर जाना, फिर अकेले जाना। माँ का कुछ पता न चल पाना। माँ की तलाश और मेरी शादी के खर्चों से मकान भी छूट गया। वह भी बहुत कम कीमत पर। माँ को ढूँढ़ने में आई मुश्किलों की कुछ अन्य वजहें भी थीं।

मेरी शादी से पहले पिताजी ने बताया था कि उनकी इतनी मेहनत के बावजूद माँ को तो मिलना ही नहीं था। यह पोस्टकार्ड, जो कुसुम ने लिखा, अगर उन दिनों ही लिख दिया होता तो शायद कोई बात बनती। पुलिस का भी रवैया जुदा था। दारोगा का का कहना था, ''ये जरूर कोई पुरानी दुश्मनी साधने के फेर में है। वरना जब हिन्दू मुस्लिमों के खिलाफ और मुस्लिम हिन्दुओं के खिलाफ सारे इल्जाम लगा रहे हों, तो ये हरामजादा, हिन्दू होकर कह रहा है कि एक हिन्दू ही उसकी बीवी को खींच ले गया। साले को थाने से बाहर निकालो।''

सोने की हँसुली की कीमत पर दारोगा ने समझाया था कि उन्हें रिपोर्ट किसी मुस्लिम के नाम दर्ज करा देनी चाहिए। वैसे भी अगर वह उस औरत को मार नहीं देगा या औरत को लेकर उसके मन में कोई भली बात होगी (भली बात पर दारोगा और उसके नायब खूब हँसे थे)। तो वह उसे उस पार ले जाएगा। एक बार रिपोर्ट दर्ज हो जाए तभी तो पुलिस उस औरत को ढूँढ़ने की प्रक्रिया शुरू कर पाएगी। दारोगा ने यह भी पूछा था कि क्या वह दूसरे की छोड़ी औरत रख लेगा? इस सवाल का कोई जवाब न दे पाने की हालत को देखते हुए उसने दूसरा सवाल किया था, ''सुन्दर थी तुम्हारी बीवी?''

पिताजी से सागर अंकल की बात सुनते हुए जब मैंने पिताजी की हिचकी सुनी तो चौंक पड़ी। मैंने तिनके से जमीन खोदना छोड़ पिता के चेहरे की तरफ देखा जिसे ढलती शाम ने छुपा लिया था। मैंने नीचे देखा तो तिनके ने जमीन में गड्ढा कर दिया था।

अपने माता-पिता की इकलौती एवं बुरी सन्तान होते हुए भी सागर अंकल पिताजी के अच्छे मित्रों में से थे। उन्हें ताकत और शराब का नशा रहा करता था। जब भी उनके घर लौटने में देर होती, वे पिताजी के पास ही रुक जाया करते थे। मुझे याद है, पिताजी उनकी गोद से मुझे तुरन्त ही उतार लेते थे। पिताजी ने एक बार बताया था कि एक रात जब सागर अंकल ने खाने की तारीफ करते-करते माँ की बाँह पकड़ ली थी तो माँ बहुत रोई थी और पिताजी ने अंकल को दुबारा इधर नहीं आने को कहा था।

माँ को गायब कर दिए जाने के बाद पिताजी सागर अंकल के घर उनका सम्भावित पता पूछने गए थे। छत की तरफ या जमीन पर देखते-देखते कभी-कभी सागर अंकल के माँ-बाप की तरफ देख लेते थे। सागर अंकल की माँ पिताजी को पंखा झलती रही थीं और बीच-बीच में सोचते रहने से उनका पंखा झलना रुक जाता

रहा था। सागर के पिता लगातार नीचे देखते रहे थे। मेरे पिताजी उन लोगों से कोई बात किए बिना ही लौट आए थे। अलबत्ता, सागर अंकल के ही किसी सीमापार वाले रिश्तेदार ने उनको 'दुल्हन' के साथ अपने यहाँ रुकने की जानकारी दी थी। कुछ लोगों का यह भी कहना था कि शादी से पहले माँ का सागर अंकल के साथ कोई छुपा हुआ रिश्ता रहा था।

अब मैं फिर से उन्हीं जगहों पर खड़ी थी। जालियों के पीछे बैठे हँसते हुए लोग, सीलन, बदबू, कोने की बेंच, धीरे-धीरे हिलता पंखा।...क्या लोग भी वहीं थे? उस समय के जालियों के पीछे बैठे लोगों के चेहरे मुझे याद नहीं थे।

स्वजन पहचान-पत्र को भरकर मैं जाली के उस पार बैठे सरकारी कर्मचारी के पास ले गई जो किसी महत्त्वपूर्ण चर्चा में और लगातार हँसने में मशगूल था। सरकारी आदमी ने बिना मेरी तरफ देखे ही पूछा, "खंड-2 वाला कॉलम भर चुकी हैं?" मेरे 'हाँ" कहने पर वह सरकारी आदमी बुरी तरह चौंक गया, "तो खंड-6 भरिए जल्दी से।" उसके भी भरे जाने की खबर पर तो वह घबरा गया। उसे लगा जैसे कोई उसका साम्राज्य छीन रहा है और अब वह हार जाएगा। फिर बार-बार चश्मे की डंडी ठीक करते हुए वह प्रपत्र देखने लगा था।

सरकारी आदमी ने जब प्रपत्र के खंड-29(क) और 29(ख) धर्म वाले दोनों ही कॉलम में 'हिन्दू' देखा तो मुस्कुराया। पसीना पोंछा। लम्बी साँस ली। प्रपत्र को मेज पर रखते हुए शर्ट से चश्मे को पोंछने और फिक-फिक मुस्कुराने का अभिनय करने लगा था। बोला, "क्यों बुढ़िया माई, सठिया गई हो क्या? यह क्या 29(क) और 29(ख) दोनों ही हिन्दू?"

मैंने कहा, "हाँ।" इस हाँ से वह इतना डर गया कि बाकी का प्रपत्र देखे बिना ही तुरन्त हस्ताक्षर कर दिया। दस दिन से पहले किसी भी हालत में इधर नहीं आने के लिए कहा था।

मैंने उसे माँ के उस पोस्टकार्ड की फोटोकॉपी दी थी, जिससे पता मालूम किया जा सके। माँ के बदले हुए नाम के साथ अगर सागर अंकल का भी बदला हुआ नाम मिल गया होता तो ढूँढ़ने में आसानी होती।

अगला दस दिन डेढ़ महीने बाद आया था। इस बीच मैं पूरी तरह थक चुकी थी। वह सरकारी आदमी मुझे हर बार मिलता। वह सरकारी प्रपत्र को इतनी आसानी से भर दिए जाने का अपमान अब तक भूला नहीं था।

पर डेढ़ महीने बाद उसी ने माँ से जुड़े सारे कागजात मुझे थमाए जो उस पार से आए थे। पूरा बंडल था। सरकारी आदमी ने सरकार के लिए आभार व्यक्त करने को कहा था। मैंने आपने आपसे पूछा था कि सरकार यही काम पहले नहीं कर सकती थी?

कागजात कुल पाँच महिलाओं से जुड़े थे जो उस पार ले जाई गई थीं। उन पाँचों का नाम जुबैदा था या बाद में रख दिया गया था। पहली बार मुझे इसका अहसास हुआ था कि तलाश चाहे जिस किसी की हो, आसान नहीं होती। सभी पाँच जुबैदाओं के नाम-पते दर्ज थे। उनमें सागर नाम का कोई नहीं था। एक सगीर थे, जिनका पता बी-21/216 मिर्ची लेन, शेखुपुरा, पिंडी दर्ज था। इन पाँच में से एक को छोड़कर बाकी सभी की उम्र पैंसठ से ऊपर थी।

मैं सन्न रह गई थी। ऊँची छत घूमने लगी थी। पंखा रुक गया था। सामने खड़ा वह सरकारी आदमी मुझे बहुत दूर दिखा था। धुँधला-सा। फिर मुझे कुछ भी दिखना-सुनना बन्द हो गया था। मैं वहीं जमीन पर बैठ गई थी। दरअसल, ऐसा कोई खयाल अब तक मेरे मन में आया ही नहीं था कि मेरी माँ का अता-पता कभी मुझे मिल जाएगा। ऐसा तब भी था जब मैं नौकरी छोड़कर माँ की खोज में निकल पड़ी थी।

वैसे भी, यह अपने आप में एक तरह की सुर्खी बन चुकी थी-''माँ की तलाश में मिली पाँच माएँ।'' हालाँकि उन पाँचों में से एक की उम्र तो मुझसे भी कम थी। पढ़कर मुझे हँसी भी आई थी। एक माँ के पाँच बच्चे तो सुन रखे थे। मुझे यह भी लगा कि ये सब मेरी जिन्दगी के इम्तहान सरीखी बातें हैं। मैंने तय किया कि मैं उस पार जाऊँगी। एक-एक करके सबसे मिलूँगी। सबके पास तो एक खास 'बिछड़ना' रहा होगा।

मेरे पति को मेरे उस पार जाने से ऐतराज था। उनका कहना था कि एक तो वह जो माँ है, या कोई और ही, अब कुल पाँच हैं और कोई जरूरी नहीं कि वे तुम्हें पहचान लें। जितना कर सकती थी, तुमने किया। दूसरी यह जो पगली सरकारें हैं, वे सिर्फ इसलिए शैक्षणिक योग्यताएँ माँग रही हैं क्योंकि यहाँ से वहाँ जानेवालों की भीड़ बढ़ गई है, प्रतियोगिता परीक्षाओं की तरह, ताकि भीड़ कम हो सके। ये सरकारें एक परीक्षा भी लेंगी। आज ये खुश हैं तो रास्ते खुले हुए हैं और कल कहीं ये रास्ते उन्होंने बन्द कर दिए तो? तुम तो उधर ही रह जाओगी न? तीसरी बात कि तुम दस दिनों के लिए जा रही हो जबकि यह काम हद से हद दो से तीन दिनों का है।

जवाब में मैं बताती रही थी कि चाय-पत्ती बड़े डिब्बे में है और चीनी नीचे के नीले डिब्बे में। सब्जी बनाने में तकलीफ हो तो होटल से ले लीजिएगा। पूरे कपड़े पहने रहने को कहा जिससे कि मौसम बदलने का असर न हो। ज्यादा खाने-पीने की तकलीफ हो तो ऑफिस से दो-चार दिन की छुट्टी ले सकते हैं। रात में सोने से पहले गैस रेग्यूलेटर जरूर बन्द कर दीजिएगा।

अब जब सरकार प्रसन्न थी तो पार जाने के लिए लोगों की इतनी बड़ी भीड़ के बावजूद रेल के सफर के लिए जरूरी नियमों को शिथिल कर दिया गया था। अब

रेल में सफर करने के लिए हाई सकूल, इंटरमीडिएट एवं स्नातक स्तर की परीक्षाओं में बस प्रथम श्रेणी ही अनिवार्य थी। लिखित परीक्षाओं में सिर्फ वस्तुनिष्ठ प्रश्नों के उत्तर देने थे। मुझे लगा था कि मेरी फिजूल और सड़ी-गली नाकारी डिग्रियाँ किसी काम तो आ गईं। वस्तुनिष्ठ प्रश्नोंवाली परीक्षा उत्तीर्ण करते ही मुझे उस पार जाने का आदेश मिल गया था।

जिस दिन जाना था, पति सुबह से मेरे आसपास मँडरा रहे थे और वही बातें दुहरा रहे थे—पगली सरकारें, माँ पहचानेगी नहीं, दस दिन रहोगी आदि-इत्यादि। मैंने सोच रखा था कि मैं वहाँ जाते हुए बिलकुल माँ जैसी तैयार होऊँगी।

मैंने सालों से बन्द पड़े बक्से में से माँ का लम्बी बाँहवाला ब्लाउज, इलास्टिक की जगह डोरीवाला पेटीकोट और बड़े पनहे (आँचल) की साड़ी निकाली। साड़ी को एक-दो की बजाय पाँच प्लेट बनाकर बाँधा था। पहले मैंने सीधा पल्ला डाला तो मुझे अजीब लगा और मैं स्वयं से भी ठिगनी लगी थी। फिर देखा, कहीं पति देख तो नहीं रहे और तुरन्त ही मैंने उलटा पल्ला डाल लिया था। पलंग पर लेटे पति वही बातें बाँच रहे थे। सरकारी...दस दिन...तमाम-तमाम। मैं किसी से खुद को दिखाना चाहती थी कि क्या मैं माँ जैसी लग रही हूँ?

जब बिन्दी लगाने के लिए आईने के सामने आई तो भौचक्की रह गई। दो महीने की मेहनत ने चेहरे की रेखाओं को गहरा कर दिया था। सरकारी आदमी का कहा हुआ 'बुढ़िया' याद आया और मैं इतनी तेज खीझी कि लेटे और बुदबुदाते पति को झकझोरकर हिलाया और कहा, ''सरकार, दस दिन, पहचानने न पहचाननेवाली सब बातें आप नहीं आपका बुढ़ापा बोल रहा है।'' तब से पति कुछ नहीं बोले थे। हाँ, मैं यह जरूर सोचती रही कि ट्रेन कुछ पहले ही चलनेवाली होती तो कितना अच्छा होता!

खेतों के समतल पर बिछी पटरियों पर रेलगाड़ी धड़धड़ाती हुई भागती जा रही थी। खेतों को चीरते हुए लग रहा था कि गाड़ी खेतों से नीचे होती जा रही थी। गाड़ी की गति से ही पीछे भाग रही झाड़ियों में से कई तरह के फूल उड़कर गाड़ी के भीतर आ रहे थे। पीले और नीले फूलों की हल्की पँखुड़ियाँ यात्रियों के बालों, कपड़ों में उलझ रही थीं जबकि लाल फूलों की गूदेदार पँखुड़ियाँ गाड़ी से टकराकर 'पटाक' की आवाज के साथ टूट रही थीं। उनके टुकड़े हवा में बिखर रहे थे।

अब मैं उस पार थी।

शुरुआत कहाँ से करें की सोच में मैंने पहले सगीर अहमद से जुड़ी जुबैदा को चुना, जो सागर नाम के काफी करीब बैठता था।

मिर्ची की हजारों बोरियों से जो तीखी लहर उठ रही थी, उससे लग रहा था कि नाक का अगला हिस्सा छिल गया हो। मिर्च की गन्ध तो होश चकरा देनेवाली थी। भारी शोर-शराबे के बीच मैं पूछते-पाछते सगीर अहमद के घर पहुँची थी। घर का दरवाजा पचास पार के एक शख्स ने खोला था तो मैं समझ नहीं पाई कि अभिवादन में हाथ जोड़ूँ, नमस्ते कहूँ, आदाब कहूँ या कुछ और। अपना नाम बताया–रागिनी।

यह जानने पर कि मैं उस पार से आई हूँ, वह आदमी थोड़ा झिझका। 'जुबैदा से मिलना है' के जवाब में उसने अपना नाम यूसुफ बताया और यह भी कि जुबैदा उसकी अम्मी हैं। मैं उससे कहना चाहती थी 'भाई' पर कहा, ''जी, हम उन लोगों से मिलने आए हैं जो हिन्दुस्तान से इधर आ गए थे। हमारे साथ और भी लोग आए हैं जो दूसरे लोगों से मिलने गए हैं।''

अँधेरी हवेली में यूसुफ के पीछे दाखिल होते ही मुझे लगा, ''तो क्या मैं अपनी माँ के पास इतनी जल्दी पहुँच जाऊँगी?'' कड़ी धूप से अँधेरी छाँह में आने से उपजी चौंध में मुझे आश्चर्य हुआ कि इस इन्तजार को तो युगों लम्बा होना था, या फिर मुझे अपनी माँ के पास पहुँचना ही नहीं था। हवेली के भीतर बढ़ने के साथ-साथ मेरे मन में एक उत्कट इच्छा समाई और वह इच्छा लगातार बलवती होती गई कि किसी तरह ऐसा हो जाए कि माँ का घर बहुत सालों बाद आए। मैं अपने उल्लास का ग्रास बनती जा रही थी।

आँगन में मुझे माँ दिखी थी, यानी एक बूढ़ी औरत एक बूढ़े आदमी को चम्मच से फलों का रस जैसा कुछ पिला रही थी। यूसुफ ने बूढ़ी औरत को बताया, अम्मी ये रागिनी है, तुमसे मिलने आई हैं, और उन बूढ़े आदमी को ठीक से सूप न पीने के लिए डाँटता हुआ आगे के अँधेरे में समा गया।

मैं खड़े-खड़े उस बूढ़ी औरत को देखती रही थी। अपने आपको सुनाया–'तो तुम हो, माँ! मैंने तुम्हें कहाँ नहीं ढूँढ़ा? खुद में, पिता में, पति में, अपरिचितों-अजनबियों में, सपनों और यहाँ तक कि मातृभाषा में भी, पर तुम तो यहाँ छुपी बैठी थीं।' फिर मैं सोचकर मुस्कुराने लगी कि कल्पना में माँ पाँच प्लेट वाली साड़ी में थी पर यहाँ वह कमीज-सलवार में है। इस पर तो मेरा ध्यान ही नहीं गया था कि अगर माँ मुझे मिली तो बूढ़ी मिलेगी।

माँ ने मेरे लिए जमीला से कुर्सी लाने और चाय बनाने को कहा। मैंने बैठते हुए मुस्कुरा दिया। बातचीत शुरू करने का कोई सिरा ढूँढ़ने लगी थी। मैं उन बूढ़े को देखती रही थी। वह औरत–माँ–जब भी मेरी तरफ देखती, मुस्कुरा देती। मैं कुछ भी कह नहीं पा रही थी, जबकि माँ से बात करने की कितनी तैयारियाँ मैंने कर रखी थीं!

मानसिक थकान से मेरी आँखें मुँदती जा रही थीं। मैं बातचीत शुरू करना चाहती थी। मैंने कहा, ''माँ, तुम्हें रागिनी नाम अब तक नहीं भूला?''

"अब तक नहीं भूला का क्या मतलब, बेटी मुझे याद ही कब था? ये काफिरों के नाम मेरी समझ में नहीं आते।" माँ बूढ़े की गर्दन पर ढुलक आए पेय को पोंछते हुए कहती जा रही थी। मुझे यह शिद्दत से लगने लगा था कि कोई चूक हो चुकी है।

"मैं तुम्हारी बेटी हूँ, माँ। तुम्हें रागिनी याद नहीं? छह साल की थी रागिनी जब तुम्हें कुछ लोग घर से उठा लाए थे? सब भूल गई? तुम्हें हुआ क्या है आखिर? अवधेश सिंह तुम्हारे पति थे, अभी भी जीवित हैं, मेरे पिता हैं। तुम्हारे हाथ का लिखा यह पोस्टकार्ड..."

माँ ने मेरे हाथ से पोस्टकार्ड ले लिया। उलट-पुलटकर देखा और फिर मुझे लौटा दिया। हँसने भी लगी थी। आवाज सुनकर यूसुफ और चाय लेकर जमीला आँगन में आ गए थे। माँ उनकी तरफ भी देखकर मुस्कुराती रही थी। मैं जमीला के अपनी तरफ देखने को नजरअन्दाज करती रही थी। यूसुफ कुछ पूछ रहे थे। माँ उनसे कह रही थी–"ये कह रही हैं कि मैं इसकी अम्मी हूँ, जब मैं हिन्दुस्तान से आई। समझाओ इसे। और ये पोस्टकार्ड क्या है? पूछो किसी से, कोई है जिसने मुझे आज तक लिखते हुए देखा हो कभी?"

"क्या इनका नाम सगीर अहमद नहीं है?" मैंने बूढ़े की तरफ देखते हुए पूछा। मैं रोने के करीब जा रही थी।

"तो क्या हुआ?"

"पहले इनका नाम सागर ही था न?"

बूढ़ी औरत झल्लाई थी–"रहा होगा। पर जब से मैं इन्हें जानती हूँ, ये सगीर ही हैं और बिस्तर पर गिरने से पहले पाँच वक्त के नमाजी रहे हैं।" फिर हँसने लगी। "जमीला, तुम्हीं समझाओ इस पचास-साठ साल की बच्ची को। इन्हीं सबके लिए मिलने आई हो क्या?"

फिर एक बूढ़ी औरत बार-बार एक कमरे में जाने लगी थी। एक दवा लेकर आती, उस बूढ़े को खिलाती फिर उसे रखकर दूसरी लाती। बूढ़ी औरत जब कमरे में जाती तो आवाज कहीं दूर से आती हुई लगती थी। "मैं तुम्हारी माँ होती तो तुम्हें बताने में क्या ऐतराज होता जी? इस उम्र में तुम्हें माँ की क्या जरूरत? फिर तो उस पार से आए लोगों में से किसी को पकड़ लोगी। बहुत बढ़िया। खाँसी की दवा यूसुफ अब भी नहीं लाया। मेरे अल्लाह, इस बूढ़े को जल्दी बुलाओ। मेरे अपने जाये कम हैं जो तेरी माँ होने लगी! क्यों भाई, क्यों? बत्ती चली जाती है तो दवाइयाँ भी कहीं खो जाती हैं। यूसुफ रुपयों का इन्तजाम करता तो मोतियाबिन्द का ऑपरेशन ही करा लेती। उसे बेटी की शादी भी तो करनी है! अपने जाये तो दिन-रात डाँटते-फटकारते हैं। गनीमत है, मारते नहीं। अवधेश सिंह, यह भी कोई नाम है! बुढ़ापे में माँ चाहिए।

चाय पी ले। करवट हो लो, जी, मुझ पर ही बोझ बनना था...'' यूसुफ के डाँटने के बाद भी वह बूढ़ी औरत देर तक भुनभुनाती रही थी।

मैंने यूसुफ को बताया था कि मुझे पाँच जुबैदाओं के पते दिए गए हैं और शायद मैंने गलत जुबैदा को चुन लिया हो। मैंने माफी माँगी और एक अनाम अँधेरे में दौड़ते हुए होटल चली आई थी। मैं काँपती रही थी। मैं सोच नहीं पा रही थी कि मेरे साथ क्या हो रहा है? वह मेरी माँ नहीं थी तो इस तरह भड़कने का मतलब क्या था? उस सफर में मेरी वह आखिरी रात थी जहाँ मैं पूरी नींद और पूरे सपने में रही थी।

अगली सुबह मैंने अपने आपको इंजमाम हुसैन, रूई वाले के दरवाजे पर पाया। अस्सी के करीब रहे होंगे। दूर बैठे मुझे देखते रहे थे। उस घर में बहुत लोग मुझे घेरकर बैठे थे। सबसे आखिर में वह आई थीं, जो कह लें, जुबैदा, अम्मी या माँ। आते ही हँसकर मुझसे पूछा था कि 'मुझसे' मिलने आई है?

उन्होंने पूछा था, ''काश, मैं कुसुम या कुछ भी होती जो तू कह रही है!'' उन्होंने मेरा सिर पकड़ लिया था, सहलाती रहीं—''नसीब की बात है कि एक तू है जो माँ को तलाश रही है, यहाँ तो जब से रूई के कारोबार में नई तकनीक आई है तब से सब मुझमें ही कमी ढूँढ़ते हैं जैसे मैंने ही इनका नुकसान करवाया। काश, तुम्हारे जैसी एक बेटी मेरी भी होती। तीन बेटे हैं, तीनों ऐसे कि अगर अभी मैं गलती से भी कह दूँ कि मैं ही कुसुम हूँ तो मेरा गला घोंट देंगे। उन्हें लगता है कि अल्लाह ने उन्हें जमाने का चौकीदार बनाया है। बेरोजगार हैं न! तू समझ ले कि मुल्क की अधिकतर औरतें यह नहीं मानेंगी कि कभी उनका किसी और से कोई सम्बन्ध रहा है, हाथ छूने का भी सम्बन्ध। किसी काफिर के साथ तो हरगिज नहीं, भले ही वह मुझ जैसी बूढ़ी क्यों न हो? एक हल्का-सा ऐसा कोई एहसास घर में होता है और घर को लोग नरक बना देते हैं। ऐसे तू नसीब वाली है! तू जिस जुबैदा से पैदा हुई होगी वह तो खैर तुम्हें मिल ही जाएगी। ये मजहब-वजहब माँ से उसके माँ होने का एहसास थोड़े ही छीन पाएँगे?''

इंजमाम हुसैन मुझे तब तक देखते रहे थे जब तक मैं उनके घर में रही थी। मैं उनसे पूछना चाहती थी कि क्या आप अवधेश सिंह को जानते हैं? क्या आपका नाम सागर रहा है कभी? क्या आपने ही मुझसे मेरी माँ छीन ली थी सिर्फ इसलिए कि वह आपको खूबसूरत लगी थी?

मैंने कुछ नहीं पूछा। मैं कहाँ से गुजरती रही, मुझे कुछ याद नहीं। न ही मैंने कुछ खाया-पिया। मुझे अचानक लगने लगा था कि यह सब मैं क्या कर रही हूँ? फिर मुझे यह भी लगा कि दुनिया में अगर कोई दूसरा अपनी माँ को नहीं ढूँढ़ेगा तो क्या मैं भी नहीं ढूँढूँगी? मुझे धीरे-धीरे लग रहा था कि बस जुबैदा का मेरा चुनाव गलत है। एक उम्मीद जग रही थी। अब तीन जुबैदा और हैं, जिसमें एक तो मेरी उम्र की

है। यानी बस दो जुबैदा और, फिर मैं अपनी माँ के करीब होऊँगी। मुझे जीवन में पहली बार उद्देश्य मिला था। इसकी एक उमंग थी। एक मिठास थी।

एक ही लेन में मेरी दोनों ही सम्भावित माँएँ थीं। सड़क के मोड़ पर ही अब्दुल रज्जाक का बड़ा-सा मकान था। दरवाजे पर चार-पाँच लड़के मिल गए। मैंने जैसे ही उनसे पूछा क्या अब्दुल रज्जाक का घर यही है, वे हँसने लगे। पूछने लगे कि आप रागिनी हैं न? लड़कों के हाथ में अखबार था।

जब मैं जाने लगी तो उन लड़कों ने मुझे रोक लिया, बताया कि दादी घर में है। मैं हैरान। अन्दर जो बूढ़ी औरत थी, बहुत बूढ़ी लग रही थी। बाल सफेद और रेशम की तरह थे। मैंने उनसे सीधा सवाल किया–"क्या, आप किसी रागिनी को जानती हैं?" पर वह हँसती रहीं। फिर मैंने पूछा कि किसी सागर को, किसी अवधेश सिंह को, किसी कुसुम को? फिर मुझे वहाँ लग गई भीड़ ने बताया कि इन्हें होश नहीं रहता है। लगभग गूँगी हैं। एक अन्य औरत ने किनारे में ले जाकर बताया कि इनकी दो शादियाँ थीं। इनके दूसरे शौहर से भी कई बच्चे हैं। मैं उनमें से एक जावेद की बीवी हूँ।

मैंने उनसे आगे कुछ नहीं पूछा। कुछ भी नहीं। वे लोग रोकते रह गए। मैं बाहर निकल आई। मुझे जाने क्यों लग रहा था कि यह मेरी माँ नहीं हो सकती थी। मेरी मंजिल कुछ कदम दूर थी, गली के अगले मोड़ पर। माँ से मिलना कितना अद्भुत हो सकता है? मैं रास्ते भर सवाल-जवाब करती रही थी।

इमरान अख्तर। मैंने कॉलबेल पर हाथ रखकर पीछे खींच लिया। मैंने खुद को समझाया कि क्या पता मेरी माँ जिन्दा है भी या नहीं? लम्बी-लम्बी साँसें आवाज करने लगी थीं। जब घंटी पर दुबारा हाथ रखा और वह बज गई तो मैंने आँखें भींचकर, ऊपर नीचे के दाँतों को खूब तेज दबाकर, चेहरा सिकोड़कर पूरे शरीर को किसी अनन्य अभिव्यक्ति में तान लिया था। दरवाजा खुलने की आवाज के साथ कोई बच्चों को डाँट रहा था। दरवाजा खोलते ही उस आदमी ने पूछा, "किससे मिलना है?"

मैंने कहा, "माँ से?"

"आप कौन?"

मैंने उसे बताया कि मैं रागिनी हूँ और मुझे जुबैदा से मिलना है। वह आदमी मुझे अन्दर ले गया। "इन्तजार कीजिए", कहकर भीतर चला गया। भीतर से वे सभी लोग इकट्ठे आए थे। मैं सबको देखकर मुस्कुराती रही थी। मैंने कहा और सबसे कहा कि मैं रागिनी हूँ। इस पर एक बूढ़ी औरत चौंक पड़ी–"रागिनी?"

मैं सन्न रह गई थी। मेरे पास लगातार कुछ कहने के लिए जमा हो रहा था और उसी रफ्तार से गायब भी हो रहा था। हमारे बीच के अगले पाँच-छह मिनट अबोले गुजर गए थे। मैं एक साथ डर रही थी और खुश भी हो रही थी। पाँच-छह मिनट

के सन्नाटे से निकलकर एक प्रश्न आया, ''कौन रागिनी?'' आवाज में पुलक थी। जमा हुआ बुढ़ापा था। खाँसना भी शामिल कर लिया गया था और सीलन भी थी।

यह कौन-सी गति हमें मिल गई थी? कितना कुछ लगातार बनता-बिगड़ता रहा था। 'कौन रागिनी' के सवाल पर मुझे गुस्सा आ गया था। मैं माँ को डाँटने लगी थी या फिर उस बूढ़ी औरत को। वह असहाय सब तरफ देख रही थी। मैं लगातार चिल्लाती जा रही थी।

''माँ, मैं रागिनी, तुम्हारी बेटी। अवधेश सिंह मेरे पिता हैं माँ! तुम्हें सब याद है माँ। माँ, सोचो जरा एक बार। प्लीज माँ!''

दरअसल, मैं यह भूल चुकी थी कि मैं किसी सार्वजनिक स्थल पर खड़ी थी। मुझे बोलते रहने के साथ इसका भी एहसास पहली बार हो रहा था कि मेरा उद्देश्य मेरे काबू से बाहर हो रहा है। यह मेरी असफलता थी और मेरे चिल्लाते जाने का कारण भी।

''माँ, तुम मुझे नहलाकर तौलिए की साड़ी पहनाया करती थीं। तुम्हें तो सब याद होगा माँ। बहुत देर तक पूजा किया करती थीं। तुम बाग्लामुखी माँ का चालीसा। माँ क्यों ऐसा कर रही हो, बोलो? तुम मुझसे 'आ ताँ' का खेल खेलती थी। आखिर बार 'आ ताँ' कहते हुए मेरी आवाज फैल गई थी। मैंने खाँसना शुरू कर दिया था। मेरी साँस टँग चुकी थी, उस बच्चे की तरह जिसकी पीठ पर घूँसा मारा गया हो और वह रो नहीं पाया हो। मैं मरने के बिलकुल करीब चली गई थी।''

उन लोगों ने मुझे पानी पिलाया तब मेरी साँस वापस आ पाई थी। जो मेरी माँ थी वह बिलकुल रक्षात्मक हो गई थीं। कह रही थीं, ''देखो, मैं किसी रागिनी को नहीं जानती। हम खुद इतनी परेशानियों में हैं कि अब दूसरी कोई भी परेशानी हमें भीतर से तोड़ देगी।''

मैंने सोचना शुरू किया था। गुस्से के साथ का सोचना। मैंने वह पोस्टकार्ड उन लोगों को दिखाया। पूछा भी—''यह लिखावट आपकी नहीं है?'' बस ,मैं उनके चेहरे का रंग देखते रहना चाहती थी। वह चौंक पड़ी थीं पर अचानक ही उन्होंने अपने आपको समेट लिया था।

पोस्टकार्ड उनके हाथ से दूसरे लोगों ने ले लिया था। वे सब एक-दूसरे को दिखा रहे थे। इधर वह जो माँ थीं, किसी आवेग में लगातार बोलने लगी थीं, ''यह कह रही है कि मैं इसकी अम्मी हूँ, पूछो इससे कि क्या जालन्धर से आनेवाली हर औरत इसकी अम्मी है?''

इस पर उनके किसी सगे ने टोका, ''अम्मी, आप तो कहती हो कि आप चंडीगढ़ से आई हो?''

''हाँ, चंडीगढ़ से ही आई हूँ।'' उनकी आवाज में खुद को सम पर रखने की कोशिश दिख रही थी। ''और मुझे तो लगता है कि हो न हो, यह शोयब हुसैन की

बेटी है। तुम्हें याद है यासिर, दिन भर तुम उन्हीं लोगों के पास रहते थे? हवेली के पीछे ही वे लोग रहते थे। शोयब की बीवी कोई हिन्दुस्तानी थी। यासिर को देखकर रोती रहती थी। कहती थी, उसकी छह साल की बिटिया उस पार छूट गई थी। मरजानी को उसके शौहर ने भगा दिया था। मर्द था...'' कहते-कहते वह छत की तरफ देखने लगी थी, ''कहती थी? मरी कि जब शोयब उसे खींच लाए थे तो उसने खाना-पीना छोड़ दिया था फिर उसकी हालत देखकर शोयब ने भी खाना-पीना छोड़ दिया था। सालों तक इन्तजार करती रह गई थी कि कोई उसे ढूँढ़ने आएगा। अब अगर तू उससे मिले भी तो वह तुम्हें शायद ही पहचाने। समय का तकाजा ही ऐसा है। अपने माहौल का दबाव होता है। अपने भरे-पूरे घर को एक पराई या कभी की रही अपनी बेटी के लिए कोई नहीं छोड़ेगी...!'' और वह बूढ़ी औरत रोने लगी थी।

यासिर उन्हें चुप करा रहा था, ''कौन शोयब, अम्मी?...और फिर आप रोती क्यों हैं?'' पूरा परिवार उन्हें चुप करा रहा था।

''तुम्हें याद नहीं होगा यासिर। तू छोटा रहा होगा या पैदा नहीं हुआ होगा।'' यासिर का हाथ पकड़े-पकड़े वह बोलती रही, ''और सुनो। अपनों से बिछड़ने का दर्द लगभग सभी निगलते हैं, पर कोई उसके पीछे जी-जान से लग जाए तो बहादुरी नहीं इसमें कोई। फिर तू इतनी बड़ी है। वैसे तू हम तब पहुँची कैसे?'' बूढ़ी औरत बोलते हुए खाँसने लगी थी, फिर देर तक हाँफती रही थी।

मैंने उनका प्रश्न नहीं सुना था। मैंने सोच रखा था कि माँ के मिलते ही उसे छू लूँगी या उससे लिपट जाऊँगी या ऐसा ही कुछ और। माँ से पूछती कि मेरे बिना तुम इतने साल कैसे रह पाई? मुझे बार-बार कुछ छूटता हुआ-सा लग रहा था।

यासिर ने वही सवाल दुहराया, ''बुरा मत मानिएगा, अगर ये सवाल कर रहा हूँ कि आपको आखिर हमारे बारे में कैसे मालूम हुआ?''

मैं सोचती रही कि इन सबों को 'पुराने जख्म न उभरें' का दर्द रहा होगा, या अपने लोगों का कोई डर। मैंने सरकारी कागजात यासिर को थमा दिए। यासिर थोड़ी देर के लिए सोच में पड़ गए थे। समझाने के लहजे से बोले, ''सरकारी कागजातों पर आँख मूँदकर हमारे देश में भरोसा नहीं किया जाता। जरूरी नहीं कि सरकार हर बार सही बोले। उसके अपने कायदे हैं। मसलन–यही कागजात बता रहे हैं कि सारी जुबैदा मुहाजिर हैं। अब यह भी तो हो सकता है कि मर्दुमशुमारी के दौरान किसी ने नहीं बताया हो कि वह मुहाजिर है जबकि उसका भी नाम जुबैदा ही रहा हो। और फिर आप कोई ऐसा काम न कर दीजिएगा कि हम खतरे में पड़ जाएँ। पता नहीं आपके यहाँ की सरकार कैसी है पर यहाँ तो हम सरकार से बेहद खौफ खाते हैं।''

पहली बार मुझे खयाल हुआ था कि कोई दूसरी औरत, इन पाँचों से अलग है, जो मेरी माँ हो सकती है। मेरी सारी ऊर्जा समाप्त हो गई थी। मुझे उनके बीच बैठना

निरर्थक लगने लगा था। कहीं सरकारी कागजों पर लिखी बातें सही हो गईं तो? क्या मैं लौट पाऊँगी? इस बूढ़ी औरत का भी कोई दोष था?

मुझे एक अपराध-बोध भी होने लगा कि हलचल उस तरफ भी मची थी। यासिर के बगल में एक अधेड़ ने पूछा था, ''अम्मीजान, क्या इनकी बातों में कोई सच्चाई है?'' अम्मी का चेहरा कातर हो गया था, पूछी थी, ''तुम्हें क्या लगता है?''

मेरी आखिरी कोशिश में मेरी आँख भर आई थीं, ''तो क्या आप वाकई कुसुम नहीं हैं?'' बूढ़ी औरत बिलख-बिलखकर रोने लगी थी, ''कितनी बार पूछेगी? होती तो बताती क्यों नहीं! और यूनिस, तू भी मुझ पर शक कर रहा है?'' वह देर तक रोती रही थीं। यासिर उनके पास सिर झुकाए बैठे रहे थे। एक औरत ने बताया आज के पहले उन सबने अम्मी को रोते हुए नहीं देखा था।

यह मेरे लिए इशारा था।

मैं चलने को हुई तो उन लोगों ने मुझे रोकने की कोशिश की, वह भी दो-चार दिन के लिए। अम्मी ने कहा—मैं तुम्हारी अम्मी जैसी हूँ। ये तेरे भाई हैं। चलते हुए मैंने सबकी तरफ देखा। यूनिस रिक्शा बुला लाए थे। मैं अम्मी को तब तक देखती रही थी जब तक कि मैं खुद ही ओझल नहीं हो गई। अम्मी भी मेरी तरफ देख रही होतीं अगर उन्हीं पलों किसी काम से उन्हें भीतर नहीं जाना पड़ा होता।

उस रात गाड़ी बहुत तेज भाग रही थी। चलती गाड़ी में मेरे सीने में हूक उठी थी—एक गलती मैं कर आई थी। जिसे मैंने गूँगी और पागल समझकर छोड़ दिया था, वह भी तो मेरी माँ हो सकती थी या वह जो मेरी उम्र की थी। पर अब मैं वापस लौट रही थी।

उस रात किसी बूढ़ी औरत ने अपने कमरे को भीतर से बन्द किया। एक पुराने बन्द पड़े लोहे के बक्से से एक-एक सामान हटाया। फिर उस औरत ने बक्से की पेंदी से एक गुलूबन्द निकाला, जिसकी ऊनी फूलों की झालरें किसी छह साल की बच्ची ने चबा डाली थी और उसका फिर से सिला जाना अधूरा रह गया था। एक हाथ पर गुलूबन्द डालकर दूसरे हाथ से उसे देर तक सहलाती रही थी, फिर उसे बक्से में सहेज दिया था।